教育導論

陳迺臣　策畫主編

蔡義雄・林萬義・陳迺臣
呂祖琛・何福田　　合著

作者簡介

何福田，一九四二年生。國立政治大學教育學博士，美國博爾大學研究，三一學院榮譽博士。曾任台北市教育局秘書，台北女師專主任，淡江大學系主任，主委，執行長，國立高雄師範大學教務長，國立彰化師範大學教育學院院長兼圖書館長，國立屏東師範學院院長。曾任玄奘人文社會學院校長。現任國家教育研究院籌備處主任。

蔡義雄，台灣雲林人，一九四二年生。國立政治大學教育系畢業，教育研究所碩士。從事教育工作達三十年。歷任屏東師專課外活動組主任、暑期部主任、校長秘書。轉任國立台北師範學院教授後，復兼任附設實驗小學校長、總務長、學務長、初教系主任等職。曾任教育部主任秘書、台北市立師範學院副校長。曾獲師鐸獎、木鐸獎及教育部教學特優教師獎。任教科目以教育哲學、現代教育思潮、初等教育、班級經營等領域為主。

林萬義，國立政治大學教育研究所博士，美國威斯康辛大學瑞
　　福校區訪問教授。曾任國立政治大學講師兼教務處秘
　　書，國立彰化師範大學總務長、進修部主任，及教育研
　　究所所長，玄奘人文社會學院成人及社區教育系主任、
　　教育學程中心主任。

呂祖琛，一九四三年生於四川省成都市。國立政治大學教育系
　　畢業，教育研究所碩士、博士。曾任台東師專和台北師
　　專講師、副教授，國立台北商專副教授。從事學生輔
　　導、心理諮商近二十年，並對大學行政、輔導與諮商、
　　禪宗佛學等領域，持續研究。著有「大學生的自治與參
　　與」、「大學教師學術工作誘因與報酬」、「大學教育
　　的本質」、「大學教師的角色」、「理情治療法」等
　　專文十餘篇。

陳迺臣，一九四一年生。國立政治大學東方語文系俄文組畢
　　業，教育研究所碩士。美國佛羅里達大學哲學博士（主
　　修教育哲學）。曾任港明中學教師，屏東師專講師、副
　　教授，台北市立師院教授兼主任，花蓮師範學院院長，
　　高雄師範大學教授兼主任，東海大學教授兼懷恩中學校
　　長，普門中學校長，美國洛杉磯西來大學校長。現任朝
　　陽科技大學幼兒保育系客座教授。

策畫主編者序

　　教育導論，顧名思義，是介紹初學者了解教育學之理論與實務的入門學科。此解固然不差，但也未必盡然。亦有入門教育園地耕耘甚久之人士，雖然日日孜孜矻矻於教育之事務，頗樂此不疲，而渠對於某一教育部門的實務或某一教育領域的理論亦似頗為嫻熟，卻少有從比較超然的或比較通全的觀點、立場來看教育，來理解和思考教育之問題，因而難免只見到其日常熟悉之一木一花，不見整個教育樹林之貌狀，則教育導論或教育概論之一科，亦當或可有助於其統整教育學術與教育實務之關聯架構，而有益於使渠看見教育花園之全景以及渠所站立之位置，進一步了解渠所扮演的角色與整體教育系統之關係。是故，教育導論一科，至少有二大功用。一是協助初習教育者熟悉教育體系中之門路，引領渠順利而喜愛入此教育大花園之門。另一則是協助久習教育者反省自身角色及通觀教育全景，藉以突破現狀瓶頸，而增益教育進展之功。

　　我們作者五人，同習教育之好友也，平時於私於公，固長相往來，乃思對教育學術、實務及教學，略盡綿薄。五人久習教育，積累多年教學及行政實務之經歷，所見所思所感者雖亦不少，然自覺各方面的能力和努力仍有不足。今秉於教育熱忱，合力撰寫教育導論一科之教科書，勉強希望既能夠滿足引導初學教育者順利歡喜進入教育大門，復能裏贊已入教育之門

者統整突破之願望。本書內容盡量涵蓋教育學術及實務之各個領域，作出有機之勾勒；並盡量吸納最新之資料及觀念；復以簡潔流利的語言加以表達。雖然，仍有力所不逮之處，敬請教育學術界各位方家，不吝賜予指教。是為序。

陳迺臣 於

二〇〇〇年七月三十一日

目錄

第一章

教育的本質

蔡義雄

教育本質的探討，即是對教育根本性質的釐清，是研究教育的首要問題；若是對教育本質認識不清，則其他問題無法透徹了解。然而教育究竟是什麼？仍難有一致的看法，我們發現許多教育哲學之學者，分從教育的起源、現象及意義等三方面加以分析，以提供教育工作者在實務上遵循的方針。然本章試從教育的含義、價值、種類及理想四方面來闡述，藉以了解「教育究竟是什麼」。

第一節

教育的含義

教育的含義是值得吾人探討的，因為它在說明「教育究竟是什麼」，闡述教育之含義，正是探討教育本質的途徑。茲分從「教」與「育」二字之含義加以闡釋，進而綜合教育二字之含義，最後就近三百年來西洋對教育的含義不同的重要學說加以評述，以了解教育的多面向看法。

壹、教的含義

「教」字，依漢朝許慎的**說文解字**，其意思是「上所施下所效也」。基本上，「教」之活動，存在著上、下兩者之間的互動關係，一為教師，另為學生，這種師生關係是雙向的互動，而不是單向的，即有「教學相長」的意涵；教師能影響學生，使學生獲得學習的益處；然教師亦會受到學生的影響，因

為從教的活動中，知道自身的學識能力有所不足。是故「學記」說，「是故學，然後知不足；教，然後知困。知不足，然後能自反也；知困，然後能自強也。」**中庸**說：「天命之謂性，率性之謂道，修道之謂教」，上文之意思為，人天生具有好的本質或潛能，如果順著這本質去做、去發展，便合於「道」，即合乎天理或自然法則；然此天理或自然法則往往受環境之阻礙或封閉於內心，無法發展並發揮作用，教師便要啟迪他、引導他，使他原有的好本質，不再受到壓抑，而能得到充分發展，因此「教」亦解釋為啟發、激發人之潛在性質或能力的意思（蔡義雄等，民 86，4）。

貳、育的含義

「育」字，如再依許慎的**說文解字**，其意思為「養子使作善也」。清朝段玉裁注本句時說：「不從子而從倒子者，正謂不善者，可使作善也。」育也是「稚」的意思：**堯典**說：「教育子」，而**史記**則作「教稚子」。稚子應以正養之，所以**周易**卦篆辭說「蒙以養正」。這都說明，「育」是一種含有價值導向的活動：使不善者成為善，使不正者為正。許慎又說「育或從每」，段玉裁注「每」，說是「草盛也，養之則盛也」。從上述之「養子使作善」、「蒙以養正」及「養之則盛也」，皆有「養」字，因此「育」字有養的含義，注重在稚子個體身心生長，如能生長得好，便是盛（蔡義雄等，民 86，4-5）。

參、教育的含義

　　要了解「教育」的含義，從上面分析試加綜合，便有如下的含義：⑴協助及促進個體健全生長、發展；⑵教導個體正確及良好的知識、能力、思想、情操、習慣和態度；⑶使個體由幼稚趨於成熟，由不知不能、不善不行而趨於能知善、能行善等含義。

　　要釐明「教育」的含義，除了上述從「教」與「育」二字分別著手分析之外，亦可採取其他兩種方式進行：一為敘述的；另為規範的。前者著眼於教育的歷程，後者著眼於教育的目的。如著眼於歷程，則又可分從兒童與社會兩方面來看；如以兒童為主體，教育是促進兒童生長發展的歷程；如以社會為主體，則教育是傳遞文化的歷程，惟此兩方面並不是不相為謀：要求兒童發展而不賴社會文化是不可能的；同樣的，要把社會文化傳遞給兒童，而不使兒童身心產生變化也是不可想像的（趙一葦，民44，1）。然而為何要傳遞文化？為什麼要求兒童發展呢？要答覆此類問題，可以西洋近三百年來重要的學說加以敘述，再論究教育的本質，茲以趙一葦教授之見解摘要說明如下（註）：

註：以下「肆、西洋重要學說」一節皆摘要自趙一葦所撰「第三編第三節教育的意義與教育底本質」，上課講義，未出版。

肆、西洋重要學說

一、形式訓練說

　　洛克（John Locke, 1632-1704）以為人之初生，心靈猶如一塊白蠟或一張白紙，空無所有，只有記憶、思考、推理等各種心能（faculty）。心靈的內容，完全依賴後天由感官所提供的材料，來增進兒童心理的能力；例如，數學是可使人心習於推理的一門學問，將有助於人類應付需要推理的問題；形式訓練這一學說，甚至認為歷史教學的主要目的，在於訓練學生的記憶力，而不在熟悉歷史的人物與事蹟。此說主張心靈有主動的能力，並非純粹被動的，且主張心靈要加以練習，是有其貢獻及價值的，惟以心靈是由許多能力所構成，此種「官能心理學」（Faculty Psychology）已為現代心理學者所摒棄。形式訓練說另一為人所詬病的是，訓練無意義的材料，如背誦拼音表及無意義的文字，藉以訓練注意力和記憶力，此乃為訓練而訓練，而不於應用中練習，實有違認知之原理。

二、自然發展說

　　盧梭（J.-J. Rousseau, 1712-1778）以為個體的天賦性能，本來善美，教育就是使個體天賦性能自然地、充分地發展出來，教師之任務就是在除去兒童發展中的障礙，直到兒童能夠

認識真理、愛好善美的時候，引導他走向真理和善美的路，切不可揠苗助長。此說重視兒童本身的價值，不以其為「具體而微」的成人而促成對兒童的研究；並且反對身心二元的看法，主張鍛鍊身體，運用感官作為智慧的工具，皆其創見；由於對當時嫉世憤俗，致忽視社會文化及種族之經驗，而且過度重視自然發展，將人類的生長完全視同植物的生長，結果只能造就超社會的自然人，使教育缺乏了積極的意義。

三、理性發展說

康德（I. Kant, 1724-1804）以為人生來即具有理性，惟被本能所束縛，教育就是在充分發展理性，使能實踐人應有的造詣。黑格爾（G. U. F. Hegel, 1770-1831）以為宇宙萬象，有機相關、歷史演進、趨向自由，這些都是理性的表現，教育從事的就是使兒童表現理性；訓練兒童，從團體關係中，充分發展其個性。拿托爾普（P. Natorp, 1854-1924）認為教育的本質為陶冶（bidung），即是像製造者之把混沌的素材，造成一定形態一樣，教育就是教育者使受教者從存在走向當為之方向發展。此說認為教育為啟發理性之歷程，實現理想為鵠的。理性是人的本質，自覺而不盲目，創造而不因襲，指揮情意而不為情意所控制，教育上重視理性的發展，並重視自由意志與自律道德的陶冶，值得讚揚，然過度偏重理性，而以為理性獨立存在，並可獨立發展，仍有可議之處。

四、心理形成說

德國教育家赫爾巴特（J. F. Herbart, 1776-1841）認為人類的心靈作用，是觀念的集體活動，並沒有形式訓練說所謂之記憶、思考、推理等固有的心能，因此這些能力必須仰賴自外界輸入的各種觀念來形成。教育就是在選擇適當的教材，以增進兒童的知識，形成心理能力和道德觀念的傾向。此說主張心靈為空無所有，惟具有一種能，即對於心靈產生作用之各種實體（reals）產生不同品質之反應，並留其印象以作為人類精神生活之內容，此即所謂之「表象」（vosslellung）。表象間能互動而且具有選擇能力，因此教學要注重教材的實質價值，以形成心理的內容；同時要注意新舊教材所引起的印象的貫通，以構成「統覺」（apperception）；同時要顧及兒童多方的興趣，以增加學習效果。惟其過於重視教材而忽略兒童的固有能力，流於主知主義，不免矯枉過正。

五、心理開展說

福祿貝爾（F. W. A. Frobel, 1782-1852）以為人類一切智能，最初即以完成形式而存在心靈中，此乃神所賦予的。教育的使命就是要將這些潛伏的智能，亦即心靈的內容，自然地、循序的、和諧地展開出來，如同一棵樹的種子，埋在土裡，讓它發芽、生長，漸漸發展成為一棵大樹一樣。此說認為教育在將潛存於心中的「完成形式」循序開展出來，使人注意到遺傳

的重要，福氏為發現兒童之內在能力，特別重視遊戲及作業，皆有價值，惟其所創恩物中有皮球及幼稚園地上畫圈，謂以象徵宇宙之渾然全體，難免失之神秘。

六、種族復演說

美國兒童心理學家霍爾（S. Slanley Hall, 1884-1924）研究兒童遊戲，以為兒童之遊戲，猶如胎兒之復演，由原生動物演進人類的過程一般，都是復演人類過去的經驗。例如，兒童模仿的遊戲，是復演動物時代的活動，狩獵形式的遊戲是復演野蠻時代的活動，飼養動物的遊戲是復演遊牧時代的活動，園藝的遊戲是復演農業時代的活動。推至智能和道德的發展，亦是復演原始人演進到文明人之歷史，所以教育就是在輔導兒童復演種族過去的經驗。此說使教育工作者知道兒童身心之發展，是由簡單而漸進於複雜，教育必須參照兒童身心發展的階段而設施，立論頗為正確。惟在文明的社會中，兒童在出生時，即浸潤在文化中，其發展是否為種族進化之復演，實有可疑之處。

七、環境適應說

美國教育家盧迪格（W. C. Ruediger）曾說：「教育一個人，就是要使他能適應現代生活的環境；並且還要發展、組織、訓練其能力，使他能有效地、正當地利用此環境。教育就是要指導人們，俾能圓滿地生活於其環境之中。」此說頗能兼

顧消極的順應，及積極的利用與改進，立論正確，惟人之異於其他生物，在於人能超越環境，古今仁人志士，驚天地泣鬼神之義行，莫不如此。故環境適應說仍有不足。

八、社會同化說

法國社會學派教育學者涂爾幹（E. Durkhain, 1858-1917）認為吾人各有兩個我：一是個人身心狀態所造成的我，另一是社會的風俗、習慣、信仰、理想所形成的社會的我。教育就是後進者為適應社會之需要，而由前輩給予一定的影響之活動，亦即以教育之道德的我，同化個體的自私的我之過程——在個人之中，創造新的個人。此說認為人為社會的動物，所以須同化於社會，因為人不能離群索居，而要和諧地生活於社會之中，此乃社會要設施教育之根本原因；惟偏重保持社會，而輕忽受教育者本身的發展，故有未能顧及教育歷程的全部之缺失。

九、經驗改造說

美國教育哲學家杜威（John Dewey, 1859-1952）認為人是生物之一，生物要生存下去，必須奮鬥，務使周圍勢力能為己用，此謂之生活。而人類生活之內容涵蓋物質和精神兩方面，兩者皆為個人或種族的經驗，因為環境不停地變遷，生物要不斷地重新適應，人類的經驗也繼續地在改造，教育之真義在此，所以他說：「教育就是經驗之改造或重組，此種改造，足

使經驗的意義增加，並使控制後來經驗之能力增進。」此說認為宇宙間一切事物皆在變遷之中，社會、真理均非一成不變，因此杜威反對教育為生活預備之主張，而提倡教育即生活，反對教材本位，主張行動本位的教育，糾正了過去主智的教育思想，惟此說只有切近的目標，而沒有較為遠大的目的，缺乏價值判斷的客觀標準，導致教育活動流於盲目及嘗試錯誤之中，其「知必由行」之立論，勢必忽略人類經驗之結晶——文化的價值。

十、行為養成說

美國教育心理學家桑戴克（E. L. Thorndike, 1874-1949）曾說：「教育是對人的一種改變；一方面要引起每個人的變化，同時亦要阻止其變化。易言之，就是一方面要保持並增進他的智力、性格和身體所需要的素質；另一方面要排除不需要的。」簡言之，教育就是在養成良好的行為。此說認為教育在造成變化，立論頗為中肯。惟視人的活動為一種機械作用，並謂教師如能得知人性及其改變的方法，即為控制人性，實有忽視意志自由及道德理想之缺失。

十一、文化活動說

德國哲學家斯普朗格（E. Spranger, 1882-1963）認為教育的任務，在使個人人格在社會文化中獲得發展和完成，所以教育是陶冶個人人格之一種倫理的理想的文化活動。斯氏以為從

事教育的人，對於受教育者和文化價值雙方，都要有真摯之愛，始能勝任。此說認為教育乃是將社會文化的客觀價值移植於人格內部，而使其形成融合統一的生命之活動，即所謂「文化教育學」，教育之活動一方面為社會文化規範所支配，另一方面又要求個性之完成，實即融合了社會的教育學與人格的教育學。惟此說陳義過高，實施方法尚缺，故未見諸實施。

十二、文化傳遞說

英國人類學家馬林諾夫斯基（B. K. Malinowski）以為教育是一個文化體系之傳遞與傳播。馬氏之意，因為教育之興起便在求自己民族文化之傳遞；至於國際間文化之交流，則為教育功能之擴大。此說以為文化為人類社會之實在，故教育應負傳遞文化之責，人必須吸收文化，才能發展人格，而傳遞文化，作育人才，乃社會設施教育之根本原因。惟此說偏重文化現狀之保持，忽略受教育者本身的發展，實有偏失之處。

綜觀上述各說，加以深究可以得知有一共同之處，即教育為一種「歷程」（process），如種族復演、心理開展、自然發展及理性發展等說，所主張的「發展」，皆為歷程；環境適應、社會同化等說，所主張的「適應」、「同化」也是歷程；形式訓練、心理形成、行為養成等說，所主張的「陶冶」，也都是「歷程」；另文化傳遞、文化活動等主張教育在藉文化發展和完成人格，自然也都認為教育是一種歷程。綜括上述，教育為歷程殆無疑義，惟歷程的性質可類分為四種：(1)教育為自

然的歷程。(2)教育為心理的歷程。(3)教育為社會的歷程。(4)教育為理想的歷程。無論此歷程之性質為自然、心理、社會或理想等四個層次，惟教育的歷程，其特質是兩極性的，存於教育者與受教育者兩者之間，即教育者本其教育愛指導受教育者，期能使受教者身心發展、人格優美、生活圓滿；教育者在實踐教育愛之同時，尚受到歷史、國家、民族的義務感之鼓舞，凡此皆為教育具有倫理之特性，至此，吾人可以認定教育乃是一種倫理的、理想的歷程。

第二節

教育的價值

教育的活動是一種價值導向的活動。所謂「價值導向」，意即教育活動從一開始便是意欲或可能達到某種預設的、潛在的或者人們所相信的價值，並且以此為目標及評鑑的標準（陳迺臣，民 79，226）。教育的價值性，當代的教育哲學家亦常論及，如英國教育哲學家皮德思（Richard S. Peters, 1919- ）曾說，教育之進行係透過某些種類的過程，而在這些過程中所要發展的，乃是一種可欲的、被認為有價值的心靈狀態。梭爾提士（Jonas Soltis）亦主張，教育是有價值性的，我們要學生去學的材料或經驗乃是有價值的。惟價值的含義、性質、類型層級，會因不同的國家或社會而有所不同，我們所認為沒價值的，別的社會可能認為有價值，並據以作為教育的內容。因此我們不可說他們所實施的不是教育，雖然我們所實施的教育與

他們不同。因此價值產生了主觀性與客觀性的問題，在此實有加以分辨的必要，以下先就價值之主、客觀問題加以討論，再就價值之性質類型，分別加以分析。

壹、價值之主觀與客觀問題

有的教育工作者採取教育價值多內在而主觀的觀點，所謂主觀論（Subjectivism）者認為價值屬於人們思想與判斷的內在世界，賴人類的經驗而生起：事物或動作本身無有價值。如桑塔耶拿（G. Santayana, 1863-1952）所說：「價值離不開對它的欣賞。」派克（De-Witt H. Parker）亦說：「價值完全屬於內在世界，隸屬於精神界……價值常是一種經驗，向來不是外在的事物或客體。」惟此說仍有困難而無法自圓其說之所在：(1)有些價值如自由是歷久長存，超乎人的經驗判斷；(2)有些道德價值是普遍認可而不由個人來決定的（趙一葦，民87，81）。

惟有些教育工作者卻採取教育價值多外在而客觀的觀點，他們以為價值不只是人類的內部經驗，而且是師生周遭的事物與環境中的外在性質。換言之，客觀論（Objectivism）者主張價值存於事物或動作中而受人稱羨讚賞；而非由人的思想或意欲所創造，價值是無關乎人的意欲的，而是先意欲而存在，甚至是意欲之引起者。因此，教育工作者如認為珠算是有價值的，無論兒童或家長認知與否，兒童缺乏興趣，家長亦不覺得其有用處，他們亦會把珠算列入課程，且會心安理得。如果教育工作者認為教育價值是內在而主觀，那麼就不能堅持珠算在

課程應佔有一席之地，因為事實告訴我們，兒童對珠算不感興趣，家長亦不覺得它有用處。惟外在客觀說仍有困難：⑴價值須賴人心而被認知，難言它有獨立的存在；⑵如果說價值是客觀存在，則人們對於它們的判斷應該完全一貫，然而此種一貫，實不可得（趙一葦，民 87，81），如珠算、書法仍有一些爭議。

主客觀二說既各有困難，於是而有關係說（Relationism）之提出，此說認為價值之形成，主（內心）客（事、物）因素皆有需要，評價即將主客之間的關係加以了解：即將某件善或美的事物呈現在易感知、能接納的人心之前──價值是評價的結果，存在於心之外，亦即外在的事物或行動中。主此說者有杜卡斯（C. J. Ducarse）和潘普（Stephen C. Pepper）等人。

貳、價值的類型

一位教育工作者常常處於價值判斷之中，惟因價值種類繁多頗生困惑，然教育價值仍可從哲學上對價值的分類予以分析探討，得以釐清並予以抉擇，茲先從哲學中所謂的內在與外在價值加以釐清，再就教育理論上觸及價值問題的部分加以討論，以增加對價值的性質類型之了解，作為進行教育活動思考的依據。

一、內在與外在價值

內在價值（Intrinsic Value）亦稱本質價值或固有價值。此

種價值存在事物之本身，人們評價時僅就事物之本質而言，不涉及能力或功用，例如，事物本身含有真理、快樂之本質即有內在價值；而不是某君具有能力足以敵眾，也不是如金錢用之可獲取利益。外在價值（Extrinsic Value）亦稱非本質價值或工具價值，亦即人們對事物評價時，並不著眼事物的本身，而是在於它的能力或功用，如知識可以獲致道德，汽車可以代步等等，是以其具有某種用處或達成某種目的而有價值，此外在價值之評斷，常因不同的個人或社會而產生變易。

從上述的內在價值與外在價值兩種類別加以思考，並非互相排斥，而是可以互換的，當我們直接欣賞或享受某一對象的時候，我們說這個對象是有價值的，這就是內在價值。當我們利用一件東西去實現一個目的時，我們說這件東西是有價值的，這就是外在價值，亦稱工具價值。例如教師對於兒童，以其具有理性、靈敏，而善待之如人，乃取其內在價值；如以其足以達成教師願望之媒介，乃取其外在價值（工具價值），例如完成教育成為名師或優良教師之願望等。其實此兩種價值並非絕對背離的，如一事物在一種情境之下有其內在價值，在另一種情境之下有其外在價值，例如快樂是屬於內在價值的，如果經常快樂可獲致健康，那麼，快樂已由原先的內在價值轉化為外在價值了。惟內在價值是根本的，工具價值是次要的。所以康德說：「無論對待你自己或別人，應常以之為目的，切勿僅以之為工具。」待人首重內在價值，對待事物亦應如此；因為我們對於一個對象不知道它的性能，便不可拿它來使用。

二、教育與價值類型

教育理論上觸及價值問題之討論者，主要有兩方面：一是涉及教育本身的，即問：「教育本身有什麼價值？」另一是涉及教育材料的，即問：「何種教育材料最有教育價值？」教育本身之價值，可從教育的效能中加以分析，然後再探討教材的價值，作為教育工作者選擇之依據。茲分別分析探討於下：

㈠教育效能之分析

教育效能為大為小，須以教育目標或目的為基準而加以評估；而在評估時，評估者所持之價值觀是為最重要之關鍵。在價值的類型討論中，吾人得知，價值可概分為內在與外在價值（工具價值）二種。教育的內容價值乃就教育的本義來說的。「教育」的根本意義是影響身心生長發展的活動。杜威以為：「教育和有結果與有意義的生活之運作是一致的；它唯一且最後的價值只是生活過程之自身——這不是一個終極的目的，而一切學習和活動是它的手段；它把它們都包括在內。」他以為「教育不是生活的一種工具」（趙一葦，民 87，177）。換句話說，就是：除了經驗之繼續不斷地改造這個過程的自身以外，教育另無別的目的（趙一葦，民 87，176-177）。由此得知，杜氏認為教育即生活，教育僅有內在的價值。

然而，仍有部分的教育哲學家認為教育是具有工具價值的，如美國教育哲學家波特（B. H. Bode）教授即說：「教育是一種工具，可以叫它聽從許多主人，用以實現多種目的。」

據趙一葦教授之觀點，認為我們經驗繼續改造，生活不斷地發展，這是直接享受教育的內在價值；但是個人生活之發展，也足以影響他人，這便是外在價值或工具價值；只是內在價值是根本的，外在價值在另一層次（趙一葦，民87，179）。德國文化學派教育學者斯普朗格以為，教育的價值在使個人人格之發展與完成；又謂教育的目的在於文化之存續與創造，教育兼具內在的或工具的價值。

　　教育可以獲得哪些效果呢？據趙一葦教授對教育目的的看法是：「使受教育者圓滿發展，期能裨益社會、造福人群。」我國教育宗旨中亦明示，近程教育目標為「充實人民生活、扶植社會生存、發展國民生計、延續民族生命」，中程為「民族獨立、民權普遍、民生發展」，遠程為「世界大同」。可以說是分為近程、中程及遠程三方面加以揭示。學校教育對於受教育者較直接的影響是發展圓滿的人生，培養健全的人格。其教育內涵應為全人的教育，包括：知識、技能、習慣、理想、態度等項，務期上列各項內容皆能圓滿發展，進而裨益社會、造福人群。就個人方面來觀察教育的效果，可以「全人教育」實施獲致的成效為基準來評估。至於以社會方面來觀察教育的效果時，我們可以觀察家庭方面是否基礎穩固、氣氛和樂；社團方面各分子是否克盡厥職、欣欣向榮；一般社會方面是否治安良好、經濟繁榮；國家方面是否國富民強、文化發揚；國際方面是否和平共榮、人間天堂（趙一葦，民87，179）。上述各方面如果答案是肯定的，那麼，教育的效果已發揮到淋漓盡致了。

(二)教材的價值

教材乃教育材料之簡稱,而非僅指教學科目的材料而已,那麼,教育材料究竟是什麼?簡而言之,即有系統地發展人生的材料,因為教育是發展人生之有意而系統的歷程,而教材是發展人生的人類經驗的精華。什麼教材最有價值?一向是教育哲學家思索的主要課題,也是教育工作者須加以判斷的問題,如實證主義者斯賓塞(H. Spencer, 1820-1903)認為教材價值應有先後順序,依序為:⑴直接有關於自己之保存,如生理衛生、醫學;⑵間接關係於自己之保存,如與農工生產有關之各類知識;⑶關於子女教育者,如生育、養育、教育後代之知識;⑷關於社會團體生活者,如參與社會及政治活動有關的公民責任的知識與修養;⑸關於閒暇娛樂者,如美藝活動、體育休閒活動之知識及能力。教育的重點在前者,愈在後者愈不重視。然實驗主義者杜威則以根本的(essential),即關於社會方面最基本的事物為第一;精鍊的(refined),即專家學者所研究的學問技術次之。無論是斯賓塞或杜威皆依其根本的見地去決定教材價值之高下,係將教材視為教育的工具。事實上,教育的對象是人,教育首在培育受教育者圓滿的人生,俾能層層發展,而臻於超越的境地,故我們選擇教材,除了參照上述的價值理論之外,根據趙一葦教授之觀點應依下列的原則加以選擇(趙一葦,民87,165-166):

1.首要注意教材的內在價值

我們在選擇任何一種材料的時候,都要注意它的內在價

值，換言之，就是都應為受教育者所能欣賞的或享受的，諸如須適應受教育者的身心發展、學習能力、生活需要，以及個性等等。如果忽略了上列之要素，那麼，所選擇之教材都不是受教育者所能直接享受或欣賞的，且不易被吸收。

2.次要注意教材的工具價值

教材要求其具有內在價值，俾為受教育者直接欣賞或接受，此固為價值論應有所堅持的，同時亦是教育本義所要求的。惟國家社會設施教育，除發展受教育者之外，應另有其他目的。教材是教育上有形的工具，故教材的選擇應注意材料之工具價值，諸如教育目的、教育目標、社會需要，皆為教材選擇時應妥為考慮的要素。

3.在相對比較中更具價值的教材

人類文化悠久，人生活動頻繁，而學校教育時間有限，故教材需要精選，惟符合上述兩原則者仍為數甚多。因此，必須加以比較，選擇較有價值的教材，然如何比較呢？可採下列標準：

⑴生活中應用之時期較長者愈有價值；如衛生習慣。

⑵生活中愈常用者愈有價值；如語文能力。

⑶愈為進一步學習時所不可或缺的基礎者愈有價值；如算術中之四則運算。

⑷愈為生命危急時所需要者愈有價值；如游泳。

⑸愈富有內在價值或工具價值者愈有價值；如前述。

4.應考慮價值的平衡

依據上述三原則選擇教材時，另須注意各種性質的教材之分量，求其配合平衡，意即求取比例相稱，而非分量相等。因為如此始能發展成為平衡活潑的人生，而不致流於偏枯怪僻。曾有一位教育哲學教授感慨地說：「一個祇會想到機械的工程師，或祇會想到政治的政治家，從未抬起頭來看看他專門園地以外的學術；雖然他在某些方面可以很有成就，但在決定文化的標準和文明的形式時，卻是很危險的。專門化建設了近代文明，但也促使它瀕於毀滅。」（趙一葦，民87，166）通識教育之精神即在於此顯現出來。

三、教育效能的限制

教育的價值與教育的效能是息息相關的。人類是理性的動物，在行動之前，不但要問：「為什麼？」同時還要問行動之後「能有什麼收穫」。教育是人類的一種活動歷程，無論在活動歷程中之內在價值，或活動後之外在價值或工具價值，皆為教育效能之指標，惟對教育效能是否有所限制，歷來大致分成二種：一為教育萬能說，另一為教育無用說，茲分別敘述如下：

(一)教育萬能說

此說是以英國經驗主義的哲學家洛克與美國行為主義心理學家華德生（J. B. Watson）為代表。洛克認為：「人之初生，

心如一張白紙，一切要靠後天的經驗；教育便是在傳授人類的經驗。」他在**教育漫談**（*Thoughts Concerning Education*）一書中曾說：「人之好、壞，有用與無用，全由他的教育而定。」「個人之間的不同，全是教育的結果。」「人類十之八九可以為善或為惡，其造福社會或危害社會與否，則視其所受教育程度之不同，而產生差異。」因此，洛氏認為教育是萬能的。而華德生曾說過：「給我一打身心健全的兒童，不論他們祖先的才能、嗜好、品性和種族，把他們放在一個完全可以控制的環境裡，我能將他們造就成為一名醫生、畫家、律師、企業家，同時亦能造就他們成為盜賊匪徒。」華氏深信教育的效能之巨大，可想而知。

(二)教育無用說

悲觀主義哲學家叔本華（A. Schopenhauer）認為人性和宇宙的本質相通：即固定不移，始終如一。教育上如要改變人性的弱點，或改變其性質，猶如鑄鉛成金一般，雖愚蠢者亦知其難能成功的。由此觀之，叔氏主張教育無用，頗為顯然。另有一派科學的悲觀論者，他們依據遺傳學上的研究，論斷一切生物的主要性格，均為遺傳所決定，我們生理的、心理的可能性，早已預定在我們的胚胎細胞中。因此，人類人格上的特徵與人之出生同時存在，對它的改變微乎其微，雖然盡教育之最大功能，亦難使下愚變為上智。因此，科學的悲觀論者易認教育為無用，至為顯然。

(三)教育效能折衷說

　　教育萬能說顯然把教育視同完美，不免陷於太過樂觀；教育無用說顯然把教育視為一無是處，不免陷於過度悲觀。持平之論，教育如果是萬能的，則以今日教育之普及，機會之均等，為何社會作奸犯科之徒仍然為數不少；教育如果是無用的，則以人類之智慧，為何仍會去從事徒勞無功的事？所以，教育的效能應採取折衷的看法，較為合理。茲以生物學、社會學、哲學三方面的觀點扼要說明，以作為折衷說之理論基礎（趙一葦，民87，184）：

1.生物學的觀點

　　遺傳基因固然被包含在遺傳的個體之中，然此遺傳基因之發展或埋沒，卻為環境所決定。個體發展的可能性，大於發展的實在，而此一變異發展的狀態，與其認為遺傳條件所決定，不如認為環境條件所決定。遺傳所賦予的是個體發展的可能性，亦即可塑性；可塑性之發展，惟環境是賴，而環境中最有力的因素則為教育。教育可以使個體之遺傳的可能性，在其範圍內努力使之發展，教育既已發揮了效能，自當非無用之說了。

2.社會學的觀點

　　德國教育哲學家拿托爾普說：「教育決定的條件在社會。」亦說：「社會決定的條件在教育。」如加闡釋，吾人可以了解教育、政治、法律、宗教以及藝術是屬於社會結構中的上層之意識形態，此　意識形態的形成，要在社會基層之影響

下發生與發展，然此一意識形態，亦反向影響基層本身。如此，教育既受社會基層的影響，就不是萬能的；同時，教育又能反向影響社會，則應不是無用的。德國教育哲學家克里克（E. Krieck）在其所著**教育哲學**一書中曾如此說：「教育是社會的根本機能，人性本質之必然表現。它和語言、道德、法律、宗教、藝術、技術、經濟秩序、國家組織一樣，表現了社會的根本機能及根本形式……教育因為要培育共同社會形式於青少年胸中，因此教育的目標，即將青少年有機地融入到社會中去；惟有此種融入，才是人格發展惟一條件。」由此可知，教育與社會之間發生關聯，教育既不是萬能亦不是無用，至為清楚。

3.哲學的觀點

　　哲學上對於人性是否能夠改變的問題，是關係著教育是否有效的一個重要問題。孔子曰：「性相近也，習相遠也。惟上智與下愚不移。」杜威在〈人性能改變嗎？〉那篇文章中，一開始就說：「人性確實是變的。」惟此僅就信仰的內容與動作之方式而言；就人類的需要而言，如飲食、穿衣、行動等，並沒有改變。因此，人性兼具變與不變的特質。就教育而言，必須注重能變的方面。教育之根本要義，就是改變人類的本性，形成有異於原始本性之思維、情感、欲求和信仰的種種新方式。美國教育心理學家桑戴克認為教育與醫藥衛生同其性質，是以對於人類的變化之引出與預防為任務的方法及技術。換言之，教育是謀求受教育者的身心中引出所希望的變化。因此，凡一種動作具有使人發生變化者，便是教育。惟教育所關心

者，重點在於知能、品性與精神上的變化。教育之所以可能，即在人類具有豐富的可塑性；同時教育的範圍，亦以此為限。主張教育萬能者，忽視了人性中不可變的部分，是為疏漏之處。

第三節

教育的種類

　　教育是社會的根本機能，也是人們日常生活所接觸到的一種社會現象。德國現象學派教育哲學家克里克，把教育活動分為三層三線。三層是：沒有自覺以前的人類相互影響的結合關係為最低層；意識的結合且有目的的活動，如父母影響子女等，為第二層；有計畫的設施為最高層。而三線是：社會自我教育、個人自我教育、自他教育（即社會或個人為其他社會或個人而有的設施）等。因此，教育並不局限於學校的設施，家庭、社會、政府機關都有著教育的效能（趙一葦，民 44，4）。從克氏的分析中，吾人可以得知，教育活動的種類大略可分為家庭教育、學校教育及社會教育三種，由此三種活動才能建構一個完整的體系，茲分別說明如下：

壹、家庭教育

　　一般人往往將教育與學校教育畫上等號，認為要受教育則必須進學校，這是一個錯誤的觀念，導致窄化了教育的時、空

範圍。難怪許多學者提出終身教育的理念，倡導教育的歷程應該涵蓋一個人的一生。家庭是每個人生活之所在，也是社會結構的基本單位，家庭教育在人生的教育歷程中，居於重要的一個環節，也是國家社會穩固發展的基石，齊家、治國、平天下之道理便在於此。以下分別從家庭教育的意義、內涵、教育方法及其原理等加以敘述，以供參考。

一、家庭教育的意義

要界定家庭教育的意義，如前面界定教育的意義一樣，可用敘述的或規範的兩種方式，來加以釐清。敘述的方式著重在歷程，規範的方式著重在目的或結果。據此，採廣義的說法，家庭教育的意義，係指個人從出生到死亡，在人生的歷程中，受到生活的家庭環境、成員、氣氛直接或間接的影響，在情感生活的學習、倫理觀念的養成，以及道德行為的建立上，獲得身心健全的發展（黃光雄，民85，162）。此一意義的界定，包含了整個人生歷程，同時相互影響的成員不限於父母及其子女而已，教育的層面更涉及情感生活、倫理觀念、道德行為、身心健全等方面。如採狹義的觀點來界定家庭教育的意義，則家庭教育係指一個人一生的思想行為和觀念態度，取決於早年在家庭所養成的習慣。因此以兒童期接受父母管教的活動或生活訓練，能夠培養為人處事的良好態度與人格者，即稱之為「家庭教育」，特別是夫婦或長輩的觀念和行為能夠一致，對子女的教育將更為有效（黃光雄，民85，162）。

衡諸事實，社會的急劇變遷，婚姻與家庭的穩定性產生了

動搖，家庭的結構甚為脆弱，導致婚姻破裂、家人疏離，製造許多單親的家庭，家庭教育在上述的家庭中，實已名存實亡了。為了避免上述情況發生，家庭教育的重點及內涵實在有重新調整的必要，務期家庭教育發揮功能。

二、家庭教育的內涵

家庭教育的意義已如上述，它不只是父母對子女的教育，也包括家庭所有成員之間直接與間接、有形與無形的影響力量。人自出生以後，便始終和家庭密切相關：兒童時期的依賴，成年後自組家庭，繼而為人父母，直到老年，皆屬於家庭，且以家庭生活為基礎，擴展到學校和廣大的社會（賈馥茗，民74，200）。至於家庭教育的範圍，依據正草擬中之家庭教育法之規定，應包括：兩性教育、婚姻教育、親職教育、子職教育、世代倫理教育，及其他有關家庭教育之事項，該草案亦將各項目之內涵加以說明（黃富順等，民85）：

1. 兩性教育，含兩性關係、兩性溝通、兩性交往、性教育等；
2. 婚姻教育，含婚前教育、新婚調適、家庭計畫、夫妻溝通等；
3. 親職教育，含親職角色與職責、親子溝通與調適、子女教育等；
4. 子職教育，含子女或晚輩對上一代或長輩的態度與職責等；
5. 世代倫理教育，含孝親事長、愛子慈幼、兄友弟恭、姻親

關係等；

6. 其他事項，含家人關係、家庭保健、家庭休閒、家庭經營等。

上列各個項目之內涵頗為明確，大都能望文生義，歸納言之，有從家庭人倫的觀點引申，提出父母教育、夫婦教育、子女教育、孝親教育、昆仲教育等要項（雷國鼎，民 64，280-299）；亦有從家庭功能觀點加以探討，強調家庭世代生活倫理教育、夫妻婚姻關係教育、親職教育、現代化家庭生活教育、家庭和社區關係教育等項目（楊國德，民 85，164）。總而言之，家庭教育之內涵是以社會組織及經營家庭的知能為重點，包括學習夫妻角色的婚姻教育、父母角色的親職教育、子女角色的子職教育、親屬角色的世代倫理教育、家庭管理者角色的家庭經營與家庭生活教育等（楊國德，民 85，164）。

三、家庭教育的方法及其根本原理

「方法」是什麼？據**韋伯斯特大學新字典**（*Webster's New Collegiate Dictionary*）的解釋：「方法是一種按照順序的手續或歷程」。密勒（H. L. Miller）認為，做事必定會有一定的順序，這順序就是方法；所謂的方法就是一種有組織的、有系統的、確定的過程。是故「父母或長輩講，子女或晚輩聽」，這是沒有順序而純粹注入的演講，不能稱之為教育方法。家庭教育之意義，根據前述，它是人生的歷程中，受到家庭環境、成員、氣氛直接或間接的影響，在情感生活的學習、倫理觀念的養成，以及道德行為的建立上，獲得身心健全的發展。為了發

揮家庭教育這些功能，在方法上可以根據下列之原理：

(一)激勵子女自動自發

父母或長輩增進子女或晚輩的知識、行為習慣、態度、身心健康等，絕不能出於強迫，我們知道每個健康的兒童都是好動的，好動正是求知的動力，聰明的父母只要仔細觀察兒童的能力或活動傾向，再加以善用環境或設置環境，便可將好動或好奇的外在動機轉變為自發的動機。如此的學習活動，就成為有自覺的目的，而能發展其能力，擴展其自己，了解其自己，便有興趣，而又不會與父母所強調的努力產生衝突與矛盾。此乃自動的原理。

(二)尊重子女的個性

人有個性，教育方法要注重個性，已是自明之理。德國文化學派之教育主張，即根據學生之個性類型施教；佛家所謂「吾田引吾水」，即是依各自心田需要，攝取知識，皆為尊重個性之意。子女的氣質、性向、心智發展與能力，各有不同，不可在各方面的表現作相互的比較，造成兄弟間的不睦，親子間的不和，此皆由於忽視了教育所重視的個性的原理。

(三)給予子女溫暖的家

要養成純潔高尚的品行，必先有愉悅和平的氣氛，尤其是他所生活的家庭之中。許多問題兒童，都是出自於一個沒有溫暖的家庭。家庭要有溫暖，並非指經濟的富裕，提供子女物質的欲求，而是指父母、子女、兄弟、姊妹之間，相處時親愛融

洽的氣氛而言，在此氣氛中，子女沐浴在幸福及充滿安全感的環境中，學會如何被愛及愛人的情懷，此乃同理心之原理。

(四)作為子女的楷模

要使子女力爭上游，使用強迫或利誘，效果不大，不如利用子女喜好模仿的天性，給予良好的示範。有人曾說：「教育無他，為榜樣而已。」例如，父母要子女過規律的生活，因為規律的生活具有穩定情緒的功能，為人父母者先要過規律的生活，給予子女榜樣。要子女努力用功讀書，如果父母平時有閱讀書報的習慣，子女亦能認同父母的要求，此乃以身作則的原理。

(五)勉勵子女具有遠大的理想

教育子女除了適應當前的生活之外，還要勉勵其朝向遠大理想，以實踐崇高的價值為生活的準則；父母本其慈愛之心，循循善誘，使子女的潛能發揮，達到子女的理想及抱負實現的境地，具有服務的人生觀，成為社會有用的人，此乃倫理指引的原理。

貳、學校教育

「學校教育」顧名思義，就是在學校進行的一切教育活動之統稱。無論中西，學校教育都是在教育活動存在了一段相當長的時期之後，才形成的一種正式教育。因為在初民時代並沒有學校的形式，年幼的人跟隨著父母，從實際的生活中，學得

了種種基本的生活知能，因為社會組織漸漸複雜，人類累積的經驗日漸增多，成人已無暇及缺乏能力去教導自己的子女，於是學校乃基於社會及成人的需要而產生。然而人類的需求之內涵，隨著時代的變遷，而有所改變，教育的目標、內容、方法皆受到相當大的影響，尤以目標之改變影響教育內容的抉擇，不同的教育內容會影響教育方法的使用。學校教育即是一種有計畫、有系統，並且有工作人員及固定場所的教育形態，因此必須去考慮的重要內涵為：教材、科目與課程、教育方法、學校建築和學校行政等（賈馥茗，民 74，200）。因為本書第四章將談及教育內容，第五章亦論及教育方法，第六章會敘述學校行政的部分，因此本節僅就學校教育的功能及特質分別加以敘述：

一、學校教育的功能

學校教育與家庭教育、社會教育在功能上應有所區隔，因為三者之間的目標仍有部分可以釐清，且應產生互補的作用，茲將學校教育在個人、社會、經濟、文化等方面的功能扼要敘述如下：

㈠個人方面

心理學家馬斯洛（Abraham H. Maslow, 1908-1970）認為，個體基本生存需求的滿足是其他高層次需求的基礎，這基礎必須先滿足了，人類才有足夠的動機，從事屬於精神性的活動，最後才能到達「自我實現」（self-actualization）的層次，

而圓滿完成人類生命的意義。學校教育提供了健康的知能，如預防疾病傷害、營養與衛生等方面的知識與能力，皆有益於身心的健康與成長。

學校教育的功能，除了上述個體身心的健康與成長之外，尚必須超越此一需求，使個體生活得好，生活得有尊嚴，而此需求較之個體的生存需求有更高的層次。在今天文明的社會中，生存已不是問題，而是生存得快不快樂，生存得有無尊嚴問題，心理的挫折、沮喪、不滿、緊張、焦慮、怨恨及欲求不得滿足，更是痛苦及罪惡的根源，且會損害生理的健康，進一步造就人格發展的失衡，使個人在社會生活方面產生適應的困難、人際關係的障礙，生活得沒有尊嚴，阻撓了人生理想的追求。

學校教育除了均衡人格及良好社會行為的發展，進而培養正確的自我認識、人生觀和價值觀，不但在緊張、繁忙而複雜的現代生活中，學習自我調適之道，而且能夠體會出生活的價值和人生的意義（蔡義雄等，民 86，16-17）。

(二)社會方面

學校教育能協助個人學習社會規範，社會規範的學習是必要的，因為人類是群居的共同體，個人的獨特性及潛能的發揮是很重要的，但是當它與社會共同的理想、精神及規範的發展產生牴觸時，個人由於社會規範的學習，對自己的行為將會產生適當的節制。

人當然可以只考慮自己，為自己而生活，但它的意義不如為自己及別人共同生活來得大。人類社會是一個人、事、物交

織而成的有機體，我們的一言一行、一個思想一個念頭，都會對別人或團體產生若干作用；同樣的，他人的心念言行，也會對我們發生影響。如果這種影響是良好的，就會產生良性互動、良性循環。

現代的學校教育必須努力的目標，就是培養青少年具備民主的素養，透過民主方式，建立共識，形成社會規範，人人遵守，互尊互愛、安和樂利的社會便不難形成了。

(三)經濟方面

學校教育負起各方面人才的培育任務，這是所有教育工作者共同體認的神聖使命。國家建設的必要條件有二，一是經費，一是人才，而尤以後者至為重要。人力資源的開發是現代國家規畫長期發展時，必須優先考量的。由國家來辦理全民的國民教育，雖然具有多重的意義及目的；但從建設觀點衡酌所需要的人才資源，卻是政府投資大量人力、物力辦理各級學校教育的主因。今日之台灣，沒有天然資源，而能經濟富裕，科技發達，憑藉的就是人力資源的充分開發，學校教育提供機會，使個人有效地學習職業、工作知能及其相關素養，能在各行各業貢獻心力，創造經濟的奇蹟。

(四)文化方面

教育活動是一種文化的活動，因為學校教育所安排的教材，大部分取材於文化的精華，透過教育傳遞給下一代。依據德國文化學派的觀點，認為教育的功能在於「文化的綿延」與「文化的創造」。維護與繁衍文化遺產，是教育的首要功能，

惟文化猶如有機體，沒有注入新血輪，一樣會生、老、病、死。因此，學校教育不能以綿延文化為滿足，更應該培育下一代能創造新文化。因此，創造新文化是教育的第二功能，也是最可貴的目的，沒有第二功能，民族文化會停滯不前，終至衰老消失。學校教育應重視如何孕育學習者創造的動機，使人類文明的創新發明成為可能，因而促進人類文化突破現狀，創造發展。

二、學校教育的特質

(一)强制實施

學校具有一種權威主義的特性，教師在學校組織體制下照規定進行教育，由教師向學生傳授知能，採取由上而下的作法，某些學校即使以學生為中心作為教育的理想，仍須教師加以認同，否則理想仍難實現。一般而言，學生的自由範圍，大部分均由學校與教師決定。學生少有權力選擇教師，上課時間內不得任意離開教室座位，學校等於強迫學生出席上課的場所。學校的強制性、拘束性、管理性，隨著教育普及而愈顯著。例如，兒童達到學齡階段，不管他有無能力、興趣或意願，均應依照法令規定被強制在學校接受一定的教育，在義務化的名義下，兒童既無選擇學校的自由，更無拒絕接受教育的權利。學校內許多不得不入學者逐漸增加，造成學習者之間很大的個別差異與不同的學習成就。在義務教育制度下，學校對這種個別差異的存在，幾乎視若無睹，學校教育愈普及，教育

愈困難，各種教育問題層出不窮（黃振隆譯，民 80，51-52）。

(二)統一標準

由於學校教育採強制性，兒童既然沒有選擇學校與拒絕上課的權利，則任何學校若不提供相同的教育，即產生不公平現象；例如修業年限、授課時數、學習課程、教師資格等，均須由教育主管機關以法律統一規定，否則便否定了人民教育平等權。為了消除義務教育階段的公立學校之間的差距，更成為教育的重大決策，於是規格化、統一化、平等化的傾向就更為顯著。這種學校教育，不能適應的學生或不滿的學生就愈來愈多，雖然學校間的差距縮小，可是學校內的差異反而擴大。統一化的學校失去了個別的特色，更無法適應地方或個別需要實施教育，由此顯示學校普及與教育病理之間，有其必然的關係存在（黃振隆譯，民 80，39-40）。

(三)偏重智育

各級學校其層級愈高，愈偏重智育，下一級學校學生要升入上一級學校，偏重知識愈為顯著，如為了升入大學，考生在入學考試時是以是否具備做學問的知識能力與基礎學力為標準。學校是在文化發展趨向複雜化之下所產生的教育專門機構；而文化的發展與複雜化，主要在於知識文化，教師便是知識文化的專家。學校所教的知識，無論東西各國，皆包括讀寫算三項，學校教育所重視的是文字、語言、數字、圖書等記號、概念或理論，支配學校的是符號文化，理解並尊重符號文

化的學生即可得到好的成績（黃振隆譯，民 80，40-41）。然而許多得不到這種知識能力或符號文化的學生，因為教育義務化、普及化的結果而入學，再加上科技進步之電腦、網路、電視媒體，皆使學生樂於接近，並且從中吸收新知，使學校所重視的符號文化與現實情況嚴重脫節。因此，無法適應學校教育的學生日漸增多。責難學校偏重智育已成為教育改革的重要課題。

參、社會教育

　　我國對社會教育（social education）一詞的含義，與歐美國家並不完全相同。美國的成人教育（adult education）或「校外教育」（out of school），英國的「擴充教育」（further education），法國的「平民教育」（l'education populaire）、「離校後之繼續教育」（l'education postscolaire）及「永續教育」（l'education permanente），德國的「成人教育」（erwachsenenbildung）等名詞，則與我國的「社會教育」相類似（楊國賜，民 84，3-4）。目前，我國學者對社會教育的意義仍有相當分歧的看法，有人認為社會教育是學校以外的教育，有人則稱社會教育涵蓋教育全體之教育，這些說法似有待釐清，以免以偏概全或過於籠統之弊，因此，實有必要先將社會教育的含義加以分析，再將其功能一一臚列，以供參考。

一、社會教育含義分析

對於社會教育的一般看法，認為是學校正規教育之外，以全體民眾為對象的非正規教育活動；其範圍應包括成人教育、家庭教育、特殊教育、社教機構與活動，及社會藝術教育等為主要內涵。從上所述，確實包羅甚廣，因此，社會教育一詞，可以說是個綜合性的名詞。試就各方面加以分析（黃富順，民83，1-2）：

㈠對象

全體社會民眾。

㈡類型

長期的、短期的。

㈢性質

正規的、非正規的、非正式的。

㈣內容

民族精神教育、民主法治教育、大眾科技教育、藝術教育、家庭教育、親職教育、環境教育、職業進修教育、語文教育、休閒教育、消費教育、成人教育、圖書館教育、交通安全教育等。

(五)施教方式

學校式、非學校式，包括電視、廣播、函授、參觀、展覽、講座、巡迴教學、研習、討論、諮商、輔導等。

綜上所述，社會教育是涵蓋正規學校教育以外的各項教育活動。從參與的時間而言，它是終生教育（lifelong education）；從參與的對象而言，它是全民教育（overall education）；從活動的性質而言，它是繼續教育（continuing education）（楊國賜，民 84，2）。以當前社會變遷迅速，知識及技能不斷創新，終生教育與繼續教育是不可抵擋的時代潮流，如何結合學校教育與社會教育，實為刻不容緩的重要課題。

二、社會教育功能分析

社會教育的含義既經分析，吾人不難發現，其功能之所在，有屬於社會需求之滿足，亦有屬於個人需求之滿足，茲分項說明如下（楊國賜，民 84，7-8）：

(一)滿足基本的教育需求
(Basic eduaction needs)

是由宗教團體或政府機構規畫，對於未受教育的人給予另外的補習教育，以掃除文盲，同時給予其他人功能性的教育，使其能就業或能滿意地履行其社會職務。

(二)滿足技術職業訓練的需求
(Technical-vocational training-needs)

為社會的青年人作就業之準備，同時為目前正工作中的人員提供繼續教育，使其能趕上現代的工作新方法，而且能應付二十一世紀科技不斷產生的新技術的需要。

(三)滿足社會—經濟的教育需求
(Socio-economic education needs)

由於社會—經濟結構的快速變遷，使得在經濟、金融、技術與法律範圍內的工作人員需要有健全的訓練。而此項訓練並不期望他們能成為經理、會計師、工程師，而是希望他們擁有足夠有關生產、組織、財務結果、工資、工作條件、福利、行銷等等的資訊，使其能掌握未來整個經濟單位的一切事務，同時成為管理組織的成員，就自己負責的事務作最後的決定，並負起責任。

(四)滿足意識形態的—政治的教育需求
(Ideological-political education needs)

許多國家為政治的變遷，公民需要機會教育以增加其意識形態的認識，如民主法治教育，以發展政治的成熟，激勵良好的了解，並對國家的政策或制度做健康的批評。

(五)滿足改善生活品質的需求
(Needs of improving the quality of life)

　　此項需求涉及生活的各層面；如健康方面，個人與家人衛生；環境方面，家庭裝潢、服務設計；文化方面，經由戲劇、電影、音樂、美術等來充實休閒生活。

　　為了達到上述的功能，必須教育主管機關或民間之社團創立許多社會教育機構或團體，來推展社教之活動，作為民眾終身學習之社會橋梁；如社會教育館、文化中心、圖書館、博物館（含藝術館、美術館）、科學館、動物園、紀念館、戲劇院（含音樂廳、樂團）、其他（如天文台、教育廣播電台、音樂中心等），除了上述之機構提供社教設施之外，還有國民中、小學附設補習學校，積極辦理成人基本教育（黃富順，民83，5）。

第四節

教育的理想

　　社會和人生的理想，非借教育的力量不能實現。教育理想的形成，亦受到人生理想和社會的影響。人生理想的實現，可藉由多樣途徑，如政治、宗教、經濟、社會、文化和教育等制度和活動，而這些設施也都和教育有密切的關係。教育是實現人生理想最根本的憑藉，而人生理想也往往寄寓、反映於各種教育的作為當中（陳迺臣，民79，250）。同時，如前述德國

哲學家拿托爾普說：「教育決定的條件在社會。」亦說：「社會決定的條件在教育。」準此說法，教育的理想受到社會理想所決定；社會的理想亦受教育的理想所決定，兩者之間實有相輔相成的關係。因此，欲探討教育的理想，應該從人生的理想與社會的理想進行分析，則不難確定教育的理想。茲分從人生及社會的理想作論述，再歸結到教育的理想。

壹、人生的理想

人生是什麼？所謂的「人生」，實含有「生存」、「生活」、「生命」三個意義或層次，從維持機體的生存，繼而在社會的群體中度生活，還要求有意義的生命。因此，人生的理想之探究，應從生存、生活及生命三個層次去探索，惟生存是生物最基本的需求，生活雖以生存為基礎，但已超越了生物的本能，涉及社會及倫理層次的動機。教育是因應人生需要而產生，教育不但要幫助人類滿足他們生活上的基本需求，而且要進一步幫助人類提升物質及精神生活的品質。但是生活的進步是沒有止境的，人類也不會因為眼前的成就便自滿或知足。因為不自滿，所以要求精進，去建構人生的理想圖像、遠景，以為進展的目標和努力、奮鬥的方向（陳迺臣，民 79，258）。教育要使人度過健全的、美好的生活，這是教育哲學家的共同意見，至於何謂「健全的、美好的生活」，則說法不一，以下先談健全的生活，再敘述人生的理想。

一、健全的生活

　　哲學家亞里斯多德（Aristotle, 384-322B.C.）以為有了正確的知識、美德的實踐、良好的友伴，以及健康和財富，方能形成美好的生活。英國哲學家斯賓塞以為完全的生活有五種需要：(1)直接的自我保存，(2)間接的自我保持，(3)子嗣的養育，(4)社會和政治關係之維持，(5)趣味和感情的滿足——亦即顧到健康、職業、家庭、公民、休閒五方面生活的需要。英國哲學家羅素（B. Russell, 1872-1970）在其所著**教育與良好生活**（*Education and Good Life*）中，主張人生要有活力（vitality）、勇敢（courage）、敏感（sensitiveness），並要有智慧（intelligence）。活力是體力充沛之意，體力充沛能堅苦工作而無嫉妒；勇敢者無懼、謙遜、無我、興趣多方；敏感乃正義感與同情；智慧乃好奇、愛知與客觀（趙一葦，民 84，248）。

　　現代的教育學者或心理學家，較注重用科學的方法，去分析人生的活動，決定人生的需要或需求，其長處在切實而具體，短處則不免瑣碎而陷於平面，偏重於現實而缺乏理想，不足以指導人生。美國現代心理學家馬斯洛以為人類的基本需要，依其力量強弱，可分為五類：(1)生理的需要；(2)安全的需要；(3)愛與隸屬的需要；(4)尊嚴的需要；(5)自我實現的需要。而美國哈佛大學教育哲學教授烏立熙（R. Ulich），則認為健康生活的基本條件（basic conditions of healthy living）為：(1)機體之保存；(2)工作之機會；(3)優美的標準（standards of excellence）；(4)思想的自由；(5)信心；(6)分享與愛心（sharing and love）。

參照以上各說，趙一葦教授歸納出，健全優美的生活應該具備下列幾個條件：(1)健康；(2)足夠的機體保存之資源；(3)適切的工作；(4)良好的社會關係；(5)正確的價值標準；(6)合理的自由；(7)堅定的信念；(8)充分的愛心。值得教育工作者深思及參考。

二、人生的理想

前面已將健全的生活扼要敘述，並就美好的人生作平面的分析，臚列了幾項條件。而要談人生的理想，則必須就健全的生活，縱剖而去尋求貫通其間的根本精神或分析它的層次。吾人如以邏輯思考加以探討，將可覺知健全的生活和人生的理想是互為表裡的，人生的理想實潛存於健全的生活之底，並藉健全的生活而表現於外。總之，人生之所以稱得上健全，即以其有理想之表現所獲致的。

在談論人生的理想之前，首先應提出兩個主要的問題：一為，人類為何能有理想？二為，人生何以要有理想？前者的答案是人性中有理性的成分，因有了理性，人才能超脫具體的個別事物而進行推理；才能洞徹事物與事物之間的關係；才能判別善惡而有道德的勇氣，何者當為，何者不當為，理想即由理性產生的。後者之答案是人為理想而生活，可使人生有意義，更有價值。蘇格拉底（Socrates, 469-399B.C.）曾說：「未經檢討的人生是不值得活下去的。」其用意在於勗勉人要過合於理

想的生活。而就生活的宇宙或環境而言，它是變動不居的，人生有了理想之後，才能有個定向，不會隨波逐流，迷失了自己。

人生的理想中，有人主張享樂主義，尤以唯物論者持這種看法，認為世事全有一定，非人力所能左右，故人生只須隨波逐流，但追求感官之歡娛即可。有人主張理想主義，唯心論者持這種觀點，認為宇宙內之事並非全由他定或前定，容有各人自主活動的餘地，故人生應為理想而努力。另有人主張出世主義，抱持宗教家的態度，認為世事多變，人生無常，要求極樂世界惟有期諸彼岸，希望來世。這些主張，可以說是本著對宇宙、對實在的根本看法而立論的。尚有許多主張，無法一一列述。

趙一葦教授認為人生理想之確定，應兼顧社會的要求暨宇宙和人性之理論。因為宇宙是層創的；萬有包括人類在內，都是心物合一的，人性是多元而統一的；而社會是民主的、群性的。人生的理想即應依之而訂立。趙氏把人生從點的、零度的人生依次提升至最高的結合時空、四度的人生：(1)點的、零度的人生，僅止於尋求物質以維持個人的生存者；(2)線的、一度的人生，係指生活在家庭中與父母過感情的生活，只以家人子女為念，以家庭為生活之全部天地；(3)面的、二度的人生，指進入社會領略生活的實在，而顯現了意志的生活；(4)體的、三度的人生，指人除了生活在社會之外，還生活在最具體之組織——國家中，更賴我們的理性，以了解其重要性，因而令我們從事福國利民的偉大事業；(5)結合時空、四度的人生，指人類如能激發其神性，做出驚天地泣鬼神的神聖工作，那是萬人景

仰、永垂不朽的人生了。上述體的、三度的人生是最高層的
「生活」；結合時空、四度的人生才是最有意義的「生命」。
人生的理想應指向最高層及最有意義的生活及生命（趙一葦，
民 87，61）。

貳、社會的理想

理想（ideal）指努力的目標或完美的標準（an ultimate ob-
ject of endeavor or a standard of perfection, beauty, or exce-
llence），如再將「理想」一辭拆開來看，是「合理的思
想」，也就是「事非實有，而信其當有」的思想，它不是空想
（illusion，無所根據的思想），也不是妄想（fantasy，虛而不
實的思想）。因此，理想是以經驗為材質，據事理以推測，故
是有客觀妥當性的思想（趙一葦，民 87，108）。美國教育哲
學家杜威，有一個基本的信念，認為「教育是一種社會的歷程
（social process），而社會有好多種類，因此在批評教育和建
設教育之標準中，便會有一種特殊的社會理想」。意即教育的
進行及批判，不可背離社會的理想。以下先敘述確立社會理想
的必要條件，再談社會理想的內涵。

一、確立社會理想的必要條件

社會理想之確立，必須考慮的條件，如人性、歷史文化、
立國精神、階段性或層次，茲分別敘述如下：

(一)合乎人性

人性是人類生而具有之自然的原始傾向，通稱為「人之本性」。馬克斯（K. Marx, 1818-1883）曾說：「所有的歷史不是別的，祇是人性之連續發展史。」（趙一葦，民87，109）文化是人性所創造的，同時又薰陶著人性。對於人性的界定，宜採較為中肯的看法，絕不如唯心論者以為只有異於禽獸之理性或良心，也不像唯物論者以為只有一般動物所同具的衝動與欲求。其實，我們可以發現人性中有著能超越現實和現時的神性之潛在勢力。所以，我們認為人性中有其衝動與欲求，也有感情、意志和理性，並有神性之根源（趙一葦，民 87，109）。因此，社會的理想之形成與確立，不可與人性相牴觸，否則將成為空想或妄想而已。

(二)不違歷史文化

文化是人類生活的成果，是種族經驗的結晶，社會沒有文化，便無法結合。文化的要素，依哲學家及歷史學者的探討，可歸納為：知識、技能、風俗、信仰、道德、法律等精神方面的意義、價值、規範，及這些要素透過物質方面的具體表現（食、衣、住、行及各種儀式等）。錢穆先生列舉經濟、政治、科學、宗教、道德、文學、藝術等七項，並以為各種文化皆是此種文化七巧板拼湊搭配而成（趙一葦，民87，109）。社會的理想如與文化的這些要素所追求的理想背道而馳，這理想也是個空想或妄想而已。

(三)符合立國精神

「立國精神」一詞，簡單地說，就是一個國家之國民所願意共享並揭櫫之國家意義。惟不同的國家，立國精神一詞之意義解釋或有不同；有稱之為國家目的或立國原則，有視之為國家認同者，有解之民族精神者。其國民對所屬感之發生多因生活方式類同，語言相通，互相理解、溝通，從而產生同情之感，並且對彼此互動模式與各自追求之生活目標，產生相互知覺並彼此認可（胡佛等，民82，3）。社會的理想之形成及確立必須遵循立國之精神，因為立國精神，可以針對公共事務、資源之分配來決定其優先順序。一個沒有國家目的之國家，對於國內外各種發展趨勢均無法界定其意義，自然發生短視近利的現象，進而引起社會成員的焦慮以致發生游離、偏差與投機等不健康之社會行為（胡佛等，民82，4-5）。因此，如能與立國精神符合，則社會理想之實現才有可能。

(四)具有階段性或層次

理想指向完美的目標；其達成是歷程性的，是可以有階段或層次的。社會的理想之達成，必須借助許多不同層級而較切近且具體的目標，彼此形成一個有階層性的結構。如經濟政策、社會福利政策、教育政策等所追求之目標，往往切近而具體的目標，對社會理想之實現，提供步驟上之次第性，惟有循序漸進，始有可能趨近理想。

二、社會理想的內涵

社會的理想是頗為抽象的，如果能確定在「使社會的成員過著幸福的生活，並且維持它自身的發展」這個範疇中，我們則較容易去分析社會理想的內涵。傳統上集中注意於「自由」、「平等」、「博愛」三個目標；最近則常提到「安全」（趙一葦，民 87，110-111）。茲分別闡釋如下：

㈠自由

法國羅曼・羅蘭（R. Rolland）夫人曾說：「不自由，毋寧死！」（Give me liberty or death.）這是具有理性的人所共同要求的。「自由」一詞亦頗抽象，且常被誤用。具體地說，自由是指人類的行為，不遭受到環境之約束或干涉之意。細加分析，則有道德的自由、政治經濟的自由與思想學術之自由等等。道德之自由是屬於對人而涉及到對方的利害與興趣的行為；而政治經濟與思想學術之自由，則屬於對社會的組織而涉及自己的利害與興趣的行為，合併稱之為社會的自由。自由的保障是人類社會首要的理想。

㈡平等

英國教育哲學家皮德思（R. S. Peters）認為公平是一切道德原則的原則，並承續亞里斯多德之說認為「平者待之以平，不平者待之以不平」（to treat equals equally, and to treat unequals unequally），亦即平等與公道（歐陽教，民 77，31）。

社會的成員惟有在「機會平等」的前提下，各人之才能始能發揮，以服務人群，貢獻社會，這是社會的理想所必須堅持的。

(三)博愛

「禮運大同篇」曾有一段「……故人不獨親其親，不獨子其子，使老有所終，壯有所用，幼有所長，矜寡孤獨廢疾者皆有所養……」。這是博愛的社會理想最佳的寫照。在這種社會中，人們不會獨愛自己的至親，不會獨對自己的兒女慈愛，更能推己及人，使社會中的老年人能夠安享天年，壯年人都能貢獻才能，兒童得到良好教育，矜寡孤獨及殘疾的人，皆得到應有的照顧及供應，均以博愛為原動力。

(四)安全

現代人面臨的環境較往昔複雜許多，過去常面臨的是大自然的威脅，如森林大火、暴風雪、龍捲風和地震等等，但是今天的社會更增加許多文明的災害，如化學物品的污染、水及食物的污染、空氣污染，以及公共場所所潛藏的危機，如瓦斯爆炸、縱火、炸彈爆炸、逃生設備不良等充斥於我們的社會中（蔡義雄等，民86，16）。如果每個人生活於不安的社會環境中，就談不上社會理想的實現。

以上所述，社會追求的理想內涵，包括自由、平等、博愛、安全，皆為不可缺之目標，在今天科技掛帥，機器操作迅速而精確，甚至機器在某些方面可以完全代替人力，於是謀職者每多望門興歎，在職者亦惴惴不安。所以，社會公平而安全制度的建立，更是刻不容緩的事。

參、教育的理想

　　教育理想的形成與確立，往往受到人生的理想與社會的理想所影響，因為教育的對象是人，教育是社會的根本機能。社會和人生理想的實現，必須在實際生活求其實現，而實現理想最有效的方法之一，便是教育；因為藉教育的力量可以依循著理想直接來改變兒童和成人的品格，間接影響社會的互動（吳俊升，民 76，34）。為了達成人生與社會的理想，對個人來說，教育的理想應該是人文的或全人的教育；對社會來說，教育的理想應該是民主社會的建立，茲分別敘述如下：

一、人文或全人的教育

　　人文的思想，並不始於近代，向上追蹤，可以上溯遠古，中西皆為如此。人文的思想是以人為宇宙的中心，認為宇宙的活動，皆因為人的緣由而產生意義。創造力是人類活動產生意義的原動力，在**論語**裡，孔子曾說：「人能弘道，非道弘人」，是十足的人文主義。「人文主義」（Humanism）一詞之解釋各有不同，但仍有共通之處，如谷德（Carter V. Good）在**教育辭典**（*Dictionary of Education*）中解釋為：「人文主義，通常是指一種強調人類尊嚴利益或人類在宇宙秩序中之重要的哲學。」又如**藍頓書屋英語字典**（*The Randon House Dictionary of English Language*）則解釋：「任何一種系統或形式的思想或行動，利益價值與尊嚴高於一切。」（楊亮功，民

76，34）從上面兩種解釋，引申在教育活動上，應該是以「人」為中心的教育，教育上的一切措施，如目標、內容與方法的訂定與選擇，人的尊嚴高於一切。

近年來，在我國的教育中，以「學習權」取代「教育權」，認為學習權為基本的人權，學習活動應以學生為主體。在我國教育基本法第一條明文規定：「為保障人民學習及受教育之權利，確立教育基本方針，健全教育體制，特制定本法。」同法第三條明文規定：「教育之實施，應本有教無類、因材施教之原則，以人文精神及科學方法，尊重人性價值，致力開發個人潛能，培養群性，協助個人求其自我實現。」同法第四條明文規定：「人民無分性別、年齡、能力、地域、族群、宗教、信仰、政治理念、經濟地位及其他條件，接受教育之機會一律平等。對於原住民、身心障礙者及其他弱勢族群之教育，應考慮其自主性及特殊性，依法令予以特別保障，並扶助其發展。」上列條文之基本精神乃是以人本的關懷，可作為教育理想的追求目標。

而全人的教育係指教育是以個體身心及知識、技能、情意等各方統整而均衡的發展，做為基本考慮，再進一步發揮其特長，這是以人為本的人本主義所延伸的教育意涵：把個體看成充滿無限發展可能、充滿無限學習及創造潛能的存在，他本身的成長和發展，便是教育的一個重要目的。人的本身應是一種目的性的存在，而不應是工具性的存在。這是從事教育的工作者應秉持的教育理想。

二、民主社會的建立

　　杜威和皮德思兩位教育哲學家，他們都以建立民主社會為教育的最遠大目的（歐陽教，民77，25）。我國正邁向現代化的民主社會，而民主社會價值的發揮，取決於組成民主社會之國民是否健全而定，民主社會中的健全國民，應該具備下列特質（蔡義雄等，民86，30）：

1. 能自尊並尊重別人；
2. 遵守法律；
3. 有公德心；
4. 富於合作的精神；
5. 富於同理心；
6. 能真誠與人溝通，長於協調及討論；
7. 能發揮服務的精神；
8. 能適當節制自己的情緒與欲望；
9. 能做獨立的理性思考和判斷；
10. 長於創造，面對日新月異的情境和問題，有解決問題的勇氣和能力。

　　民主的社會並非僅指政治的體制，而是一種生活的方式，教育即生活，在教育的目標之訂定，教育內容的規畫，教育方法的擇取，教育工作者如果不忘上列健全國民應具備的一些特質，採用多元的、適性的、彈性的方式進行教育，則民主社會的建立此一理想終將達成。

參考書目

蔡義雄、林萬義、呂祖琛、陳迺臣著（民 86）。**初等教育**。台北：心理。

趙一葦著（民 44）。**怎樣研究教育哲學**。台北：復興書局。

趙一葦撰。第三編第三節教育的意義與教育底本質。上課講義未出版。

陳迺臣著（民 79）。**教育哲學**。台北：心理。

趙一葦著（民 87）。**當代教育哲學大綱**。台北：正中書局。

黃光雄主編（民 85）。**教育導論**。台北：師大書苑。

賈馥茗著（民 74）。**教育概論**。台北：五南。

黃富順等（民 85）。研討家庭教育法草案報告。教育部委託：中正大學成人教育研究所。

雷國鼎著（民 64）。**教育概論**。台北：教育文物供應社。

楊國德撰（民 85）。各類教育。載於黃光雄主編**教育導論**。台北：師大書苑。

新堀通也編著，黃振隆譯（民 80）。**社會教育學**。台北：水牛。

楊國賜著（民 84）。**社會教育的理念**。台北：師大書苑。

黃富順主持（民 83）。**我國社會教育發展現況與評估之研究**。台北：國立教育資料館。

趙一葦著（民 82）。**現代教育哲學大綱**，台北：世界書

局。

胡佛、沈清松、周陽山、石之瑜著（民 82）。**中華民國憲法與立國精神**。台北：三民書局。

歐陽教著（民 77）。「觀念分析學派的教育思潮」。載於中國教育學會主編**現代教育思潮**。台北：師大書苑。

吳俊升著（民 76）。**教育哲學大綱**。台北：商務。

楊亮功撰（民 76）。「人文主義與教育」。載於**人文教育十二講**。台北：三民書局。

第二章

教育的演進

林萬義

探討教育的演進，當以人類自有教育活動，且留有史實或事蹟開始。學者論教育，會有廣義與狹義教育之分，持廣義者，認為教育即指環境對人的種種影響，亦就是無一定形式的教育；持狹義者，則指以人類有意設施，藉其特定目的、組織、課程，由教師採適當方式以改變人類行為的活動，就是正式的學校教育。廣義的教育活動，學者認為最早約在一百萬年前，元謀人出現就有了（徐宗林等，民67，3）；或認為約在六十萬年前，人類開始在冰原附近，組群以狩獵飛禽走獸時期，就有教育活動跡象（Alston, 1986, 2-3）。

有正式的學校教育設施，西方可能在古埃及時代；中國則自唐堯時期。至於教育的演進宜如何分期，實迄無定論，楊亮功認為「教育文化的演進如水之繼續不斷的流行，本不應劃分段落⋯⋯至於如何劃分段落，則當根據事實之發展，方較適當」（楊亮功，民61，26-27）。

本文依教育演進的特性，分五節敘述：第一節教育的起源；第二節上古時期教育；第三節中世紀時期教育；第四節近代教育；第五節當代教育。

第一節
教育的起源

有關教育是怎樣起源或產生問題的探討，已有一個多世紀（毛禮銳等，1985，2）。一般而言，學者有幾種觀點：⑴生物起源論，⑵心理模仿論，⑶社會生活需要起源論，茲分述

之：

壹、生物起源論

法國社會學家利托爾諾（C. Letournau, 1831-1902），最早持有此觀點，他認為教育現象並不是人類社會所特有的，在人類之外的物種，也存有教育活動現象，甚至人類出現於地球之前，教育活動就存在於動物界的很多種屬裡。他認為動物對其幼小成員的撫養、愛護與照顧，就是一種教育現象或活動。人類出現在地球後，教育自始只不過是在承襲動物教育形式，以此為基礎，加上某些改善和發展而已。他認定動物為求其種族的生存和繁殖，出於一種自然的、自發的本能，會將本身已具有的知識、技能，傳授給其幼小的成員（毛禮銳等，1985，3）。

英國功利主義學者斯賓塞、教育家佩希（Sir N.T. Percy, 1870-1944）等人都持此觀點。佩希說：「教育從其起源而言，乃是一個生物學的過程，不僅一切人類社會有教育，不管該社會何等原始，甚至在高等動物中，也有低級形式的教育。」又說：「教育活動既不必等待周密的考慮而產生，也不需要科學予以指導，它是植根於本能的不可避免之行為」（佩希，1992，38）。

貳、心理模仿起源論

主張教育的心理模仿起源論者，以美國教育史學家孟祿

（P. Monroe, 1869-1947）為代表。他認為教育是起源於原始社會中，兒童對成人行為的無意識模仿。不管成人是否願意，兒童都在模仿成年人之舉止行為。準此而言，依孟祿的認定，教育歷程的實質是模仿。

參、社會生活需要起源論

毛禮銳等在主編的**中國教育通史**一書中，論述教育起源的問題時，就主張教育起源於社會生活的需要，他們說：「人類社會生產和生活，在其進行與發展過程中，所產生的需要是多方面的，教育就是其中的一項重大需要」（毛禮銳等，1985，4）。

田培林認為在原始社會，教育不僅是生活的方法，而且教育就是生活。他說：「從漁獵時代、農業時代，初民的生活和他們使用的工具來看，都可以看出來，教育的起源和初民的生活同時開始的，甚至可以說，沒有『教育』，『生活』就不可能」（田培林，民 46，18-19）。

教育是人與人之間的互動歷程，是人類透過有目的的活動，來促進和影響個體的身心生長與發展。教育是在原始社會的群體裡，自然形成的。一些具約束力的風俗、習慣、規範、儀式等，就需要藉由教育活動的歷程，來傳授給年輕的成員。因此，教育的起源，似在於人類為謀求個體的生存、發展，及適應群體的生活（人類生存的方式）需要而興起的。

上古時期教育

壹、中國上古時期教育

一、虞舜夏商西周時期的教育

(一)教育之時代背景

任一時期或地區的教育設施，必與當時、當地之文化、政治、社會、經濟等情況有密切的關聯。依史料記載及金文、甲骨文的研究發現，西周以前的文化，實在就是殷代的文化。殷代的文化，絕非殷代一時期突然產生出來的，應當有其緣承，因此不妨以殷代文化為西周以前文化的代表（田培林，民46，21-22）。文化上，殷代的文字、藝術、天文學、曆法等，都已有相當的進步；在經濟上，殷代已由漁獵而進入農業經濟，間或有畜牧事業；政治上，由部落時代而進於封建時代，並由封建制度而進於中央集權制度。封建制度下的當時社會，乃是一種重男輕女的父系社會，而且產生宗法制度。西周時，已建立了天子、諸侯、大夫、士、庶人不同身分者之禮制，所謂「嚴尊卑之分，定君臣上下之別，明父子長幼之序」，人人守

禮制，不可有犯「僭分」者，否則，即不免要遭受一般社會的
譴責。

(二)教育概況

我國堯帝時代，中央政府已設掌管教育的專官，**尚書・舜
典**記載：舜帝命契為司徒，敬敷五教，在寬。當時所謂
「教」，似指狹義的學校教育，以從事化民成俗的教化工作。

夏、殷、周三代的學校制度分二級，依**孟子・滕文公**說：
「設為庠、序、學、校以教之；庠者，養也；校者，教也；序
者，射也。夏曰庠，殷曰序，周曰校，學者三代共之，皆所以
明人倫也。」朱熹註曰：「校、序、庠為鄉學，學為國學。」

可見虞舜及三代，已設有職掌教育的官職（**書經集註**，民
47，13-15）。學校教育分「鄉學」、「國學」二級，鄉學屬
基礎教育（楊希震，民 65，156），相當初等教育或小學程
度，為平民而設；國學為培育貴族子弟從事治術人才的教育，
分小學、大學兩級。教育的目的在於明瞭人己關係。

二、春秋戰國時期的教育

(一)教育概況

此段時期是中國歷史上變遷最劇遽的年代。周室東遷，封
建社會的制度漸形崩潰，政治、經濟、社會制度等皆起重大變
化，社會秩序日亂，舊教育制度逐漸破壞，而產生幾個特色：

1.官學漸衰廢，私人講學的風氣日起。

2.學校選士制度廢止，諸侯公卿養士風氣興起。

3.諸家學說並存，形成中國學術史上的黃金時代（雷國鼎，
　民63，305）。

　　私人講學，設館授徒，由儒家孔子開始，馮友蘭在**中國哲
學史**一書中說：「以六藝教人，或不始於孔子，但以六藝教一
般人，使六藝民眾化，實始於孔子……在孔子之前，未聞有曾
經大規模的號召許多學生而教育之，更未聞『有教無類』之
說」。孔子逝世後，其門弟子也繼其後，從事私學。此外，墨
家、法家、名家等亦在聚徒講學。致力於私學之各家，不僅在
學術上各成一家之言，而且因有共同思想、信仰關係，各自形
成一團體，在社會上之潛在勢力甚大；在教育方面言，則立下
了我國私學的基礎（王鳳喈，民52，40-43）。

　　同時興起之養士制度，實為學校的變形。蘇東坡在**志林·
戰國任俠**中說：「智勇秀傑之士，三代以上出於學，戰國至秦
出於客。」可見養士的功用與設學功用大體相同，故視養士為
變形之學校（余書麟，民49，127）。養士之風，春秋末年似
已開始，至戰國已極普遍，作用也極大。

(二)教育思想

　　春秋、戰國時期私人講學風氣特別興盛，各家競相宣揚己
見，成為我國學術的百家爭鳴氣象，學術發達結果，對於我國
教育思想有極大的貢獻，在諸多思想派別中，其最重要者當推
儒、墨、道三家。

1.儒家教育思想

首創於孔子（551-479B.C.）、孟子（372-289B.C.）、荀子等人則繼其餘緒，而加以發揚光大。儒家論教育原則可見於**禮記‧學記、中庸、大學**諸篇。儒家認定教育影響力很大，政治亦以教育為其基礎，所謂「化民成俗，必由於學」。儒家所談論的教，即在要人們恢復本來的性善之意，所謂「天命之謂性，率性之謂道，修道之謂教」（**中庸**）。

孔子對於教育目的之基本看法是「志於道，據於德，依於仁，游於藝」（**論語**）；其教育方法主張「學思並重」，他認為「學而不思則罔，思而不學則殆」（**論語**）（田培林，民46，43-44）。他以六藝教人，主張「溫故而知新」，而力行「有教無類」，則顯示其早有教育大眾化的觀念，頗符合現代教育思潮。

孟子主張「性善論」，他認為人生而具仁、義、禮、智四端，所謂惻隱之心、羞惡之心、辭讓之心、是非之心皆為日常生活中，人所共具之善性（素根），因被欲望所蒙蔽，而致放棄了這些善心。因此，主張教育首要在「求放心」，保存人們原有的善良之心；而求善心，應「寡欲」及「養氣」即在「養吾浩然之氣」。可見其教育思想在強調發揚自律、自發精神，培養個人的高尚品格。

荀子主張「性惡論」，他說：「人之性惡，其善者偽也。」此偽乃「人為」、「作為」之意，而非虛偽。因此，教育目的在於以禮義法度來教人節制情欲（葉學志，民63，67）。而「人為」、「作為」也是「創造」的意思。他認為經

過人為的創造，才產生善的價值，把自然狀態的「事實」變作一種善的「價值」，這個中間的歷程，就是教育。這種教育的內容就是學禮，所謂「禮者法之大分，類之綱紀也；學至乎禮而止矣。」**勸學篇**也說透過禮，才能夠創造出價值（田培林，民 46，46-47）。他並且重視學習、訓練的價值，主張「鍥而不捨」、「積善成德」。他更積極提倡人要「制天命」征服自然，利用自然，而不要被自然所拘束，所謂「大天而思之，孰與物畜而裁之；從天而頌之，孰與制天命而用之」。

2.墨家教育思想

　　墨家以墨翟為代表，他是一位重人格感化教育的實行家，也是位刻苦的人道主義者。他主張：(1)人要法天，所謂「天之所欲則為之；天之所不欲即止」，因人若效法父母、君王，他們皆有可能不仁者，故法天最好。(2)人要「兼愛」、「非攻」，認為天下所以會亂，起因於人們彼此不相愛，相互爭奪劫掠所致；若人能兼愛，則國與國不相攻，家與家不相亂，盜賊無有，君臣父子皆能孝慈，若此則天下治。(3)要「勤儉」、「薄葬」、「非樂」，在積極面言，若人能勤儉，則可避免奢侈浪費，也就可消除爭奪戰伐，達到兼愛的目的；消極面言，能「薄葬」、「非樂」，則是實踐勤儉的原則。墨子認為教育的功能在培育「賢士」，以興天下之利，除天下之害。強調環境教育的影響力，所謂「染於蒼則蒼，染於黃則黃，所入者變，其色亦變……故染不可不慎也」。但是，墨家教育思想含有宗教的神秘色彩，不易為人所接受；另一方面，要求克己甚嚴，不容易做到，故其學說影響不遠。

3.道家教育思想

　　道家以老子為代表，其觀點以**道德經**為主。道家思想為基於順乎自然的主張，所謂「人法地，地法天，天法道，道法自然」，反對以「禮教」當做人生行為的準則。認為「道常無為」、「學不學，復眾人之所過以輔萬物之自然，而不敢為」，因而主張無為，並抱持禁欲、絕學主義的觀點，所謂「民之難治，以其智多」，及「絕學無憂」。換言之，道家思想為反對情欲的生活及重智的教育，力主不言之教，以達返璞歸真的教育目的。

貳、西方上古時期教育

一、希臘時期的教育

(一)教育之時代背景

　　希臘位處歐洲南端巴爾幹半島，地中海東部，瀕臨愛琴海。面積頗小，地勢多山，內部交通不便，惟因近海岸，便於遠航而從事國際貿易，很早即與亞洲的兩河流域、非洲的尼羅河流域之文明接觸。希臘人屬雅利安（Aryan）民族之一，約在公元前一千一百年即定居希臘半島。公元前八世紀至公元前六世紀時，希臘氏族制度解體，其政治產生城邦政府（city-state）制度（中華書局，民47，5），希臘本土共有二十多個

城邦，其中最主要的有雅典（Athans）和斯巴達（Sparta），每一城邦皆有其獨立的地位與性質。公元前五世紀上半葉，希臘與波斯戰爭結束，希臘獲勝，其國際交往更頻繁，海外貿易增長，進入經濟繁榮時期，致使文學、哲學、藝術、史學都有相當可觀的發展。同時，其教育也得以發展。

(二)教育概況

1.斯巴達的教育

⑴國家統制的教育

斯巴達以培養男性為健全的戰士公民，訓練女性於家庭負起賢妻良母的責任。孩子出生後，須經政府檢驗，審查認為健壯者才能撫養。男孩七歲之前，由母親負責養育，七歲至十八歲必須進入教練場，接受體格的鍛鍊及道德陶冶；十八歲至二十歲，接受正式的軍事教育。二十歲到三十歲，派赴前線，過著軍隊生活，服務國家。滿三十歲以後，才允許返家婚娶，成為一家之主，取得獨立公民的資格。

⑵重視女子教育

斯巴達的女性祇需在家中接受教育，由成年女性長輩對年幼者施予指導。要女子做為戰士的母親，以具有健全身體為第一要務，俾能生育壯健的後代。

⑶教育內容

體格方面：重視競走、跳躍、擲遠、拳擊、角力等，以鍛鍊國民的強健體格。道德方面：注重敬長、愛國、守法、服從等德行的涵養。國民精神方面：注重勇敢、堅忍、耐苦的精

神。

2.雅典的教育

⑴教育趨於自由思想

雅典貴族子弟是否接受教育，全由家長決定，國家在法律上，雖規定讀書、寫字、音樂、體操等屬公民所需，惟完全採放任態度，並不設立學校，亦不供給少年教育。

雅典公民生育嬰兒後，孩童的身體健康情況也須經過其父檢驗，任何處置全由嬰童的父親決定。男孩在七歲前，在家中受母親和保母監護。滿七歲即由家長選一教僕（pedago-gue），陪伴入學。女孩只能留在家中，由母親和保母教導家事。雅典私人所設學校有：音樂學校、文字學校和體操學校三類。在音樂學校，學童可學詩及七弦琴的彈奏；文字學校為雅典兒童實施智育的場所，在此能學習讀、寫、算基本能力。通常上述兩類學校，在上午隔開上課；學童下午則赴體操學校，在此主要目的，在培養學童的健壯體格、端莊儀態和優雅姿勢。年屆十六歲，才到國立體育館或學園（gymnasium）接受更高層級的教育。十八歲至二十歲的男性青年須服兵役，接受國家的正式軍事訓練，二十歲成為正式軍人。役滿後，退伍還鄉，同時也成為雅典自由公民。

⑵教育由私人經營

雅典城邦的政治制度較趨向於民主形態，因此，教育設施允許私人經營辦理，政府不加任何干涉。教師地位在雅典的社會，除了較高級的學校教師外，大多數是卑微的。他們靠收取學生所繳束脩以過生活。教師大都在家中，或街道、走廊，或

廟宇的寬闊處進行教學。

(3)教育內容

體育運動方面：七至十六歲的自由民子弟大都接受體育，以鍛鍊強健體格，培養良好儀態、風度。音樂方面：從事樂器彈奏技巧的訓練，滋蘊和諧的品格，高尚道德及愛美情操的薰陶。文藝方面：注重個性的發展。在文法學校中的學生須熟讀荷馬（Homer）的作品。

(三)教育思想

公元前五世紀時，希臘學術思想正在轉變，這時期之前的哲學、科學研究，都以宇宙本體、自然現象為對象。哲人學派（Sophists）則因應當時社會需要，開始注意到「人事」和社會之研究，此學派的學者普羅塔格拉斯（Protagoras）主張「個人為萬物之尺度」，強調個人的價值，並且有很濃厚的懷疑主義色彩。他到各處教授雅典青年辯論術及演說技巧，以收取學費，維持生計。對社會傳統的宗教、道德、風俗習慣都不注意，只要求能說善道，在與人辯論中獲得勝利，就算成功。

蘇格拉底在哲學思想方面，承認「概念」的重要，反對「感覺」的印象，尊重道德的「標準」，反對消極的「懷疑」。他重視真理，主張「知行合一」、「知德一體」及「福德一致」的學說。他說「知識就是道德」（knowledge is virtue），意指人們有了正確的思想觀念，才會有正當行為表現。他認為沒有人願意做錯事，個人所以會墮落，是由於無知的緣故。在教育方面，他主張要了解自己（know thyself），作為教育系統的基礎。他力主要「自認無知，才算是有知識」。他

認為教師只能使別人的知識更清晰明白、有系統，而不能給人知識，就像助產士僅能協助孕婦安全、順利地生下胎兒，並不能給孕婦一個嬰兒一樣。他的教學法是首創西方啟發式教學，在詰問的引導中，讓學生自己覺察其錯誤之處，而自動改正其缺點，找出正確的結論。

柏拉圖（Plato, 427-347B.C.）是觀念論（Idealism）哲學思想的創始者。他認為存在於本體界的觀念是一切存有的根本，而現象界所呈現的一切事象，都是觀念的複本。觀念是普遍而抽象的、是永恆的、不變的；現象世界所呈現的千千萬萬事物、現象，卻是短暫而不真實的。柏氏所著**共和國**（*The Republic*）一書，是他的政治學，也是他的教育思想。他主張國家至上的教育目的，而教育應造就共和國的公民。他認為全國民眾宜依其心靈能力分為哲人、戰士、工人三種等級，並都給予不同的教育，以配合各階級的特質。在這三種階級中，應特別重視哲人階級的教育。他認為男女性別雖不同，但能力並無差異，應有相同的受教育機會。他在雅典城外設立了「阿卡德美」（Academy）學園，重視數學、音樂、體育、哲學的教學。

亞里斯多德的哲學思想較趨向分析思考，重具體事象去思維的唯實論（Realism）。他認為教育是政治的一部分，主張全體公民皆應有平等的機會接受教育，而教育工作應由國家全權辦理，才能培養出有理性、有道德的國民；教育的內容，必須適合人生的三方面：第一為體育的訓練，重點在於心靈訓練；第二是音樂，以減少或消滅心靈中間所有不合理的成分；第三是用哲學和科學把心靈中合理的部分，盡量發揮出來。他

認為理性的發展，不但可培養優秀的公民，也可獲得人生的幸福。其重視理性的思想，影響了西方教育的發展。

二、羅馬時期的教育

(一)教育之時代背景

羅馬人注重實際，從事的工作是政治、法律、軍事方面，而不是希臘人所專長的藝術或思想方面（克伯萊，民 54，4），但是這兩種民族的長短處，正可互補，其結果為西方文明或世界文明奠定了良好基礎。

羅馬人的祖先來自東歐和小亞細亞的印歐族（Indo-European Tribes），他們在公元前三千年就已佔據了義大利半島，而其中最具勢力的就是後來的拉丁族（Latin Tribe）和閃族（Samnites）（王連生，民 67，80）。在公元前一千年時，希臘文化已發展到相當的階段，而居住於義大利半島上的一些種族，仍過著簡單的農業社會生活，這些居民尚無有讀書識字者（田培林，民 49，147）。公元前九世紀，伊特拉斯坎人（Etruscans）以武力控制了泰伯河（Tiber River）一帶。至公元前七五三年，其勢力擴大，而在泰伯河畔建立羅馬城，成為政教的中心。從公元前六世紀開始，經歷數百年的征伐攻戰，大為擴張版圖；到公元前二世紀，建立了地跨歐亞非三洲的羅馬帝國。羅馬人在公元前一四七年征服希臘後，就受到希臘文化的影響，但羅馬人並不只是被動的接受，而是吸收希臘文化之後，又能進一步地創造。羅馬文化在政治、法律、建築、交

通等方面的成就，都超越了希臘。羅馬帝國在公元三九五年，分裂為東、西兩部。西羅馬帝國在公元四七六年被北歐蠻族所征服，從此，西歐開始進入封建社會。惟羅馬時期所發展的物質生產和文化方面，都有輝煌的成就，對後世的文化、教育有極深遠的影響。

(二)教育概況

1.羅馬前期（建國至公元前三世紀）

羅馬在公元前八世紀到公元前四世紀時，文化程度很低，正規的學校教育設施尚不多見（徐宗林，民85，240），只有家庭教育，由父母分任子女的教導職責。此階段的教育純為羅馬思想方法所控制（葉學志，民63，47），在培養公民與戰士以「愛國」與「尊親」為教育目的，由家庭負教育職責。

2.羅馬後期（公元前三世紀至西羅馬亡）

公元前三世紀羅馬開始大力擴張勢力，在跟希臘文化接觸後，其文化、科學、教育都受到後者的影響。公元前一四七年，羅馬人征服了希臘，於是希臘教師大量到羅馬任教或辦學。此段時期，學校教育有：

(1)**初等學校** 七至十二歲男女兒童皆能就讀。此類學校校舍簡陋，教師多半是奴隸或希臘難民，社會地位低微，收入菲薄，教學內容以讀、寫、算、詩文、格言等為主。

(2)**中等學校（文法學校）** 貴族及富有家庭子弟通常不進初等學校，受畢家庭教育，便進入文法學校。教師稱文法學家或文學家，收入較豐，社會地位也較高。學校以授文法（含文

學和語言）、作文為主，此外尚授地理、歷史、數學、神話及自然科學等科，有時也教一些音樂、天文、幾何、建築、醫學。此類學校紀律嚴格，盛行體罰；學生須全日上課，已有假日、暑假。

(3)**修辭學校（專門學校）**　通常收十五、六歲以上青少年，修業二至三年。貴族或少數富有家庭子弟才有機會就讀。此類學校之教育目的，在培養擔任法律或其他公共事務之人才；主要課程有修辭學、辯證法、法律、哲學、算術、幾何、倫理學、科學甚至音樂等科。

公元前四五年，羅馬軍政大權集中於凱撒（J. Caesar, 100-44B.C.），羅馬的共和體制進入帝國時期。教育設施有重大改變，原因是為了統治廣大領土和被征服的民族及部落，帝國須控制學校，並逐步建立國家教育行政制度，而開始由政府支付部分中等學校和修辭學校教師的薪俸，並在地方設立一些公立學校。同時也設立了一些職業學校，諸如：法律學校、醫學校、建築學校等，此類學校教學方法採藝徒制，並很重視實踐。公元七五年，韋士巴幸皇帝（Vespasian, 9-79A.D.）在羅馬和平寺（Temple of Peace）興建大圖書館，後發展成為羅馬大學，大學中設有法律、醫學、建築、數學、物理、文法、修辭學等講座教授。

(三)教育思想

羅馬初期的教育偏於實際的效用；羅馬帝國時期，教育設施逐漸成為國家事業，強調培養官員及教化順民，教育理論也偏重以實用為目的。由哲學家西塞羅（M. T. Cicero, 106-43B.

C.）、辛尼卡（L. A. Seneca, 4B.C.-65A.D.）和修辭學者坤體
良（M. F. Quintilian, 35-86A.D.）之著作，大致可看出當時的
教育思想較重要且具價值的，有：⑴教育以養成雄辯人才為目
的；⑵女性和男性能同時接受教育；⑶教育應注重兒童的天性
（中華書局，民 60，62-63）。

第三節

中世紀時期教育

壹、中國中世紀時期教育

一、秦漢時期之教育

㈠教育之時代背景

　　秦於始皇二十六年（221.B.C.）統一天下。政治方面，廢
封建，採中央集權，行郡縣制；要求書同文，車同軌，統一全
國度量衡制（錢穆，民 67，89-92）。經濟上，農、商業及手
工業，都有快速發展。立國短，雖置「博士」以掌教育、學術
有關職務，但對一般人民的文教並未注意；設「吏師制」以傳
授法令規章，私人講學活動停止。為箝制士子思想言論，而有
焚書與坑儒之舉。

漢代始自公元前二○六年。政治上，漢初採郡國並行制，武帝後，改行郡縣制。政府結構，高層由劉氏宗室、功臣組成；一般官員則由郎吏組成，文士、平民不易入仕（錢穆，民67，100-102）。經濟上，漢初因戰事，田地荒廢，文教不興。至文、景二帝時，經濟狀況好轉，財賦始日增。惟到武帝時，好大喜功，常對外征伐，致國力大損。昭宣以後，才稍恢復（徐宗林等，民86，42）。漢在文化上推崇黃老思想、經學及陰陽五行說（韓養民，民76，10-11）。

(二)教育概況

漢朝學校分官學、私學兩類。官學由中央政府和地方政府辦理。前者承辦「太學」外，尚設有「鴻都門學」、「四姓小侯學」等；地方所辦者，計分：郡國「學」、縣「校」、鄉「庠」和聚「序」。私學亦有二類：小學程度之私塾，稱「書館」；著名經師講學處，曰「講壇」。

教育行政機構，中央教育長官稱太常；地方學校皆歸各級地方行政主管兼轄。

太學之教授通稱「博士」，具官吏資格。教材不外「孔子之術，六藝之文」（董仲舒，天人策）。太學學生稱「博士弟子」等，很受社會尊重，而太學生亦以國家棟梁自許（陳青之，民52，103-108）。

漢朝學校育才外，亦強調選舉人才。由於時君個人之好尚，選士之名目繁多，大別分為：「賢良方正」，由公卿自郡國選舉，經天子試策；「孝廉茂才」，由郡國察舉，不經考試；「博士弟子」，由學校升遷。

(三)教育思想

董仲舒影響兩漢及後代最大者，當以他對漢武帝之建議：「罷黜百家，獨尊儒術，表彰六經」，於是儒家學術思想才定於一尊。而他「正其誼不謀其利，明其道不計其功」之主張，乃是傳統儒家的道德價值。教育方面，主張人性是「民待王教而後化，性待教育而後善」之觀點，乃具可善可惡的可能性。

揚雄主張人性善惡相混，修其善則為善人，修其惡則為惡人，因此，人要為善人而不為惡人，必須用一番努力的工夫，即他所主張「是以君子強學而力行」。教育方面，主張言行的修養，而言行修養必自取法於良師，有良師指導，則與類化，而趨於至善。

王充認為人性有三品，即性善、性惡、性善惡混。其中性善、性惡的都是少數，而且是不可改變的；至於大多數的人，都是性善惡混，可藉教育的力量使之改變；而教育的價值亦由此而顯現出來。其教育思想要點：(1)主張努力於新創作；(2)實知之學，認知識要源於觀察，成於思考；(3)贊成禮樂為教育工具（任時先，民63，120-121）。

二、魏晉南北朝時期之教育

(一)教育之時代背景

自東漢末起，經魏、晉、南北朝至隋文帝開皇九年（589），將近三百七十年，此期間政亂頻繁，戰爭不息，國

土分裂，民生凋敝，為我國史上大動亂時代。

經濟上，由於戰亂破壞，北方農業開始衰落，百姓南徙，農業重心漸朝南移；商業活動也受戰亂阻礙，從而蕭條。社會階層結構上，分士人、平民、部曲與兵家（近於奴隸）、僮奴四級（胡美琦，民 67，261）。學術思想上，東漢末，經學沒落，玄學起而代之；另史學、文學及藝術也很興盛；科學方面之數學、天文、農學及醫藥等都有重大成就。宗教上，佛教從漢初傳到中國，在此時期與中國社會交流融合，至唐朝完成中國化；道教出現於東漢末年，在南北朝時，逐漸組織化，至唐朝則備受重視（徐宗林等，民 85，58）。

(二)教育概況

魏晉之際，將近二百年，學校教育名存實亡。惟與東晉並立的尚有五胡十六國，間有令郡國立學官，並設立小學多所（余書麟，民 49，381-382）。

晉朝採選士制，與漢代無甚差異，所不同者，又新立制度，稱「九品中正制」之選舉方法。

南朝一百七十年，更姓四次。教育設施一如魏晉。宋文帝於京師辦「玄」、「史」、「文」、「儒」四大學，所謂「四學制」，為我國大學分科設立之始。

北朝政局較穩，再加上國君提倡，故教育較南朝發達。魏孝文帝遷都洛陽，事事模仿漢人所為，禮儀制度悉效漢人，尤竭力提倡「開設太學，論講經術」。

(三)教育思想

傅玄主張人性如水，並非固定不變，因此，教育有其必要，亦有可能。人有善性與惡性，認為應以好的教育，使人揚善抑惡，成為君子（葉學志，民 83，39）。

顏之推所著**顏氏家訓**為一本好的家庭教育讀本。其教育思想主要有幾點：(1)主張氣節德操教育，(2)重師道效法先賢古聖，(3)注重勞動教育（任時先，民 63，139-141）。

三、隋唐時期之教育

(一)教育之時代背景

隋唐為漢族極盛期，期間達三百多年。隋文帝開皇九年（589）統一全國。經三帝共三十八年，就由唐朝起而代之。唐代至昭哀帝天祐四年（907）亡，共統治二百九十年。

政治方面採中央集權，設三省六部，地方分州縣二級。經濟方面，隋朝稅制行均田制，並用租庸調法；唐初循之，後改兩稅法。唐因經濟繁榮富足，故有助其文教事業之發展。社會結構方面，從魏晉以來所形成之門第勢力未消，繼續影響政局，科舉制度之產生，即與政府欲消削門第勢力有關（徐宗林，民 83，68）。

(二)教育概況

隋代改「選上制」為「科舉制」。取才以知識為主，考試

為憑。中央及地方皆設學校,教育行政權由國子寺主管,設國子祭酒為教育專官。

唐代學校分中央及地方所辦。中央政府所辦者,分正系、旁系二種;正系學校含「國子學」、「太學」、「四門學」、「算學」、「律學」,皆隸屬尚書省禮部下之國子監,國子監長官即國子祭酒。前三學為大學性質,後三學為專門學校性質。旁系學校分五種:「崇文館」、「弘文館」近大學程度;「醫學」、「崇玄學」屬專門性質;「小學」由秘書省直轄,屬初等教育性質之貴冑學校。

地方政府所辦學校也分正系、旁系二類。正系有「京都學」、「府學」、「州學」、「縣學」;旁系有「醫學」、「崇玄學」。凡地方官吏及平民子弟皆可入學。課程限於經典。地方政府所辦學校之程度,似較中央所辦理者為低(王鳳喈,民 52,125)。

唐朝之學校教育已有嚴格規定,據**唐六典、新唐書·選舉志**記載,在學額、師資、學科與修業年限、假期,考試、退學及升格、薪給等,皆有明確規定。此外,對醫學及道家思想,在中央及地方政府皆設學校,顯見頗被重視。

科舉取士之制,隋始設進士科。制度之大立並增設科別,當由唐代始。科舉以出身不同,分為:「生徒」、「鄉貢」、「制舉」三種。此制之實施,對當時及後世社會影響至鉅。其優點在於破除階級不平之觀念,使平民有登庸機會;然選士棄實用而尚文詞,文人學子因以傾全力於詞章之學,鄙棄技藝實用知能,為其缺點。此後,學校與科舉並行,統治人才,不盡出於學校,遂使學校漸淪為科舉之附庸。

(三)教育思想

隋唐時期之學術思想，受佛學、道家思想影響甚大，儒家思想並非居於正統。此時期，佛學思想興盛，對教育思想及制度之影響十分深遠。此時，勉可舉以作為儒家教育思想之代表者，有王通、韓愈等。經學方面，隋唐統一了思想，以**五經正義**為標準，作為科舉考試依據。

王通論人性，取儒家傳統性善觀點。他的教育主張「樂天知命」、「窮理盡性」；認為「君子之學進於道，小人之學進於利」，亦正統儒家思想；他也提倡生產勞動的價值，曾說：「耕種係庶人之職，一夫不耕，或受其飢」，他以身作則，從事實踐其勞動生產教育的主張。

韓愈是文學家，提倡「文以載道」，惟終其一生，努力從事復興儒學的運動。他認為人性有上、中、下三品；不過教育的效能卻沒有一定的限制，對於上、中、下三等品質的人性，教育的力量都可以產生效果，惟以為教育對中品的人之作用最大。他說：「上之性就學而愈明，下之性畏威而寡罪，是故上可教，而下者可制也」。他以為教育的目的，乃在於「明先王之教」。因此，他認為教師的職責應兼具傳道、授業、解惑等工作。

李翱認為教育的目的，乃在於「復性」。他認為性善而情惡，故主張滅情復「性」。復性的方法，在於「靜」，能靜則不思不慮；不思不慮，則情不生；情不生，乃能歸於至善的境地。李翱教育思想已深受佛學影響。

四、宋元明清時期之教育

㈠教育之時代背景

　　宋朝興起後，政治上力行文治，然國勢積弱，輕忽武備，兩宋始終備受外患之憂，終被蒙古所滅。元朝建有空前之大帝國，擁有亞歐洲絕大地塊之版圖，然入主中原建國九十年間，君位爭奪，宰相專橫，政治紊亂，採種族歧視措施，分人民為蒙古、色目、漢人、南人四階級；終為漢人驅回蒙古。明太祖建國後，政治制度大抵沿用宋、元舊制，設中書省及左右丞相，惟後因故，改由天子直轄六部，形成君主獨裁；此外，以八股文取士與興文字獄，箝制知識分子之思想。明中葉以後，政局敗壞，宦官亂政，外族倭寇患邊，流寇侵擾，政局糾紛益甚，遂為清所滅，明共歷十六帝二百七十七年（1368-1644）。清朝以滿人入主中原，政治上一方面採絕對專制，另一方面則用籠絡手段。清初屢興文字獄，以整肅異己，箝制思想。政治多沿明朝舊制，官員任用則沿元制，滿漢分別，惟滿臣多具實權（錢穆，民 67，634）。康熙乾隆為清朝盛世，政治、文化均有可觀。道光以後，屢敗於列強，政治、教育等各方面之革新運動因以產生（王鳳喈，民 52，128）。

　　社會方面，五代兩宋時期，社會結構迥異於前，以科舉取士，不問門第，布衣卿相形成風氣。

　　經濟方面，唐朝中葉以後，中國之經濟財賦絕大多數仰賴南方之生產。

(二)教育概況

唐後為五代，五代十國政局紊亂，學校教育衰廢，惟科舉仍然舉辦。

宋學制分二級：中央學校統轄於國子監，國子監具雙重性質，既為管轄學校之機關，稱國子監；也為教學之場所，又稱國子學。中央之學校，依性質分，計有大學、專門學校、短期學校、貴冑學校和國立小學。地方設州學和縣學，由中央另派專官統轄（余書麟，民49，557）。中央教育行政由禮部掌理；地方教育行政設提舉學事司，為我國地方設專官掌管教育之創舉。官學考核辦法採「三舍法」。

宋書院教育最興盛，其地位介於官學與私學之間。經費取諸「學田」，由私人捐贈，間有政府津貼。書院之事業有：(1)藏書，(2)供祀，(3)講學與研究。學者謂宋代國勢雖弱，而風俗醇厚，氣節高亮，與書院講學制大有關係，在教育史上是最有價值的一頁（陳青之，民52，233-234）。

科舉沿唐制，惟在考試的程序上，增為三級，分別為解（鄉）試、省試及殿試；時間為每三年一次。在防弊上，採取糊名彌封及謄錄（徐宗林等，民86，83）。

元朝各項教育設施，皆優遇蒙人而歧視漢族。教育行政制度中央及地方皆設專官；學校分中央、地方兩級。明太祖謂元代「學校雖設，名存實亡」；書院卻極發達。

科舉全仿宋制，惟略有變通，如：明定三場之制，即程序分為鄉試、會試及御試三階段；且確定試期，每三年開科一次。故後為明、清兩代所取法。

明代中央學校設「國子監」、「宗學」，屬大學性質；地方有府學、州學及縣學，似為中學性質；邊疆及特殊地方設衛學，通稱儒學。地方尚有「社學」，設於鄉社，為鄉村小學。

科舉制仿宋、元制度，以四書五經為範圍，論文以八股為程式。明代視學校與科舉並重，兩者相輔相成，科舉出身者，必先入學，經一段時間聽讀，始能應試（徐宗林等，民 86，135）。因此，學校遂成為準備科舉之所。

清人入關取代明朝，至咸豐之前，中央設有「國子監」、「宗學」、「旗學」三種學校。國子監如宋制，既為教育行政機關，亦同時是學校。地方設「府學」、「州學」、「縣學」，各不相屬，直接受本省之提督學政管理，間接受中央之國子監管轄。各府設教授訓導，州設學政訓導，縣設教諭。各地儒學實際上僅供祭祀及舉辦科考之用。

書院講學本受重視，惟清廷恐因講學足以發揮民族意識，故加壓抑，後設官辦書院。

科舉分文舉與武舉。文舉有常科（沿明制，分鄉、會、廷試三種）、特科（以網羅在野學者）、翻譯科。

(三)教育思想

宋代學術思想特徵是理學昌盛，理學又名道學，是儒家思想吸收佛學與道家思想而形成的新儒學。

胡瑗為宋代理學之先驅，其教育主張有三：(1)以道德、仁、義為教之本；(2)注重明體達用，(3)注重雅樂詩歌以陶冶德性（任時先，民 67，169-170）。

周濂溪主張教育的目的在養成聖賢。成聖賢的方法，第一

要重思考；其次要無欲；第三在求良師。君子要「修己」以治人，修己的工夫，須從「誠」入手，惟至誠為能生變化，而成己成物。

張載認為教育的目的在使人變化氣質。教育的方法，在「學禮」、「清心」、「寡欲」及「能疑」。主張學必如聖人而後已，而欲學為聖人，須從「正蒙」、「入德」著手，以達變化氣質之效。

程明道認為教育的目的在使人知道仁的道理，才能養成完善的人格品德。教育的方法，第一在能敬，敬即能思考；其次在內外兩忘；第三在自得，即不可急迫求之。

程伊川主張教育的目的在求正道、學聖人。教育的方法，第一要居敬，即心不二用；其次在養氣寡欲；第三在窮理致知。所謂「涵養須用敬，進學則在致知」；第四注重積習，即一件一件地學習，積少成多。

朱熹主張教育的目的在達到聖人，所謂「學為聖賢」（劉真，民62，724），而達聖人之途在「格物致知」（王鳳喈，民62，207）。他的教育見解，在其著**白鹿洞書院學規**中有明確揭示，他主張：為學之序：博學、審問、慎思、明辨、篤行；修身之要：言忠信、行篤敬、懲忿欲、遷善改過；處世之要：正其誼，不謀其利，明其道，不計其功；接物之要：己所不欲，勿施於人；行有不得，反求諸己。

陸象山主張教育目的是在明理；教育方法是教人了解做人的道理。他認為為學是以做人為目標，做人要立大志，所謂：「所以為學，學為人而已」（劉真，民62，164）。

許魯齋是元朝理學家之中，秉續宋儒程朱觀點的著名學者

之一，他對教育持有三種看法：(1)教育必須注重實際生活。這種觀點改變了宋末理學家不重謀生的缺失（王鳳喈，民 52，212）。(2)教育必須注重思考。他認為凡人眼所視，耳所聞者，都是知識的材料，必須加以思考，然後才可成為知識。(3)教育必須注重持敬，他說：「凡事一一省察，不要逐物去了，雖在千萬人中，常知有己，此持敬大略也。」（任時先，民 63，210-211）

吳與弼是明初大儒，尊從程朱理學觀念，喜歡談論「敬」、「靜」的修養工夫。他對教育卻另有其獨特的看法，他認為教育須從刻苦入手，他曾「躬耕食力」，在雨中，穿蓑笠、負耒耜，與學生併同耕植，講授乾坤易理；歸則解犁飯糲，「蔬豆共食」（田培林，民 46，108），可顯現其刻苦精神。

王陽明的思想，是以唯心一元論為根據，此種見解較接近陸象山的觀點。他的教育思想即由此推演而得，他認為教育目的在養成一種安分守己、勤業務正的善人，善人能修養到盡處，即可成為聖人。其教育方法，重點有四：(1)重立志，他說：「君子之學，無時無處而不以立志為事」；(2)格物，意指正心，以去掉物欲的昏蔽；(3)戒慎恐懼，即所謂敬畏，他認為戒慎恐懼，既可防人欲於未萌之先，又可克人欲於方萌之際，具防人欲、存天理的妙法。(4)由近及遠，推己及人。他認為致良知之功，即在去人欲而存天理，但其步驟則在於由近及遠，推己及人之意（任時先，民 63，224）。又，他強調知行合一，而把知與行視為一事（葉學志，民 63，72）。

清代學術思想，除孫奇逢等仍繼承理學之觀點外，大多數

學者轉為著重考證訓詁，提倡經世致用之樸學。

　　孫奇逢主張教育之目的，在使人明道理，做好人。他認為教育的任務要培養人的「責任感」，使人在受教育之後，能夠對過去的歷史和將來的社會負責。亦即要養成一種「繼往開來」的態度，教育目的才算達到，教育任務才算完成。其**語錄**中，曾有「前有千古，以身為承；後有千古，以身為垂」之記載。

　　顧炎武認為教育的目的，在使人有「致用」的能力。而有關教育的方法：在知識層面，要「博學於文」；在品行訓練的層面，要能「行己有恥」，這兩個主張是人們在求學與做人的最高準則。

　　顏習齋與其弟子提倡實利教育，主張教育的目的在於實用。從事物中間才能得到學問。他們認為離開「實用」，就無價值；離開事物，就無學問。他反對傳統的記誦讀書的教育方法，也輕視靜坐冥想的工夫。

貳、西方中世紀時期教育

一、教育之時代背景

　　西方中世紀的起訖時期，歷史學家的劃分並不很一致，大抵從西羅馬帝國滅亡（476）後，以至東羅馬滅亡（1453）間，約有十個世紀。在公元第五世紀，居住歐洲北方未開化的蠻族——日耳曼人大舉南侵，佔領了西歐之後，日耳曼人在政

治上雖為統治者，但其民智閉塞，道德墮落，文明低落，社會秩序大亂，史學家稱此時期為「黑暗時期」（Dark Age）。此時期，基督教適應運而興，以解脫塵世、超升天國為主旨，歐洲的教育與學術文化，都操控於教會教士手中。基督教會有如黑夜中之一點曙光，在中世紀時期內，實現救世的使命，恢復社會團體的觀念，收拾政府的職權，維繫人心；對人類文明而言，更重要的貢獻，即教士們辛苦致力於保持與傳播古代希臘、羅馬文化的功績。因此，近代教育的發展，中世紀時期的宗教教育，實為功不可沒的歷史事蹟。

二、教育概況

(一)修道院學校（Monastic School）

　　基督教會因受東方禪林制度，力主遠離社會以達到靜修觀點的影響，一些個別生活的修士就聯合起來，共同謀生活於一個固定的場所，形成了修道院（Monastery）或「寺院」的創設。其創立之用意，原為訓練宗教道德的場所，後來演變而為歐洲中世紀時期的學術中心。修士們藉抄錄古籍教育自己，使希臘、羅馬之古典著作得免散失，他們對世界文明的貢獻至大。當時教會所辦的學校皆附設於修道院，故稱「修道院學校」，分內學與外學兩種。(1)內學——專為培養未來神職人員，養成修士而設，稱為主教學校（Cathedral School）。課程有神學和七藝。(2)外學——附設於村落教堂，專教世俗平民子弟，稱為教區學校。主要教授讀、寫、算和基督教入門知識，

有世俗學校之風。

(二)武士學校（Knight School）

中世紀為封建社會。社會的主要影響力量是貴族階層，他們為了社會權利的維護，以培養騎士，作為維持社會安定的勢力。第九世紀以後，騎士階級形成，他們是捍衛教會的武士，也是安定貴族統治領土的力量。武士教育為生徒制，分三階段完成：第一階段是侍從或稱馬僮（page），男孩七歲至十四歲間任之；第二階段為隨從（squire），從十四、五歲至二十一歲；第三階段稱騎士（knight），從二十一歲起，正式進入充當騎士生涯。他們在不同階段接受不同訓練項目，以鍛鍊強健體魄，善於使用兵器及騎術技能外，將品格陶冶、行為訓練，看得比文化知識之傳授更為重要。

(三)行會學校（Guild School）

中世紀的歐洲，因商業發達，貿易興盛，人口集中，新興城市增多，導致手工藝行業人員的需求量大增。而原先較單純的農業社會，技術人員的手藝皆稟承父傳子的世代傳遞方式，已不足因應所需。到了工商發達後，基爾特（guild）──行會組織制度因而產生。當時分商人行會（merchant guild）和藝工行會（craft guild），為培養各該行會的熟練商人或藝匠，這種直接傳授技藝的活動，最初創設為非正式類型的教育，後逐漸演變為較正式的學校形式。培育過程採生徒制，兒童在七歲或八歲開始，花費三至十年不等，跟隨藝匠師傅學習手藝，亦分三階段實施，分別為生徒（apprentice）、工頭（journeyman）

及師傅（master）（徐宗林，民 64，276-277）。他們藉由追隨師傅，從觀察、模仿、實作、練習等過程中，學到技藝。若從事貿易商人之學藝，除須學得本身所需技能外，也得接受讀、寫、算以及拉丁文的普通教育（田培林，民 46，161-162）。

㈣大學（Universitas）

大學在中世紀開創時，並不是一種制度，因此，各個大學的起源也不一致。有些是由學者所形成的各種小團體，再綜合起來而為大學；有些是教會或寺院，招待外來學者，集合多數人士所形成的大學；有些則是某些地區的政治領袖，提供優渥條件，如供給食宿、講學場所，獨立的法令等，招致遠地的學者，人數多了之後，也形成大學（田培林，民 46，164-165）。惟這些大學卻不受教會或政府的干涉。同此時期，佔據西班牙的回教徒極重視學術研究，而在各地建立學校，受阿拉伯人的影響，西歐境內，基於講學與研究學術需要，於是這種由教師與學生聚合而成的自主學術團體，有其自訂的管理規則之組織，即稱為「大學」。其中最古老的有義大利境內之沙隆諾大學（Salernos）──重醫學研究；波隆大學（Bologna）──初設法學院，後增哲學、醫學、神學等科；法國境內之巴黎大學；英國境內之牛津、劍橋大學等，也都極負盛名。大學學生修讀四或五年。拉丁文為必修，並修讀文法、修辭學、邏輯等學科。大學畢業後，可繼續攻讀文學碩士、法學博士、醫學或神學博士。攻讀碩士學位必須修算術、幾何、天文學及音樂等科，惟這些科目與文法學校之七藝學科內容不同，程度較

高。教學方法採講述法及辯論法居多（葉學志，民 83，
50-51）。

三、教育思想

　　歐洲中世紀時期的教育思想，是以神本主義為其特質。這
時期的教育設施，幾乎皆為基督教會所控制，因此，教育思想
充滿了宗教思想，亦即神本的教育思想。所謂神本教育，乃指
謂教育的著眼點，不是現世、人本身，而是來世、神本身。這
種教育思想是講求精神的超脫，鄙視物質，主張禁欲的，捨棄
現世的人間享受，忽視身體，傾向於苦修而追求來世的理想。

　　中世紀時期最著名的經院哲學家聖多瑪斯・阿奎納（St. T.
Aquinas, 1225-1274），為當時教育思想的代表，他主張教育
的宗教目的是在培養學生對神的信心，認識上帝，侍奉上帝的
願望及熱忱；對世俗的教育目的，他的看法則有若亞里斯多德
之觀點，重視智力高於品德（葉學志，民 83，52）。教育內
容以**聖經**和亞里斯多德的哲學為本，重視神學和哲學的思辨；
教學方法以啟發學生的內在潛能為主，持問答、討論，而非由
外向內的灌輸知識。他最重要的教育思想，乃在對理性的肯
定，以及求理性和信仰的調和（葉學志，民 83，58）；而他
的宗教教育影響了其後的教育對象，趨向普施所有眾生。

近代教育

壹、中國近代教育

中國教育是在境內,由本國文化、政治制度、社會情況、經濟發展等的影響下,而建構、演進形成的。這種本土、傳統的教育制度,一直連綿延續到清代末葉同治元年前,才有了空前、激烈的變革。其因即受到西方強大勢力的影響所致。固然,中國在明末,已有西方傳教士藉傳教之便,傳入了西方的學術,諸如:幾何、數學、天文、邏輯、自然科學等新知識,但對中國傳統教育制度,並沒造成太大的衝擊,惟自一八四〇年,中英鴉片戰爭後,清朝政府為因應生存,求富國強兵之計,乃自一八六二年起,始設新式的西方學校教育形態。這似是中國教育由中古時期進入近代時期的分水嶺。

一、時代背景

清道光二十年(1840),中英鴉片戰爭起,中國戰敗。一八四二年訂定南京條約,首開被迫訂定割地賠款、喪權辱國的不平等條約。咸豐九年(1860),英法聯軍入侵,迫訂天津、北京條約,其後中日甲午戰爭、八國聯軍之役,接續發生,外

國以強勢武力，仗其船堅砲利之優勢，屢屢擊敗清朝軍隊；同時，中國境內又有太平天國之亂、捻亂、回變等事件發生，內憂外患交相煎迫下，清朝政府雖設「總理各國通商事務衙門」，以應外務交涉之需，也在推動洋務，以求富強，並下詔變法，大幅改革國政，但終抵擋不了時勢，在宣統三年（1911），武昌革命之役，滿清君主專制政體即迅速被推翻。民國元年（1912），中華民國成立；然而，不幸的是，不久即演變成軍閥專制局面。

西方列強在工業革命後，挾其強大武力，四出掠奪、強佔，傾銷其大量生產的工業產品，結果，中國的經濟亦受其影響。國人朝野各界極思仿效，以求強大，於是開始從事產業革命，首先建立軍需工業，設兵工廠、造船局、火藥局；興重工業，開煤、鐵礦、煉鋼廠、紡織廠；修築鐵公路、航道等。

在社會方面，由於新興產業集中大都會，吸引了大量民間資金及勞動力，於是農民大量遷徙到都市，形成農村社會問題；而產業所需的勞動力也亟需提升素質，以應新興工、商業之需，乃有待新式教育去承擔人才培育的工作。

二、教育概況

(一)近代萌芽時期教育——1862-1902 年

「總理各國通商事務衙門」為培育涉外人員，在同治元年（1862）設京師同文館，其課程設計、教學方法、訓育制度等，皆以仿效西方教育設施為主，是一所完全新式的語文學

校，所授學科，除英、法、俄文外，並增授天文、算學、化學、格致、公法等。其後，在上海、廣州等地，也仿此設校，教授西方語文。同時期並大量介紹西方學術思想，從事書籍翻譯工作；另外，為應軍事需要，而設立實業學校，如：福建船政學堂、上海機器學堂等；創設軍事學校，如：天津水師學堂、天津武備學堂等。

除政府設立新式學校外，基督教會等也都設立高等學府，如：約翰書院、文華書院等，這些私立教育機構，雖以傳教為主要目的，但所授課程，也都偏重外國語文及科學等。同時，留學制度也逐漸形成，分赴日本、歐、美留學者，逐年增加。

甲午戰後，給國人極大震撼，朝野人士漸成共識，認為應建立完整的學校制度系統。此時期所設學校，如：天津中西學堂、上海南洋公學、京師大學堂等，最早實施新式普通教育。天津中西學堂設於光緒二十一年（1895），即分二階段：(1)頭等學堂，相當專門學校；(2)二等學堂，相當中學。京師大學堂之設立章程，即規定：(1)京師大學堂既為學校教育機構，亦為全國最高教育行政機關；(2)學校分大學、中學、小學三級制；(3)明定「中學為體，西學為用」；(4)普通學科與專門學科分類；(5)注重圖書、儀器設備。是我國最早之近代學制綱要（王鳳喈，民52，282-284）。

(二)近代發展時期教育——*1902-1911* 年

光緒二十八年（1902），「欽定學堂章程」頒布，乃中國新教育制度之開始。此章程分學校教育為三段，從小學入學至大學畢業，共需二十或二十一年；並另具體規定了實業、師範

教育。惟頒布後未及實施，即因政治因素而遭修改。張之洞等修訂的新章程，於光緒二十九年（1903）頒布，稱為「奏定學堂章程」，亦叫「癸卯學制」，此章程將學校系統分成三段七級：第一段有「蒙學堂」、「初等小學堂」和「高等小學堂」三級；第二段只有「中學堂」一級；第三段含「高等學堂」、「大學堂」（分八科）、「通儒院」三級。另外把師範學校分為「優級師範」及「初級師範」；又規定設立與優級師範學堂平行的「實業教員講習所」。在欽定及奏定學堂章程中，皆規定給予各級學堂畢業生科舉制中之頭銜，如高小畢業生給予「附生」，即秀才；中學畢業生授予「貢生」；高等學堂畢業者得稱「舉人」；大學堂畢業者得稱「進士」（田培林，民46，120）。

奏定學堂章程頒布後，國家學校教育制度已具規模，惟因無專門行政機關負責督導，並未徹底執行。光緒三十一年（1905），清朝政府宣布廢止科舉制，並設「學部」，為我國中央政府正式設主管教育行政機構，以管理全國教育學藝事務（朱有瓛等，1993，185-186）之始。同時在地方的省、府（州）及縣，也分別設置掌理學務之教育行政機關，新教育的推展才有進步（徐宗林等，民86，185-186）。

清末留學教育的發展，在甲午戰爭之前，僅有二百餘人，之後在政府有計畫地推動派遣下，人數則達四千餘人（徐宗林，民64，186），主要留學地區為日本、歐洲與美國，尤以赴日者最多。

(三)民國初年時期教育——1912-1922 年

　　清末政治腐敗，內亂外患不止，知識分子憂慮國家隨時有被列強瓜分、淪亡危機，首先倡導維新救國運動，有主張立憲，和主採革命手段之同盟會。力主實行君主立憲失敗後，由同盟會領導的革命運動，經多次失敗，終於在清宣統三年（1911），武昌首義成功，推翻清朝二百六十八年的君主專制政體，創造了中華民國。

　　民國元年四月，中央政府設教育部，掌管全國教育行政事務；七月，召開臨時教育會議，頒布教育宗旨；九月，頒布學校制度系統，稱為「壬子學制」。其後，陸續頒布各種學校令，綜合而成一學校系統制度，稱為「壬子癸丑學制」。此學制分學校教育為三段四級：初等教育段，分初等與高等小學二級；中等教育段，設中學一級；高等教育段，亦僅一級，內分預科、本科。此學制之最下層有「蒙養院」，最上層有「大學院」；「初等小學」四年，屬義務教育；對師範教育也相當重視，設高等師範學校以培育中學師資，程度等於專門學校，由國家辦理；師範學校以培育小學師資，由省辦理，並辦理二部師範。

　　五四運動後，喚起國人要求科學與民主精神，而西方啟蒙運動之實利主義思想也被引入中國，並被廣為接受。杜威之實驗主義教育思想，由於留美學生大量返國宣揚，再加上杜威到中國各地講學、演說。對於學校系統制度改革運動有極大影響，民國十一年之「新學制」，遂告完成修正並頒布實施。此一新學制亦稱「六三三學制」，乃模仿美國境內實施的學制之

一種，其特色之一，即在適合兒童身心發展的階段而劃分，規定小學為六年，招收六歲至十二歲兒童，為初等教育階段；十三歲至十八歲青少年入中學，為中等教育階段，前期三年，就讀初級中學，後期三年，入高級中學；高等教育階段，則為四年至六年。新學制中之中等學校師資，提高為大學程度；並規定各級學校教育中，男女性之受教權平等。

新學制頒布後，歷年曾做局部性的修正，如民國十五年，修正中學之綜合性，恢復為普通中學、職業學校和師範學校。民國十六年，採法國之大學區制度，組織大學院為全國最高學術及教育行政機關；次年，又廢止大學院，恢復教育部制。民國二十一年，分別公布「中學法」、「師範學校法」及「職業學校法」。民國三十七年，訂立「大學法」及「專科學校法」。到民國五十七年，實施九年國民教育，將初級中學改為國民中學。總之，新學制頒布後，中華民國之學校教育制度雖時有從事局部的修正、補充，但都不脫新學制之基幹效用，因此。我國學校教育即一直依此學制實施。

三、教育思想

甲午戰爭之後，我國學界極力倡導「中學為體，西學為用」之思想，其用意在取西方科技的物質文明，而保留中國的舊禮教倫常、風俗習慣。張之洞尤其強調這種觀點，他以「中體西用」做為教育宗旨，在表面上，似乎是體用兼備，中西學並重，實際上，仍然是注重中學的「體」（鄭世興，民61，236）。他在教育上，主張廣設學校以培育人才；廣譯書籍，

尤重翻譯西書，以利吸收西方學術文化；多派遣留學生，惟應嚴選及加以監督；積極提倡實業教育及軍事教育。他卻反對設女子學堂，理由為「中西禮俗不同」。

梁啟超主張教育目的在培養中西學兼通的人才，教學內容極力提倡「智仁勇」三育並重。在教育設施上，力主學校教育要有國民教育和人才教育，而前者應為義務教育；認為政府應重視師範教育，以培養良好的師資；認為應重視兒童教育，善用兒童期之可塑性，以增學習之效；他並極力鼓吹，需要創設女子教育機構；並認為要促進國家之學術獨立，即應增設大學及擴充設備。

蔡元培為民國初年之教育學者和教育家。他在所著「新教育意見」中，主張教育應分二種：(1)隸屬於政治者，(2)超軼乎政治者。教育宗旨應包含「軍國民教育」、「實利教育」、「公民道德教育」、「美感教育」和「世界觀教育」五育，此五育中，前三育屬於第一種教育，為「立國」的根本；後二育屬於第二種教育，是「作人」的基礎（田培林，民 46，127）。他倡導「學術自由」和「思想自由」，再加上其他因素的湊合激盪，遂產生了民國六年的新文化運動及民國八年之五四運動（鄭世興，民 61，305）。他提倡女權，創辦女校，開中國社會風氣之先；他主張重視高等教育、留學教育、社會教育和青年運動（鄭世興，民國 61，290-306）。他對家庭教育的功能感到懷疑，但不否認家庭對兒童的影響。

貳、西方近代教育

一、近代前期教育

㈠文藝復興時期

1.教育之時代背景

文藝復興運動（Renaissance）是指歐洲由十四世紀到十六世紀初期，從義大利境內掀起的新文化運動，以嶄新的文化形式，人文的思想潮流，不斷地向北歐擴充，終於形成整個世界的歷史性文化運動。

中世紀經院哲學的發達與大學的興起，和西班牙境內大學傳播回教學術文化，提高了歐洲學術研究的興趣。從古代經典的研究當中，發現了生活的意義，仍是「現在」而非「未來」，是「人」而非「神」。強調恢復古希臘、羅馬，過「人本」、「現世」生活的重要性，追求自由，講究人道，過屬於人自己的生活方式。拋棄神化，而以人類的文化為中心，因此稱為「人文主義」或「人本主義」。受人文主義影響的教育，注重哲學、文學與藝術的教養，因而形成人文主義教育的反映希臘審美教育、好學深思之文雅性，也反映羅馬實用教育、力行辯說之實利性。同時促成民族意識逐漸覺醒，方言逐漸形成國語，這對於往後各國國民教育的發展，有了很深遠的影響。

由於印刷術及紙張的發明，及地理上的大發現，文藝復興時期的新知識，愈形增加。原在中世紀的七藝課程已不能全然適合此時期的需要，於是新課程逐漸添加，例如，在文法一科中原含有的文學、歷史、神話等，已各自分化而形成新科目。

2.教育概況

文藝復興時期中等教育受人文主義之影響，有了改進，普遍向上提升，在歐洲各國間蔚成風氣。

⑴**義大利**　大城市新設立的中等學校，稱為宮廷學校（court school）。供中上階層子弟，九或十歲入學，直到二十或二十一歲離校。課程重點在求受教者的德、智、體三育之發展。知識學科有希臘文、拉丁文、文法、古代希臘、羅馬史等；體育方面有角力、跳高、舞蹈、競走等；尤重視行為態度和道德修養。

⑵**法蘭西**　在一五三〇年代，創設的市立學校（College）類似義大利之宮廷學校，分十個年級施教，講授希臘文、數學、修辭、演講與哲學等課程；並設有希臘文、希伯來文、法律、哲學、醫學及數學等講座。

⑶**日耳曼**　文藝復興運動傳入日耳曼境內，新學術思想很迅速即為當地學者所接受。並在各大城市次第創設新式中等學校。一五二六年，在紐崙堡（Nuremberg）創設了人文主義中等學校；然後在斯特拉斯堡（Strassburg）由司圖姆（Johann Sturm）主持的文科中學（Gymnasium），為日耳曼境內最成功的中等學校。

⑷**英格蘭**　一五一〇年，科勒特（John Colet）依人文主

義的路線，重建倫敦聖保羅主教學校（St. Paul's School），為人文主義教育的學校。課程注重希臘文、拉丁文、文法、修辭等，並注意競技、遊戲及宗教的研究。同時，英國境內已有的很多各級文法學校，均受聖保羅學校的影響而改制。

3.教育思想

此時期的教育思想家，以阿格里可樂（R. Agricola）和伊拉斯莫斯（D. Erasmus）較著名。前者主張學習本國語文及道德陶冶的人文哲學教育，他認為人類要有哲學素養，即為教育的最終目的。教育應以古典學者的哲學思想為依據，注重道德的陶冶，演辯訓練及修辭學。伊拉斯莫斯的教育思想可歸結於自由教育，他認為教育應兼顧個人與社會，融貫神學與古典；教育方法主張根據兒童心理發展，採溫和方式；教育內容應兼顧兒童的身體、心理和道德三方面。

(二)宗教改革時期（Reformation）

1.教育之時代背景

文藝復興運動之後，引發了宗教改革。宗教改革的宗旨，在求恢復到原先教徒的習慣和信仰，由教徒自己研究聖經。宗教改革由馬丁・路德（M. Luther）發動成功後，蔓延歐洲各地；宗教改革運動在歐洲各地陸續成功時，卻又引發一種反宗教改革運動，但不論前者或後者，都致力於教育工作。

2.教育概況

(1)**路德派** 馬丁・路德鼓吹父母要有教育子女的義務。設

立公立學校，國家要有監督輔助的職責，尤其切望女子與平民教育的普及。他將學校分成三類：第一種是採用國語施教的初級學校，為一般平民子女而設；第二種是中學，為培育傳教士而設；第三種是大學，為培養教會和政府的高級人才而設。

(2)耶穌會（The Jesuit Order） 耶穌會為羅耀拉（I. Loyola）所創，該會之主旨，在於恢復教宗的威權。該會所設學校之組織完備，除設校長綜理校務外，另有專人分掌教務和訓導工作。校內分為中學和大學，全為中上階級子弟所設。中學採八年或九年制，但依學程分為二部，前部六年，課程側重古文、修辭學；後部二年或三年，除加深拉丁文程度外，加上哲學課程。大學採四年或六年制，分別培養傳教士及教師。教師必須受過中學、大學及師範教育，並達到相當年齡，具備適當經驗。

(3)兄弟會 兄弟會是拉・薩爾（La Salle）所創，此會所設學校，注重一般工、農階層子弟所需，偏重各國國語的教學。採用班級教學制，即為該會所開始，並注重師範教育，在一六八五年成立最早的師範學校。

二、近代時期教育──十七、十八世紀

(一)教育之時代背景

　　十七世紀以後，是西方世界變動最大、教育方面發展最快速的時期。首先在十七世紀後半期至十八世紀中葉，思想界興起了知識革命的浪潮，史家稱之為啟蒙運動。啟蒙運動的通

則，在於提高個人自由與人類理性的價值。在哲學、政治、社會、道德、人生觀、價值觀、宗教等各方面的思想，皆力求合乎理性的原則。

宗教改革成功後，歐洲社會裡，教會權勢大落，封建王侯的勢力日增，漸漸形成近代國家組織。一七七六年，美國獨立戰爭；一七八九年，法國大革命成功，民主主義勢力抬頭；新航道、新大陸的發現，促進交通、貿易的發達；學術研究結果，所得新知識擴大人類的視野；而隨著探險與武力掠奪，使西歐各國財富與勢力大增，演成追求實利的物質生活。由於各股勢力的相互激盪，造成教會與封建領主間的爭執；國與國、新舊教之間常有戰爭，政治糾葛，宗教紛爭不已。

(二)教育概況

十七世紀的教育發展情形，一方面，由於人文主義太重學問輕行為，偏於文字輕忽生活，促成了人文主義的流於形式，走向歧途；另一方面，因為科學研究成果豐碩，科學的知識實際可用，因此，唯實主義蔚為此時期之顯學。唯實學派分成三個流派發展：(1)人文的唯實主義，強調古典的研究應重其內容，不在形式，學校教育增加許多新的學科，尤增有關社會與自然科學的實用知識；(2)社會的唯實主義，重視社會生活中的實用知識，反對空疏的文字教育；(3)自然（感覺）的唯實主義，注重教法革新，強調循依自然順序施教，重視理性思考及科學科目（Cubberley, 1948, 418-420）。

十八世紀至十九世紀期間的教育設施，可說是教育大眾化的世紀（徐宗林，民80，374）。德國首先於一七一七年頒布

教育法令，規定父母有責送其子女入學，貧困者免收費。德皇威廉二世（William Ⅱ）在一七六三年公布普魯士學校法，奠定該國國民教育基礎。其後各國競相仿效，重視公共教育設施。

盧梭提倡的自然主義，形成強調兒童本位教育的思潮，影響教育發展深遠，例如：由此思潮衍展而來的，乃是重視兒童研究，幼稚教育日益普及，強調直觀教學方式，透過自發活動的勞作教育、心理學傾向的教育，都成為西方教育的重要發展趨勢。

(三)教育思想

蒙田（M. de Montaigne, 1533-1592），法國人，他認為教育的用意，在使個人獲得真實的智慧和有用的知識，俾使個人成為能幹有為，研判正確的自由人；強調教育要重視學生的道德陶冶與行為訓練；教育方法上，則要靠旅遊及教師的個別指導，而不採班級教學。

培根（F. Bacon, 1561-1626），英國人，他認為「知識就是力量」，人們接受教育所要獲得的知識，不是常識之知，而是有用有益的科學之知。教育之主要目的，在於研究、利用、征服自然，才能使人類的生活享受到真實、有效的快樂人生。他主張用歸納法去研究學問，以期獲得更多的新知識。

拉提克（W. Ratich, 1571-1635），德國人，他主張用國語教學，以完成國家與宗教的統一，並使兒童學到實際生活應具的文藝與科學知識。他認為事物的學習，須循兒童心理發展順序，而不應加以強迫，並要注重誘導與啟發的原則。

柯美紐斯（J. A. Comenius, 1592-1670），捷克人，他認為學校教育的任務，在於運用科學和藝術的力量，以發展人類的本質；透過語言訓練與道德涵養，以促進知識、美德與貞潔的獲得，把人陶冶成「真正的人」。他主張個人由六歲到二十四歲受教育，要循序進入母親學校、國語學校、拉丁學校以至大學，共四個時期。教育的實施，必須以自然的過程為基礎，由易而難，由近而遠，由已知到未知。

洛克，英國人，知識論上為經驗主義的代表者。他認為人的心靈像一塊「白板」，端賴感官攝取外在的實際經驗，以形成各種的圖像（徐宗林，民80，365）。他的形式訓練說是建構在官能心理學理論上。認為教育的目的，在培養個人身心健全之一般目的，及紳士美德之特殊目的。教育方法強調感覺的訓練。

盧梭，法國人，所著**愛彌兒**（*Emile*）形成了自然主義思潮，對教育有極大貢獻，建立了現代兒童本位教育的理論基礎（葉學志，民63，58）。他認為教育的目的，在於順應自然，以培養「自然人」；教育在本質上，應是消極的，使兒童的天賦能力自然而充分地發展。教育須以兒童為中心，教育方法上，主張形式陶冶，強調實物教學。

巴斯多（J. B. Bassedow, 1724-1790），德國人，受盧梭思想的影響，他認為國家應負起全部公共教育之責。教育的理想，在造就一個現世有用而幸福的人。他所創設的汎愛學校，主張以博愛的精神，培養理性的能力，追求幸福的人生。他認為教育的方式宜採「寓教於樂」（education is fun）（徐宗林，民80，373）。

三、晚近時期教育——十九世紀

(一)教育之時代背景

產業革命後，職業分工愈細，工作日趨專業化，而人口大量集中到都會區後，人們為求謀生，因此強調文化陶冶的傳統課程，已不足因應科技日益發達的需求，於是以實用為重的科技教育，自必被強調、重視。英、德、法、美等國的中等教育，普遍趨向於職業類科的課程、手工的訓練、數學與自然科學的科目，重視實習與實務教學，職業與技術學校的普遍設立（葉學志，民 83，64）。這種教育設施的重大轉變，使西方教育之中、高等教育，趨向符應工業社會發展之需，實為西方國家之教育由近代時期邁入現代時期的開端（Müller 等，1989，2-3）。

(二)教育概況

十六世紀以來，歐洲列強挾其富國強兵之勢，對外大肆掠奪，擴張領土，加上民族主義勃興，民主主義逐漸提升，德、法、美、英等國，皆在推展公共教育，強調教育為國家事業，政府應負起教育全民的職責，培養全民的國家觀念，使成為具有工作能力的國民。於是各國相繼通過國民教育有關法令，成立國家教育制度，例如：德國和法國分別在一八一七年和一八二八年，成立教育部；美國在一八三七年成立州教育廳；其他國家亦相繼仿照，成立中央及地方層級之教育行政機構，積極

負起規畫、推動公共教育事宜。

　　各國國民教育普及後，為解決所需之師資問題，就有師範學校的設立，如：德皇威廉一世（William Ⅰ）在一七一七年創設第一所師範學校；其後頒布法令，規定各地須設師範學校，確定教師資格及待遇。隨後，各國亦都仿照，陸續訂頒法規，建立師資培育制度。

㈢教育思想

　　裴斯塔洛濟（J. H. Pestalozzi），瑞士人，一生致力於平民教育，認為正規的學校教育是改良社會的主要工具（中華書局，民 47，46）。他強調教育的目的，在使兒童的潛能能夠自然地、循序漸進地、和諧地發展出來。其教學內容可分愛的教育和知的教育，對兒童實施愛的教育，應先於知的教育。他重視直觀教學法（觀察法），認為經由學生的感官親自對實物的觀察，以及身體的操持，才能獲得正確的知識，而不重視文字符號的記誦。其教學原則是⑴實物教學先於抽象概念的界說，⑵由近及遠，即鄉土先於異邦，⑶先學簡易再求繁複，⑷循序漸進、逐步累積（Ornstein & Levine, 1985, 119）。訓育原則重視「教育愛」，不用體罰，以理解和同情心去指導兒童守紀律（王連生，民 67，331）。

　　赫爾巴特，德國人，他的貢獻在於促進教育科學化，對教學所選用之教材及教學法進行研究，尤其依其所倡之「類化學說」，而創發之「階段教學法」，對現代教育有深遠影響。他認為教育的目的，在於培養具有社會性道德品格的個人，而道德教育之內容，含：⑴知識的興趣：對邏輯‧數學、文學、音

樂的愛好與學習；⑵倫理的興趣：指同情他人、社會關係、宗教情操而言。

福祿貝爾，德國人，深信教育要依循自然的發展，實物的直觀教學為最好的學習方法。他主張教育宜提前，自個體的兒童期起，首創幼稚園。他強調兒童採用直觀活動的重要性，主張對兒童以唱歌、遊戲、玩耍、說故事，並創造「恩物」（gift）及「作業」（occupation）方式，使兒童學習禮節、互助合作等品德和知識。

斯賓塞，英國人，主張教育的目的，在於為未來過完滿生活的準備。強調教學內容須重知識的實用價值，而最重要的就是科學知識；教材之取捨，應自人們日常實際社會活動中去分析，他認為生活所需之知能，其重要性，依序為：⑴與自我生存有直接關係者，⑵與自我生存有間接關係者，⑶與養育後代有關者，⑷與參與政治、社會活動有關者，⑸與休閒活動有關者。

當代教育──二十世紀教育

壹、教育的時代背景

二十世紀是人類鉅變的時代。政治方面，第一次世界大戰後，民族自決的主張，使亞、非、拉丁美洲的殖民地紛紛宣告

獨立。為增進世界和平，乃有國際聯盟的成立。三十年代發生了全世界經濟大蕭條，結果造成德、義、日走上軍國主義，四出侵犯掠奪他國的情形，先有日本入侵中國，繼有歐洲大戰爆發。在日本偷襲珍珠港後，終於形成第二次世界大戰。戰後各國組織聯合國，以謀世界安全與和平；新興國家紛紛成立。一九四九年，中華民國政府退守台灣；不久韓戰、越戰相繼又起，共產國家鐵幕深垂，形成冷戰局勢，東西方武備競賽，太空時代終於來臨。而今，共產集團的蘇聯和東歐相繼解體，民主主義政治體系之價值終獲肯定。如何更進一步謀求全人類的永久和平共存、安全共榮福祉，實有賴全世界有知之士，集思如何透過教育，以發揮其功能而達成。

社會方面，變遷迅速，知識爆增，意識形態分歧，資源開發、耗費速度驚人，交通工具與資訊傳播事業發達，科學技術突飛猛進，經濟繁榮、工商發達，醫學發達新藥發明，延長了人類壽命，人口爆增，社會犯罪問題惡化，造成環境污染，生態破壞，價值觀念的激變，種族主義的氾濫，恐怖主義的盛行，飢荒戰爭的威脅，核能的潛在危險，種種事象，皆有令人目不暇給、無所適從之感。面對如此多元、迅速變化的人類社會，如何藉教育以謀改善，將是人類史上教育變動最巨大的時期（雷國鼎等，民60，48）。

學術思想方面，二十世紀中推動教育的實施，背後的哲學思想之導引力量，實深受實驗主義（Experimentalism）、唯實主義（Realism）、人文主義（Humanism）、實證主義（Positivism）、存在主義（Existentialism）之影響（徐宗林，民64，271-272）；另外文化教育學派（Culture Pedagogy）、分

析哲學的邏輯實證論、重建主義（Reconstructionism）亦有其影響力，乃不可忽視的因素（葉學志，民 83，67-68）。

貳、教育概況

一、民主主義的教育

進入二十世紀後，各國學制由原先採行之帝國主義發展的教育政策，逐漸趨於民主主義思想。尤其在東西方冷戰結束，蘇聯及東歐共產主義勢力萎縮、解體後更甚。現舉世除少數地區外，皆屬奉行民主主義社會。民主主義教育的特徵之一，就是強調教育機會均等和個性的尊重。

二、國際合作的教育

過去由於民族偏見、種族優越感或國家主義等原因，遂在二十世紀內引發兩次世界大戰，給人類生命、財產帶來了莫大的浩劫。為謀求改善，先後有國際聯盟、聯合國等世界性組織的設立，以追求人類的和平為宗旨。其所恃措施，即期望藉由教育、文化合作，以增進國際間的相互了解，建立世界的安全與和平。聯合國教科文組織（UNESCO）的成立目的之一，即在藉由教育合作，以從事協助新興國家或落後地區的教育改善工作，冀以提升教育設施，而達成世界和平、理解、共存共榮的氣氛。

三、國民教育的建立及其年限的延長

　　各國皆視教育為國家事業，認定國家有責任培養全民共識、信仰，發展良好生活方式和道德習慣，形成團結且深厚的感情，促進民族的團結和整體性。因此，如何改革，消除過去因個人社經地位而遭歧視的雙軌學制，建立一個共同基礎的、單軌的國民義務教育制度，並延長其國民受教育年限，已成為二十世紀各國的共識，如：美國各州情況不一，但義務教育年限大都在九年至十二年間；英國則自一九四四年以後，已逐漸延長而達十一年；日本及我國皆已達九年，並有再延長年限的構思。

四、學習社會的來臨

　　終身教育理念已成舉世共識，個人須接受教育，國家更需要其國民普遍地受適當教育；未成年的國民固然須受教育，已成年的國民，因為社會變遷、經濟發展或個人生涯規畫，也須在受畢正規的學校教育之後，經常不斷地再受教育。在二十世紀初，英國的成人繼續教育才發展起來，其後，歐洲各國、美國各州也都注重起成人教育。但最近二十年來形成的終身教育，乃一新的教育過程觀念，聯合國教科文組織在一九七二年出版的**教育計畫報告書**中，已將終身教育視為「教育改革的主要觀念」，且將成為未來全世界教育改革的動力（楊國賜，民82，38）。

五、教育改革成為舉世矚目的重大事件

在邁入二十一世紀的時刻，人們都已體認到教育改革的重要性。科技的進步，仰賴教育以培育專門人才；經建人才的培訓，也要依賴之；而在富裕、開放、多元社會中，更須憑藉教育以培植國民適當的價值觀念及知能，俾便維持創新的動力，樹立妥當的制度。個人、社會生活品質，政治文化的良窳，需要藉著有效的教育歷程予以提升或改善。

六、教育學研究的科學化

進入二十世紀以來，經濟繁榮，工商業更形發達。企業界人士對其經營的事業，力求從組織的效能、生存發展；對員工之需求、動機；組織內人員、單位間的互動；產品的成本效益、講求工作績效等觀念，興起加以研究的風氣。從泰勒（W. Taylor, 1856-1915）採科學方法研究管理學始，接續而起的研究者，如費堯（H. Fayol, 1841-1925）的行政歷程等，以至人群關係學派、社會系統理論等的研究成果，對企業管理與公共行政經營效能的提升，都有重大貢獻及影響。其結果對教育行政組織、教育財政、領導、溝通、評鑑等教育事象，也引起採用類似的研究方法之取向。又由於心理學、生物學、社會學、經濟學、統計學、電腦應用等的蓬勃發展，其研究成果，對教育的內容，諸如：學制、課程設計、學科、教材選擇與組織、教學方法與技術、視聽器材、教學評量、諮商與輔導、學校建

築與校園規畫等之研究，都投注龐大的人力、財力、物力與時間，採用科學的研究方法，獲得客觀的資料、數據為證據，以支持或修正教育理論和實務。

七、科學教育的推展

現代人類知識、技能的成長，得力於科學研究方法的進步，而科學與技術知識又導引著社會、經濟、文化的變遷。因此科學教育，乃是當代各國教育的重要基礎之一，不論已開發、開發中或未開發國家，莫不重視科學教育的推展工作。

八、技職專業及特殊教育的強調與重視

各國經濟高度開發，社會日趨多元化，分工愈細，職場上所需的專技人才日增，自必強調職業及專業技術人才的培育；而教育機會均等，教育人權的提倡，適應個性差異的要求下，各國亦都十分重視發展特殊教育。

九、中等教育的改革

大多數國家在將國民義務教育加以延長後，往往把中等教育階段併入義務教育系統；由於中等教育開始重視人才培育的分化功能，促使各國將中等教育的後段走向多軌化，以因應青年多元的需求。

十、人本教育的省思

有鑑於人類在物質文明的急速成長，形成精神文明失調的現象，以致忽略了人存在的意義與價值，於是人本（文）教育思想出現，為各國教育提供省思的機會（徐宗林，民 80，560）。

參、教育思想

一、杜威

杜威是美國人，他認為教育無固定目的，教育即生活、生長、引導與經驗改造歷程。他主張教育是生活的必需，是促進個人生活的更新過程。他所謂的生長是指生理的生長與經驗的改造發展，使個體的德、智、體三方面，朝向完善發展。引導是指學校須布置為適當環境，以引導個體的生長過程。經驗改造是指個體與環境交互「施」與「受」之後，其原有的經驗已更新，新的經驗已經歷了改造和發展。他的教育方法，重知行合一，主張「由做中學」、「從動中學」，他視學校即社會的雛形，在此，學生可參與社會活動，發展興趣，學會解決問題；學校是學習民主生活的場所。他重視知識的實踐與實際效用，認為知識是因應環境變化、解決困難的工具，乃經驗的產物。

二、蒙特梭利

　　蒙特梭利（M. Montessori, 1870-1952）是義大利人，為當代女性教育家。終生從事兒童教育之研究及改造工作。她不同意福祿貝爾的教育思想，故不肯使用「幼稚園」此名稱，而改指其幼兒教育機構為「兒童之家」。她的教學材料由自己設計創造，以訓練兒童的感覺；透過教具遊戲，培養兒童的自律觀念。她的幼兒教育理論有兩個原則：一是自由原則，為兒童教育的起點，認為教育目的為品格的陶冶；二是義務（拘束）原則，其目的在培養兒童的責任感，則是終點。

三、斯普朗格

　　斯普朗格是德國人，以研究文化哲學、文化教育思想等而著名當代。他視教育是一種文化活動、一種文化歷程。他認為教育是在社會文化有價值的內容裡進行，但其最後目的卻在覺醒個體，使其具有自動追求理想價值的意志。文化教育的功用，在於培養「良心」、「責任感」、「義務感」與「宗教性」的自由人。文化主義教育的施行，重視形式陶冶，應從過去文化財中，精選有陶冶價值，又適合學習歷程的材料去施教，才能達到文化教育的目的。

參考書目

一、中文部分

王連生（民 67）。**新西洋教育史**。嘉義：樂群。

王家通（1998）。**教育導論**。高雄：麗文。

王家通（民 84）。**教育概論**。高雄：麗文。

王鳳喈（民 52）。**中國教育史**。台北：正中書局。

中華書局編輯部（民 47）。**西洋教育史**。台北：中華書局。

中華民國比較教育學會（民 82）。**邁向二十一世紀之教育改革**。台北：師大書苑。

毛禮銳、沈灌群主編（1985）。**中國教育史**。山東：山東教育。

米定斯基著，葉文雄譯（1950）。**世界教育史**。北京：三聯書店。

田培林（民 46）。**教育史**。台北：正中書局。

朱有瓛（1993）。**中國近代教育史資料彙編**。上海：上海教育。

任時先（民 63）。**中國教育思想史**。台北：商務印書館。

克伯萊著，楊亮功譯（民 54）。**西洋教育史**。台北：協志工業社。

余書麟（民 49）。**中國教育史**。台北：師大出版組。

林玉体（民 77）。**教育概論**。台北：東華書局。

佩希、能著，王承緒等譯（1992）。**教育原理**。北京：人民教育。

胡美琦（民67）。**中國教育史**。台北：三民書局。

徐宗林、周愚文（民86）。**教育史**。台北：五南。

徐宗林（民64）。**西洋教育思想史**。台北：文景。

孫邦正（民81）。**教育概論**。台北：商務印書館。

曹孚等編（1981）。**外國古代教育史**。北京：人民教育。

格萊夫斯著，吳康譯（民54）。**近代教育史**。台北：商務印書館。

黃光雄（民80）。**教育概論**。台北：師大書苑。

傅樂成（民67）。**中國通史**。台北：大中國圖書。

陳青之（民52）。**中國教育史**。台北：商務印書館。

楊希震（民65）。**教育的起源與發展**。台北：幼獅文化。

楊國賜（民82）。**社會教育理念**。台北：師大書苑。

葉學志主編（民83）。**教育概論**。台北；正中書局。

葉學志（民63）。**教育概論**。台北：中華電視台教學部。

雷國鼎（民64）。**教育學**。台北：華崗出版部。

雷國鼎（民63）。**教育概論**。台北：教育文物。

劉真（民62）。**師道**。台北：中華書局。

錢穆（民67）。**國史大綱**。台北：商務印書館。

韓養民（民76）。**秦漢文化史**。台北：駱駝。

二、英文部分

Alston, P. L.（1984）, *World Education and World History:*

An Introduction and Interpretation

Boyl, W.（1968），*The History of Education*, London: Adam and Charles Black.

Cubberley, E. P.（1948），*The History of Education*, Cambridge, Mass.: Houghton Mifflin Co.

Eby, A.（1946），*The History and Philosophy of Education, Ancient and Medieval*, N.Y.: Prentice-Hall, Inc.

Müller, D. K., Ringer, F., and Simon, B.,（ed.）（1989），*The Rise of the Modern Educational System*, N.Y.:Cambrige, University Press.

Ornstin, A.C., and Levine, D. U.,（1985），*An Introduction to the Foundations of Education*（3rd ed.），Boston: Houghton Mifflin Co.

第三章

教育學的理論基礎

陳迺臣

教育和各種知識的關聯

壹、教育的性質

教育是什麼呢？

這個問題的答案，在本書的第一章已經有了詳細的說明。在此處只是綜納性地指出，教育從其性質而言，可以是一種活動，是一種歷程，同時也可以是一種理論。

教育是人類為了生存及發展的需要，所設想出來的社會體制。教育雖然是人為的文明產物，但它基本上存在著一種合乎人類需求的自然性。因為最廣義的教育，幾乎等於人類個體的學習成長過程，也等於社會的發展進化過程，而這兩者是因應人類存續發展的「自然」需求產生的。所以教育兼含著人為和自然。教育固然有其抽象的概念，但也有其結構、組織、人員、設備、內容及運作的規則和方式。教育更有其精神、風格、理想和目標。

貳、教育與各知識體系的互動關聯

由於教育以生活乃至於整個人生為內涵，所以論其研究範圍之廣，可以涵蓋人類生活的全部，以及個體生命發展的全

程。再由個體生命的發展，進一步延伸到社會群體生命發展的歷程。

這麼廣的範圍，使我們意會到，教育的研究，幾乎和人類各個領域的知識，都有著密切的關係。而且，教育和人類的其他知識系統，也形成互動互利的關係。

這些和教育理論、教育實際，有著直接、間接關係的各種知識系統，不但幫助了教育原理的建立，也協助了教育實際活動的進行。這些知識體以及教育的原理，都使得教育實施有著知識上和觀念上的依據。它們也提供了檢證教育實施之得失的規準，指引教育實施的方向，並充實教育實施的內容。當然，不同的知識體系，各有其不同的功能，因此而對教育做出不同的貢獻，或在教育的歷程中扮演了不同的角色。

在另一方面，也因為有了教育，這些人類文化中的知識體才得以傳承、擴展，並在教育的實施當中得到了印證、檢討和修正。所以，人類各個領域的知識傳承和發明，也即是教育的歷程。教育的抽象意涵落實在各種知識和工技的實現上。各種知識藉著教育得以發展，日新又新。教育與各種知識體應該有著這種良性的互動關係。

這種與教育或教育學（即是有系統的教育研究）有密切關聯的知識體，為數甚多，其範圍可以涵蓋人文學、自然科學和社會科學。一旦抽離了這些知識體，教育也將只是空洞的概念而已。本章為考量篇幅及教學時間，將只討論一些與教育學有最直接和基本關聯的學科領域：哲學、社會學和心理學。

教育和哲學的關係

壹、哲學是什麼

一、哲學是智慧

哲學常被尊稱為人類智慧皇冠上的明珠,因為它最能夠代表人類心靈深處對真理的熱切需求。

所謂真理,不但意指理性的知識 —— 泛稱一般合乎邏輯的、合理而正確的認知 —— 而且意味深長地涵蓋那種超乎經驗界的、究極的探索。

哲學是在深入了解世界以及人生現象之後所產生的通透的思維方式、態度、觀念和判斷。這種能力可通稱為真知的能力。把這種真知應用於生活和生命的提升,而獲得效益,即是智慧。所以古代的希臘哲學家蘇格拉底即說,哲學乃是愛智之學。愛是內心的渴慕,會轉化為熱切積極的追求;智是智慧,也代表真知的獲得及其善用。人並非生而必為智者,但如熱切追求真知,鍥而不捨,則有朝一日可能成為智者。

獲得智慧確實是許多人夢寐以求的心願。能夠獲得智慧也的確是值得慶幸的事。智慧不但代表人類各種能力的成就,而

且也是幸福生活的必需條件。智慧包含對自己和環境的探索與了解，對於生活目標及生命意義的體會，依據廣博而正確的知識，在人生的各個情境中，做出中肯的判斷、選擇和決定。

二、哲學是一種比較完整的世界觀和人生觀

哲學的訓練可以幫助人獲得正確的世界觀和人生觀。由是，哲學的思考和反省內容也包含著個人世界觀及人生觀的形成。

什麼是世界觀？它是我們人對世界的看法。我們對世界了解得愈透徹、愈周全，對世界的了解和認識愈正確，則我們的思想和判斷因資訊不正確或不周全而導致的錯誤便會愈少。哲學的思考由於著重於深入性、周延性、整體性，所以除了看到部分，也能看到全面，不但注意到表象，也能掌握實質，所以，基於哲學之深刻性和全面性所產生的對於世界的了解，自然是會有別於粗淺、浮面的見解。

什麼是人生觀？是我們對人生的看法。同樣的情形，我們對人生也必須有正確而完整的了解，才不會做出錯誤的預期和判斷，才能有著真正的幸福。許多人生的苦和不幸，是由於不了解人生或了解得不夠徹底、不夠準確所導致的。哲學的訓練，不但能使我們深入、周全而準確地了解人生，而且能使我們理性地思考人生的問題，並對之提出有效而合理的解決方法，也能引導我們深刻去體會人生的各種況味，了解到人生最深層的意義是什麼。像這些問題，如果只透過一般科學知識的探討，充其量只能獲得部分的、表象的、零碎的認知，而且對

於意義的掌握領會也是無能為力的。

三、哲學是各種思考能力的訓練

哲學基本上也可以說是一種思想的訓練，特別是有關於分析的能力、綜合的能力、歸納的能力、推演（演繹）的能力，以及澄清含義並重新加以定義的能力。這些能力由於包含在哲學的思考方法和過程裡，所以哲學的思考本身，會增進這些能力；而哲學思考的進行，也需要借助這些能力。

四、哲學能培養解決問題的能力和創造力

解決問題是人類進化的原動力，是遇到困難時的明智反應。為了解決問題，人類首先會在舊有的經驗中尋求答案，若是行有不得，則會進一步去分析問題所在，分析自己的處境，然後重新組合舊的經驗，或吸取新的經驗，並透過適當的證驗程序，以獲得新的足以解決問題的方法。這樣一種解決問題的過程，往往也是一種創造的過程。所以經常從事哲學思考的人，不但能有效地解決問題，而且也創造了更理想更美好的新環境。

五、哲學能充實生命的意義

科學在發現自然或人文的事實，提供客觀的陳述，使人得以了解真相。但這些事實真相的價值，也就是說它們對人生有

什麼意義或作用，會造成幸福或災禍，這些事實如何加以善用，以及它們與人類的互動關係等等的問題，則是由哲學家研究，並提出建議。哲學思考有助於人尋求生命的意義和價值，因而可以進一步充實生命意義，增益生命價值。

六、哲學在豐富心靈、自我超越

哲學家是心靈富有的人，他能透過心智上不斷地自我超越，以創造豐富的心靈世界，學習如何愛、寬恕、自我克制，如何尊重自己和他人，如何克服自己的弱點，如何開闊胸襟，如何從內心的改變開始來改變整個人生。像這些論題，過去可能只由倫理學來處理或探討，而現在則可結合宗教、心理學、教育等領域，成為一門新的整合性學門。

貳、哲學的研究範圍和理論

哲學的研究範圍，依照西方哲學史的發展來看，可歸納為幾個方面。

一、形而上學（metaphysics）

這是一種研究存在的本質、結構和一切現象之變化的基本原理或法則的學問。

最早有此一名詞，可追溯到亞里斯多德的第一哲學（first philosophy），這方面的著作在後來進行編輯時，恰好被置於

物理學（physics）著作的後面，所以被稱為「在物理學之後」（meta-physics），此即形而上學這一名詞的由來。這是從西方來說。但是中國之有形而上一詞，源於孔子所著的**易繫辭傳**，文中有「形而上者謂之道，形而下者謂之器」的句子。道是萬有的本體，等於西方的存有論；而器則指的是這個物質的世界或物理的世界。道也可說是這個物理世界的基本法則。

哲學的形上學家尋求一切存在的本質是什麼，而形成了「存有論」（ontology）。他們尋求的是這些問題的答案：一切存在的最根本性質是什麼？是水？火？地？風？空？或以上皆是？存在的根本性質是精神還是物質？或者是精神與物質都有的二元論？這些根本的性質是恆常不變呢？或者是經常在變化當中？是實有性呢？或者是空性？

觀念論（Idealism）者認為一切存在的根本是精神或觀念，物質常變而不恆久，依存於精神，不真實、亦不可靠。如古希臘的柏拉圖是西洋哲學史上第一個觀念論者，後繼者則有聖奧古斯丁（St. Augustine of Hippo, 354-430）、笛卡兒（René Descartes, 1596-1650）、柏克萊（George Berkeley, 1685-1753）、黑格爾等人。實在論（或譯唯實論，Realism）則以一切存在的根本是物質，即使精神亦是物質所成，如霍布士（Hobbes）、洛克等哲學家屬之。有主張二元論（dualism）者，認為精神與物質同等重要，缺一不可，如古希臘的亞里斯多德是其代表。來布尼茲（Gottfried Wilhelm Leibniz, 1646-1716）主張單子論（monadology），認為萬物最小的組成單位是單子（monads）。無論是觀念論、實在論或二元論，都是「有論」，即認為萬物的根本為實有，其差別只在於或為

精神、或為物質、或為此二者。如認為一切存在終究是空，一切現象只不過是短暫的假有，這是空的存有思想，佛教的緣起性空持此主張；在西方，英國休謨（David Hume, 1711-1770）的看法差堪近之。

形而上學尚進一步要去了解這宇宙的結構和秩序，以及這世界生成和變化的現象，並在現象當中找出其變化的軌跡和法則，這就形成了宇宙論（cosmology）。例如羅素認為世界是個邏輯的組成。懷德海（Alfred North Whitehead, 1861-1947）則認為這世界是個有機變化中的過程。柏拉圖把這世界區分為觀念世界和感官世界，康德則持類似的二分法。佛教哲學則以此世界為「諸行無常」（一切現象界的存在都在變化當中），「諸法無我」（一切的存有都無恆常不變的實體），一切是因緣和合而有，但此「有」是暫時的有，不是恆常不變的；所以此世界一切的存在，從現象界觀察，是生生滅滅、起起落落；從本體來領悟，卻是不生不滅、不常不斷的普遍與平等。老子的宇宙觀則是「道生之，德畜之，物成之，勢成之」（**道德經**第五十一章），以及「道生一，一生二，二生三，三生萬物，萬物負陰而抱陽，沖氣以為和」（**道德經**第四十二章）。

事實上，除了上述存有論和宇宙論，人類對一切人生及自然現象的好奇及尋求了解，只要是打破砂鍋問到底，超越了科學家所感興趣和所能解答的範圍，則都會進入到形而上學的領域。我們可以說，凡是合理地探討超越科學所能證驗的問題，追求其最根本的答案，便算是屬於形而上學的範圍了。

二、知識論（epistemology）

　　知識論研究知識的基本性質，真理的標準，知識的真假，人類如何能夠認知真理，人的認知能力有無限制，乃至於人類思考的過程和規則等，都是知識論研究的範圍。

　　西方哲學史有經驗主義（Empiricism），認為一切知識根源於我們的感官接觸外在世界所形成的經驗，並無所謂先天理性或觀念的存在。最重要的代表是洛克、柏克萊和休謨。理性主義（Rationalism）則認為人天生具有理性，如能發揮其作用，即能獲得真知。感官經驗所獲得的知識往往是有缺陷的。主要的代表有笛卡兒和來布尼茲。

　　調和二者而形成批判理論的是康德。他主張知識的組織形式來自於先天的理性，但是後天的經驗卻也提供了知識形成的素材，二者缺一，都無法形成知識。

　　至於判定知識真假的標準，有主張符應（correspondence）論者，認為人類的認知與被認知的對象一致，是為知識的真。有主張一致（coherence）論者，認為知識前後一致，在邏輯上無有矛盾為真。有主張實用主義（pragmatism）者，認為知識真假並無恆常不變者，凡是能解決問題或達到某一目標者，即為有效有用的真知，這是一種知識的相對論（relativism）。

三、倫理學（ethics）或道德哲學（moral philosophy）

倫理學是研究人類行為善與惡的問題。探討的問題，舉例而言，像是：何謂道德？道德的本質是什麼？道德的善與惡的標準是什麼？人類有良心嗎？人有自由意志嗎？道德實踐的要素是什麼？

有些哲學家說，道德即是服從那至高無上的理性或良知，不問行為的後果是否有利，只問應不應該去做，所以重視的是行為的動機而不是結果，我們應該把該做的事當成一種道德的責任和義務，而且是在一種自主的、自由意志的、自動自發的情況之下去做，這是「道德的義務說」，持此論最有名的是康德。中國的孟子主張重義而輕利，義者該為之事，利者以行為的後果來權衡事之價值，孟子屬於道德義務論者。此論又稱「動機說」。

但是亦有主張認為，道德者即是能夠產生好的、有利的、令人滿意或感覺快樂的結果之行為也。此即所謂「快樂主義」（hedonism）的道德論。持此論者又分兩類：自我快樂主義和利他主義。自我快樂主義以古希臘的伊比鳩魯（Epicurus, 341-271 B.C.）為代表，他主張真正的道德行為即是其結果能夠令我們內心獲得真正的寧靜自在者。利他主義亦稱功用主義（utilitarianism），以英國的邊沁（Jeremy Bentham, 1748-1832）和穆勒（John Stuart Mill, 1806-1873）為代表，認為道德者，即是能夠尋求最大多數人的最大幸福之行為。中國之類

此主張者為墨子，因其主張義者利也，即是說，什麼行為該為？有利的事該為。但他所謂有利的事不是利己，而是利人，所以有利於天下人的事情，摩頂放踵也要全力以赴。復有哲學家調和此二主張，既強調善良之行為動機的重要性，又注重培養能夠預見行為後果為苦為樂的判斷智慧，二者結合始為圓滿，持此說者為實用主義哲學家杜威。

道德哲學家如亞里斯多德，強調道德理性（reason）與實踐智慧（practical wisdom）二者結合的重要，前者是對道德的普遍原理的理解和服膺，後者是在日常生活或生命歷程中每一臨事之際做出正確判斷和抉擇的智慧。前者可藉內心的存養，後者卻必須於生活中時時實踐、時時練習和修正。有善的選擇和善的行為，人始可能成為真正的善。道德的目的在使人的生活中時時刻刻充滿持續不斷的美德，這就是人生幸福的真諦。

四、美學（Aesthetics, Philosophy of Art）

美學是研究美的本質及其相關的問題；例如，美的判定的標準，美的種類，哪些東西具有美的性質，人類的美感經驗，人如何鑑賞美，人如何創造美，人生與美的關係，藝術創作與美的各種相關問題等等。

西方哲學家有關美的研究，自兩千多年前柏拉圖、亞里斯多德的時候，就已經發展了很好的理論。柏拉圖在**理想國**一書中，指出工匠或畫家之所製、所繪，甚至悲劇詩人之所寫，都只是物的摹本，而物又是理型的摹本，在這三者當中，理型最真，物次之，而藝術作品更是等而下之，因而被摒除於理想國

外，因為怕詩人或藝術家的作品會污染人民及下一代兒童的心靈。但在其所著的**饗宴**（*Symposium*）一書中，不但討論個別的美，而且討論了整體的美、制度的美和知識的美，最後到達了理型的美，標示了美的本質、美的極致。所以，藝術家如果能夠超越現象世界的羈絆，達到真美的世界，則善與美合致，對於鼓舞激發善良純淨的心靈，當有很大的助益。亞里斯多德的**詩學**（*Poetics*）一書，討論了藝術創造，尤其是悲劇作品的種種，並指出悲劇具有震撼性的戲劇效果，同時與實際人生有著密切關聯，因此能夠產生淨化心靈（catharsis）的功用。

文藝復興時期，藝術作品掙脫了中世紀的束縛，產生了新的人文主義的浪潮。十八世紀末到十九世紀初，浪漫主義興起，強調情感的表現與想像力的自由馳騁，不受傳統的藝術形式的拘束。這個時候，一個藝術的話題被提出來討論：藝術有它本身以外的目的嗎？或者藝術乃是為藝術而存在？柏拉圖主張藝術應與道德合一，托爾斯泰（Leo Tolstoy,1828-1910）認為藝術應與宗教結合，而王爾德（Oscar Wilde, 1854-1900）則以為藝術本身即是目的。二十世紀的美學，受到弗洛伊德（Sigmund Freud, 1856-1939）的精神分析學、流行於歐洲的存在哲學（Existentialist Philosophy）的影響，轉而關心人類深層心理及生命境遇，發展出迥異於傳統的藝術創作和鑑賞的風格及面貌。二十世紀後期，解構主義興起，邁入所謂後現代時期，藝術風格又急遽變化，而加德瑪（Hans-George Gadamer, 1900-）的詮釋學（Hermeneutics）則為這個新世代的美學，開創出一片嶄新而燦爛的視界。

參、哲學與教育的關係

哲學與教育的關係非常密切。

一、哲學對教育的幫助

㈠哲學有助於教育理論的建立

首先，教育理論的建立及其實施，需要哲學理論為其基礎、為其指引。

例如道德教育的理論，固然也需要心理學等學科的知識，但是更需要倫理學家（道德哲學家）的思維結晶，以提供有關於道德本質、善惡本質、道德義務、行為實踐、良心或良知等方面的睿見，以便對道德教育的基本概念加以釐清和定義。以道德教育的目標而言，如果其目標是為了培養學生的道德義務心和責任感，那麼便可以在哲學的「道德義務說」獲得理論上的支持。如果目標是培養學生利他利眾的心，那麼就能夠在「利他主義」得到理論上的根據。其他如自我快樂主義可以提供涵養學生內心寧靜自在的理論；實用主義又能促發教育者在設計道德課程時，兼顧到行為的動機和結果。

又以美感教育為例，在實施美育之前，當然要先確定什麼是美？美的定義是什麼？否則便缺乏方針的指引，而這只有在美學當中才能得到答案。不同美學家的不同定義，當然會影響美感教育所設定的目標。若從事美育者不識美為何，則正如道

德教育工作者不識道德為何，則又何能正確有效地推行其工作呢？由美或道德本質的確立，教育者乃能依之釐訂目標、設計課程、規畫並採取適當的途徑和方法。

知識教育的道理也是一樣的。教育的目的之一是要教導學生真理，教導學生正確有用的知識。然而，什麼是真理呢？什麼才是有用的知識、正確的知識呢？這還是有賴於哲學家的思考、釐清和解說。

(二)哲學有助於教育歷程的釐清與規畫

其次，教育的歷程需要哲學的思考、釐清和價值判斷。我們觀察教育的性質，發現它是一個動態的過程，包含教育本質、教育目標、教育內容、教育方法、教育評量等基本要項在內。在這歷程中，學習者和教導者都是主體。

教育的目標或理想，可以說是為了實現人生的理想，然而，什麼才是人生應該追求的理想？什麼才是人生最有價值、最有意義的目標？這就需要靠著哲學的深思睿智。藉著人生之哲學的研究，先確立人生幸福的真諦，然後再依此規畫教育的理想和目標，故而教育可以直接受惠於哲學。

又如教育本質的問題，就是要確立什麼是真正的教育，什麼不是教育。許多人都宣稱他們在從事教育的工作，或者正在接受教育。然則，他們所從事的或所接受的，是真正的教育嗎？有沒有可能是假教育之名的「非教育」，甚至是「反教育」呢？還有，教育有沒有純度上的差異呢？例如，有些「教育」只有百分之五十的教育成分，其餘的百分之五十不是教育？如果我們不能區分真的教育和假的教育，或者是純的教育

和不純的教育，那麼可能有許多人費力費財去辦「教育」，而其所經之營之者卻只是非教育或反教育，如此不但不能達成教育的理想，甚至會造成對個人、對社會的危害。類此教育本質的思考和定義，也需要哲學家的協助。

其他教育的內容（各類課程的設計、結構及教材的選擇、組織等）、方法（教導、學習、輔導等的策略、方式和方法等）、評量等項目，彼此有上下左右的關聯，教育者在工作時，必須時時反省回歸到教育設定之時最本初的價值和意義。例如當教師採取某一種教學策略時，要思想此一策略所要實現的目標，此一目標與更上游的目標之間的關聯，以及此策略可能產生的學生行為改變的過程和成果，省思這些事項有沒有倫理的、美學的、人生價值的或其他價值的成分在裡面？有何意義涵攝於其間？教育歷程中的一小部分，事實上也是整個教育歷程中息息相關的、牽一髮動全身的一部分。教育歷程的價值和意義的判斷，需要哲學的思考來成就。

(三)教育工作者需要哲學的素養

教育的實際工作者和決策者，都需要哲學的素養，養成哲學思考的習慣，並熟悉哲學的方法。例如一個教師在課堂上，為什麼要使用此一教學法而不採用別的教學法？為何採用此方式而非彼方式來處理違規的學生？純粹是習慣使然？或者是人「為」亦「為」？或者在此選擇的背後有著價值的標準或理論的基礎？如果有著理論的背景，那麼又是什麼樣的理論？此理論是否合適？如果有哲學的素養，便能增強教師的教學反省能力，做出最好的修正及調整。一個學校的校長或教育行政主

管，在做教育政策的考量和決定時，都必須達到哲學的層次，才能真正深入問題的核心，做出最明智、最適當的抉擇。這也即是應用哲學的方法來培養教育的智慧。教育工作者無論在哪一個層次，都必須培養這種教育的實踐智慧。

以上所述是教育之所以得益於哲學者。

二、教育對哲學的幫助

在另一方面，哲學的理想也需要透過教育的實施，以獲得印證。所以有哲學家說，教育乃是哲學的實驗室（John Childs, 1971, 124）。藉著工藝科技，科學足以實現人類的生活目標，但是藉著教育，哲學則能把人類的能力用在符合人生理想的實踐上。教育是一個實驗室，可以使哲學的理想變得具體，能夠證驗哲學的理念（John Dewey, 1916, 328-329）。例如，一種道德哲學的理論，是否只是空中樓閣呢？不妨先從學校的環境中思考其可行性。如果經過評估，認為可行，可以從小規模的試驗做起，如獲得顯著的正面效果，再擴大施行，否則停止或修正理論再試。

由某種哲學理念形成的教育理念，當其在教育上付諸實現時，可以從各種評量的管道發現此一理念的價值。由理論轉換為實施，然後產生教育的結果，其存在的變因相當多，在評量時應該仔細考量才好。當某一種哲學理念成為國家的教育政策時，也可以由人力資源的素質或其他有效的指標，來評估此一理念的價值。

由哲學理念到教育實施，是個合理的流程。哲學基本上不

應只停留在理論的階段，而是應該化為實際，以發揮其淑世的功能。此正可以說明為何東西方哲學史上有那麼多的哲學家同時也是教育家。中國有孔子、孟子、荀子、朱熹、王陽明等，西方有蘇格拉底、柏拉圖、亞里斯多德等，都是最好的例子。無論是哲學家或宗教家（如佛陀、耶穌，是宗教家也是哲學家），有了好的思想、好的理想，都會想把它們加以推廣，讓更多的人得到好處、得到法益（所謂法益，就是學習和實踐真理所得到的利益），這時就會把思想、理念等，透過適當的方法，傳布及教導別人，這就產生了教育。我們可以說，哲學理念的教導傳布，必須透過各式各樣的教育方式和過程；沒有教育，好的理念和理想無法傳布，無法擴大其淑世利人的功能，是件非常可惜的事。如果我們能夠把各級各類的教育辦好，那麼便能把好的哲學理念、好的文化思想內容教給下一代，教給更多的人學習，使他們獲得好處利益，使他們的生活更幸福快樂，也使社會更和諧進步。所以，有好的哲學是重要的，而有好的教育也同樣重要。

三、由哲學到教育哲學

從上所述，可以看出哲學與教育二者關係緊密。簡單地說，哲學是教育的指引，而教育則是哲學的實驗室。教育是一個綜合的知識體，其中重要的理論基礎之一就是哲學。所謂理論基礎指的是可以提供其學術成立的基本必要條件。例如在教育學來說，缺乏哲學，教育學即無以成立，而或即使成立，亦不完全。以教育學而論，如果缺乏哲學的理論為基礎，則教育

本質的定義，教育目標的思索和設立，教育概念和教育語言的釐清界定，教育價值的衡酌判斷，教育理想的確立，重要的教育議題（如教育的內容、課程、教材、教導的方法、輔導的方法、知識教育、道德教育、美感教育等等）的思考和評斷，教育實施的終極價值的評鑑等，就不可能進行。

哲學家借助其哲學的方法和理論，研究教育的問題；而教育學者也採取哲學的觀念、觀點和方法來探討或思索教育的問題。這兩方面的結合，逐漸形成一門新的學科：教育哲學。哲學家看教育和教育家藉著哲學來看教育，可能觀點或著重點不同，但對教育問題的關心則是一致的。哲學家之探討教育，往往偏重在哲學理論如何應用在教育，或哲學對教育有何意義和啟示。哲學家會從哲學的主題，例如知識論、形而上學、道德論、美學，或人生哲學的觀點，來談論其對教育的影響或主張教育應該如何。教育學者因為對教育有切身的體會和經驗，故往往直接提出教育的實際問題，而思以哲學的思考方式或援引哲學的理論來解決問題。

教育哲學既可以算是應用的哲學，屬於哲學的大家族裡面；也可以算是教育學體系重要的一環。但是最近的教育哲學已經發展成一門獨立的學科，有其獨特的研究主題和思想的系統。例如，更多英美的教育哲學家針對教育學的基本概念和重要的教育語言，予以澄清和重新定義，這當然是受到了分析哲學的影響，但是談論的主題完全集中在教育的相關問題。又如現象學和存在哲學的方法和觀點也引起很多教育哲學家的興趣，因而他們以之為基礎探討了教育與人生境遇和情境的關聯，教育中的情緒、情感和師生互動的問題。有些教育哲學家

從不同的哲學理論出發，努力去經營教育思想的系統，形成一家之言。有些則整合不同的學科，如心理學、社會學和其他科學的研究看法，做了批判性的教育之哲學的直觀。

第三節

教育和社會學的關係

本節將探討社會學的理論與教育理論及實際的關係。

社會學研究的是人類的社會行為及社會活動中的心理反應，涵蓋了個體的主觀意識和心理、個體的行為、人與人的互動，以及人與社會的互動等。

人類的社群行為的引導和改變，都關係著教育。教育活動本質上是以發展個人的品質和改造社會的體質為要務。為了發展個人品質，必須先了解人，因而有哲學、人類學、心理學、生理學等學科；為了改進社會的體質，必須先了解社會，因而有社會學和文化人類學等學科。社會事實上也是個人的集合，但不完全相等於個人的集合。社會改造的成果顯現於文化的特色與內涵，也顯現於社會中個人的行為。個人在社會中的角色、活動和意識，以及其活動的成果及影響，都是社會學家關心的問題。

壹、社會學是什麼

一、社會科學與社會學

社會學是社會科學領域中的一個學科。

社會科學是什麼？

首先，社會科學是研究人類行為、人際關係和人際互動的一種學問，而且它的研究是在社會文化的層面來進行的。

其次，社會科學的研究是要用所謂的科學方法來進行的。

一般所說的社會科學，包含文化人類學、社會學、社會心理學、政治學和經濟學等。教育學所跨的領域很廣，但是有一大部分可以放在社會科學的範圍。心理學一般會被歸類到自然科學或社會科學，但是晚近的人文心理學則努力地整合科學與哲學。至於歷史，有人認為屬於社會科學，也有人認為應該屬於人文學（humanities）。一個學科是屬於人文學或社會科學，其分辨的標準，主要在於研究方法的不同和研究內容的差異。如果一個學科兼有兩方面的內容，使用兩種基本上不同的方法，則其性質就會跨越到不同的領域。

社會科學家所使用的方法，著重在量的方面，包括試驗的、測量的、統計的、描述的以及歸納的。

人文學的研究，著重在質的方面，包括演繹的、思辨的、直觀的、詮釋的、價值判斷的、深度了解的。

但是，人文學與社會科學的界線，有時候並不是那麼清楚

而明確。社會科學家的研究也往往有意或無意地跨進社會科學之哲學的研究。這種情形進一步說明了人間的學問本是一體，劃分界線只為了研究及理解的便利。

社會科學中的政治學（political science），研究人類的政治行為和政治活動的各種現象和原理，包含權力的來源、分配、運用，以及各團體組織的運作過程等。

經濟學（economics）則研究人類的經濟行為，包含生產、分配、資本及消費等行為及現象。

心理學（psychology）則研究人類個體行為的基礎、特質、原因及結果。關於心理學與教育的關係，將在本章第四節加以說明和討論。

社會科學中的人類學，則又從不同的觀點和研究途徑來研究人。人類學的研究涵蓋全世界不同文化和社會的探討，但是在早期，它比較專注在原始的部族文化及社會的探研。到了最近，人類學的研究也擴大到現代社會中的鄉村，乃至於都市。

人類學與社會學有重疊之處，也有不同之處。社會學的研究類多偏重於西方人對於自己的西方社會的研究，而因此發展出來的方法學及理論系統亦就偏向於西方文化的觀點。人類學的出發點在於對不同於自己文化的好奇心，因此發展出對不同文化的比較研究。人類學常以小範圍的特定人群為觀察的樣本，因為這樣的文化比現代的社會單純，較容易歸納出一些文化的基本形式。但是無可否認的，文化人類學與社會學之間，是有著很大的關聯存在。事實上，最近的社會人類學家也對現代社會的研究產生了興趣，使得它與社會學之間的界線愈來愈模糊。

二、社會學的研究範圍

社會學是社會科學家族中的一個重要成員，其研究範圍包括四個大的方面。

㈠個人與社會的關係和互動

人類有著群居的習慣和性向。除了少數例外，人類大抵都過著社會的生活，而且不斷地與他人和人群有著互動的關係，因此也就產生了社會的行為。社會行為乃是由於個體與個體、個體與團體，以及團體與團體之間的互動而顯現。所謂的團體，當然還是由個體所組成，團體的行為還是由個體來作為。社會學是用科學的方法，來探討了解這些互動的關係，描述其現象，並得出其原理和通則。

現代的人類，從一出生，便受到了醫院的醫生、護士，家庭的父母或其他長輩，或其他養護機構的照顧，因此醫院和家庭可能是現代人類初生時最先接觸到的社會環境。孩子逐漸長大，開始入小學或幼兒園，此時學校又成為與個人關係十分密切的社會。除此以外，現代的人類生活從小便接觸到電視等媒體，稍長又透過電腦的網絡，擴大其社會生活的視野，無形中現代人比起過去有更大的社會互動的範圍。

個人出生時，是出生在已有的社會環境當中。個人還未出生，社會早已經存在那兒了，有其組織、制度、語言、文化、行為的規範和價值系統。個體在社會中，首先要能夠生存，其次要求取進步和發展，為此，他必須學習既有的語言、文化和

行為規範，並且適應其社會生活。他先得認同現有的社會，得到現有的社會的接納，融入社會，然後才能夠進一步地設法去改進社會。個體在現有的這個社會裡，學習其語言、知識、生活模式、行為模式、價值觀和各種各樣的觀念。個體從一出生，就在社會中學習和接受教育。從最廣義來說，社會是教育者，也是教育的機構，社會中的每一個人每一事每一物，都可能是我們的老師。

個體在他知識增長、身體成熟、觀念發展的同時，對於社會所產生的「作用」也會逐漸增強。這時，他不僅是個社會價值和規範的接受者，同時也逐漸成為一個對社會有著影響力的發言者、建設者、意見提供者以及造作者。個體與社會的互動因而擴大且增強。個人不但順應社會，也改造社會。個人不但是社會文化的承受者，也是文化的創造者，是社會價值的賦予者，也是人類文明進展的貢獻者。

當然，個人對社會的影響，可能是正面的，也可能是負面的，有其創造和貢獻，也有其破壞。而這成與毀的關鍵，往往繫於教育。諸如個人的社會化過程，個人與社會的互動，以及個人在社會網絡中所扮演的角色或其所居的地位等，都是社會學研究的主題之一。

㈡社會的結構、組織、制度和運作

人類文明的進步，使得社會生活趨於豐富而複雜，因此而分工愈細，遂又必須建立各種政治的、經濟的、文化的、醫療的、福利的、教育的、軍事的制度來料理各種與人類福祉及社會秩序安定有關的事務，有了各種機關團體的組織，訂定個人

行為及機關運作的法則，使得團體中的每個人都能各司其職，各安其分，各盡所長。復透過教育，使每個人熟悉、符應、參與，並改造組織及制度的運作。社會的結構、性質、組織，和制度及其運作等等，都是社會學研究範圍中重要的一部分。

(三)文化與次文化

當一個社群共享某些行為形式和觀念時，他們實即共享一種文化或次文化。所謂文化，廣義地說，是人類一切活動的成果，無論是有形或者無形；狹義而言，是指人類習得的行為模式和人類活動的產物，例如，語言、制度、禮儀、各種生活習慣、宗教信仰、道德觀念、知識和價值體系、態度、科技及其產品等。人類和一般動物不同的地方是，人類能夠學習已有的文化，並且進一步創造新的文化。人類是藉著教育，學習文化，培養創造新文化的動機和能力，並把有價值的文化一代一代地傳承下去。

一個複雜而多元的文化，不但有其一般性的共同文化，而且也有著不同的次文化（subcultures）。例如同一個國家的人民，語言相同，生活習慣類似，使用共同的貨幣，這表示他們有共同的文化。但是在同一個國家或同一個居住區域裡，由於族群的不同，或教育背景的差異，或年齡層的不一，或職業之差別，也會形成一些各具特色的文化，而成為所謂的次文化。透過適當的教育，不同的族群或不同社經背景的群體，學習彼此尊重和寬容，學習互相了解對方不同的文化內涵，甚至吸取其文化上的長處。文化和次文化也是社會學重要的研究課題。

㈣社會的階層和流動

　　每個社會由於經濟、教育、職業等方面的差異，會自然地形成不同的社會階級（social classes）。在一個開放的社會裡，社會的階級不是固定的，是會變動的，這就是所謂的社會流動（social mobility）。例如一個中低收入的家庭，由於生計的主要提供者健康復元了能夠開始工作，或找到收入較高的工作，或家庭中其他成員完成學業找到工作，或其他顯著的原因，便可能很快地流動為中等階級。

　　所謂的社會階級，本無一定的標準，但是社會學家為了研究的方便，或為了容易了解社會不同現象的真實情形，而設計了以社會的經濟條件為衡量的標準，像是年所得的多寡等。在教育上，社會階級是一個有用的指標，例如，教師若能了解班上學生的社經背景，他就較容易預測學生學業成就的一般水準、學生的未來志向、成就的動機、克服學習困難的決心和耐力，以及在入學以前學生已有的學習經驗等事項（Hanighurst and Neugarten, 1967, 10）。當然，社會背景與這些事項的相關還待更多的研究來確認，而且教師對學生社經背景的了解也不應被誤用或成為偏見的來源。社會階級和社會流動亦是社會學重要的研究主題。

貳、社會學的理論

一、早期的社會學理論

十九世紀的社會學家開始把社會學定位為科學，但是他們也花了很大心力和很多時間，為社會學的研究尋找適當的方向和方法。十九世紀的社會學，就其理論的內涵而言，一方面建立了新的模式，另一方面也為二十世紀社會學的繼續發展奠立了基礎。在這些社會學家當中，法國的聖西門（Claude Henri Saint-Simon, 1760-1825）和孔德（Auguste Comte, 1798-1857）可以說是現代社會學之父，但孔德的貢獻更勝於其師聖西門。英國的斯賓塞提倡社會進化論（social evolutionism），影響延續到二十世紀初。德國馬克斯的主張是一種經濟的社會衝突理論和決定論（determinism）。涂爾幹、韋伯（Max Weber, 1864-1920）和辛莫耳（Georg Simmel, 1858-1918）則凸顯了社會的結構和功能，其中也包含了個體與團體的互動。此時的社會學家在研究方法上，都認為人類的研究和自然世界的研究，應該有所不同，所以雖然要建立科學的人的研究——社會學，但此科學與自然科學有所不同。他們在努力建構社會學理論架構的同時，也建立了「人學」的研究方法論，而與自然科學有了區隔。茲分述這幾位重要的社會學家的思想。

(一)孔德

法國的哲學家和社會學家，於一八三八年最早提出「社會學」一詞。孔德最早研究社會學的兩個層面：社會靜學（social statics）和社會動學（social dynamics）。靜學著重於社會組織、社會秩序及社會安定的探討，而動學則著重於社會變遷及發展的研究。他把兩者合稱為社會物理學，而社會物理學則為社會學之同義異名。他認為所有的社會發展都經歷了三個知識上的階段：以神學來解釋社會的現象，以形而上學來解釋社會的現象，最後是以實證來解釋社會的現象。

(二)斯賓塞

英國的哲學家和社會學家，提倡社會進化論，認為物種的生存不純為自然的隨機選擇，個體對環境的直接適應更為重要。他把社會視為有機體，其中的分子彼此依賴。他的研究主要著重於社會結構的探討，以及這些結構如何運作，以形成一個穩定的社會。

(三)涂爾幹

法國社會學家。涂爾幹認為社會是因社會結構而凝聚在一起。早期的社會結構簡單，人們因為相似而聚集，是一種「機械的結合」。社會分工日益複雜以後，人們的工作專業化，彼此的互補和依賴度日增，因此形成了「有機的結合」。涂爾幹認為社會學應該研究社會的事實（social facts），以及存在於個人之外的、能限制個人行為的社會力（social power）。個人

在社會的生活中，應認同這種社會力，並且轉化成為自我的約束力。他最有名的著作是**論自殺**（*Le Suicide*, 1897，英譯書名為 *Suicide*, 1952）。書中指出，自殺雖然是非常個人化的行為，但其行為的發生卻決定於社會的事實，是社會壓力和潮流的反映。涂爾幹被視為開創現代結構主義（Structuralism）之先河。晚年研究宗教，視宗教為最具特色的社會生活的象徵。

㈣韋伯

德國社會學家，在社會學的知識論和方法論的貢獻及影響甚大。涂爾幹側重於社會結構的研究，而韋伯則注重社會的行為，對於諸如價值、信仰、意向、態度等影響行為的要素之研究，頗感興趣，並受到狄爾泰（Wilhelm Dilthey）的影響，發展出一種「了解」（verstehen）的研究方法來探索這些問題。

韋伯寫了許多有關社會學主題的比較研究的作品，例如法律和都市化等等。他也從事資本主義興起的因素的探討，而出版了**基督新教的倫理與資本主義的精神**（*The Protestant Ethic and the Spirit of Capitalism*），但他主要的、綜合性的著作，則是**經濟與社會**（*Economy and Society, 1914*）。此書是他的社會學基本概念的方法學導論。韋伯為社會科學提供了哲學的基礎，也為社會學提供了一般性的概念架構。他的研究延伸至世界的各大宗教、古代的社會、經濟歷史、法律，以及音樂的社會學等（Robert Audi, 1995, 848）。

㈤辛莫耳

辛莫耳著作很多，但是很難系統化，而他本人亦拒做此

圖。他的寫作風格支離破碎，迥異於一般學院的社會學者。他的興趣廣泛，短篇內容豐富而仔細，但完全缺乏系統，而且往往不能竟篇。

辛莫耳認為有三種社會學：

一般社會學：是方法的編序，是歷史生活的全體。

形式社會學：研究社會形式本身。

哲學社會學：是社會科學的知識論。

他最有名的短篇包括「陌生人」、「都會和精神生活」。

辛莫耳被認為是現代社會學的符號互動論的創始者之一。他的一些觀念也可以見之於墨頓（Robert Merton, 1910-）的功能主義中。辛莫耳發現社會的形式主導著生活的過程，是一種疏離的形式。他自己的寫作風格即是意圖抗阻這種力量。他不斷嘗試新的形式，以便使之更接近我們生活之流中的經驗，由是他被視為後現代主義的先驅。

㈥馬克斯

社會主義的提倡者和共產主義的創立者。

馬克斯早期的重要作品是「一八四四年經濟的和哲學的手稿」（Economic and Philosophical Manuscripts of 1844），在文中，他提出「疏離」（alienation）這個概念，說疏離即是工人與自己的本性分離對立，也與他的生產及工作伙伴分離對立。馬克斯認為資本主義腐蝕了創造力，使人的潛能無法發揮，要消除疏離，只有消除私有財產制度。但消除私有財產，並非把所有人的生活水準往下拉平，而是要超越私有財產；要達到這個目標，則必須要發展人文主義。他將人類社會劃分為四種：

原始共產主義（primitive communism）、古代或奴隸社會
（ancient or slave society）、封建社會（feudalism），以及資
本主義（capitalism）。他認為，一個社會在經過相當時間以
後，其內部的衝突會逐漸升高，這是因為財產擁有者的意識形
態壓迫了生產力的發展。衝突的結果是階段鬥爭，重新分配生
產的盈餘。但是共產主義的社會則例外。一八四八年他發表了
共產主義宣言。**資本論**（*Capital*）是他最重要的一部作品，第
一卷在一八六一年出版，而第二、三卷則一直到他身後一八八
五年和一八九三年才分別付梓問世。他所提倡的社會主義
（socialism），主張生產的工具由人民集體擁有，經濟的發展
和投資要透過計畫，產品和服務要透過平均分配的方式，而生
產的目的，是為了滿足生活所需，而不是個人的利益。

二、當代的社會學理論

　　二十世紀以降，社會學理論的發展更趨於多元化。在研究
內容方面，興趣更為廣泛。研究方法一方面趨於狹義的嚴謹科
學的定義，減少了哲學的思辨和推論，除了大量蒐集樣本，增
加資料的數量和代表性以外，並採取統計學的方法，增添量化
的性質。而在另一方面，人類學的研究方法，如參與的觀察、
深入訪談、傳記的研究也被廣為採用。
　　在理論的發展方面，延續十九世紀功能主義和結構主義的
有索羅金（Alexandrovich Pitirim Sorokin, 1889-1968）、派深
思（Talcott Parsons, 1902-1979）、墨頓等人。索羅金採取比較
整合性的觀點，把文明和文化的價值與條件的均衡，分成幾個

起起落落的周期，而有所謂的「觀念期」（ideational）、「理想期」（idealistic）和「知覺期」（sensate），而與吉朋（Edward Gibbon）、史賓格勒（Oswald Spengler, 1880-1936）、湯因比（Arnold Toynbee）等人一樣，建立其歷史哲學的體系。顧里（Charles Horton Cooley, 1864-1929）是一位觀念論的社會學家。新興的理論系統則有符號互動論和現象社會學等。實用主義也影響了美國本土的社會學說。芝加哥學派有相當長的時間主導著美國的社會學理論。現在分別略加說明。

(一)顧里

顧里是美國早期的人文主義社會學家，崇尚內省和想像，而不使用實證的研究方法。顧里力主化解個人與社會或身與心的對立，認為個人與社會是一個有機的整體。他指出，社會科學的根本問題正是在於個人與社會秩序之間的關聯性，社會和個人的意涵，只能就其相互間的關聯來定義。人類的生活，基本上即是一個與社會互通及互動的形式，社會固然塑造了人，而人也在塑造社會。他企圖融合歷史、哲學和社會心理學於一體，主要的著作有**人性與社會秩序**（*Human Nature and the Social Order*, 1902）、**社會組織**（*Social Organization*, 1909）、**社會歷程**（*Social Process*, 1918）等。

(二)米德

米德（George Herbert Mead, 1863-1931）是美國社會學芝加哥學派（Chicago School）的主要代表，是一位實用主義者（pragmatist），也是符號互動論（symbolic interactionalism）

的建立者之一。他的思想也常被歸類於社會行為主義（social behaviorism）。

米德身後出版的**心靈、自我與社會**（*Mind, Self and Society*, 1934）一書，是他的社會心理學思想的代表作。在此書中，他強調了在人群生活中的語言、符號和溝通的重要性。

米德不僅奠定了現代社會心理學的基礎，也為社會學提供了一個寬廣的統一理論；此外，他還預見了社會生物學的興起和發展。貫穿他這一切的是「科學的方法」。他說，科學方法即是社會進步的方法。他所推動的一個理念是，客觀的相對論（objective relativism）立場。他的主要作品都是身後出版，而且是由演講稿和學生筆記編輯整理而成。

(三)派深思

在二十世紀前半葉，派深思是英語世界最主要的社會家。

派深思屬於結構功能論（structural-functionalism），整合了不同的傳統社會理論，把韋伯的個人主義和涂爾幹的社會整體主義做了一個調和。他認為社會學家應該發展出一套抽象的、一般性的理論，來解說社會的體系。他以為社會的體系有三：(1)人格的體系（personality system），即是行為者自己；(2)文化的體系（cultural system），是比較寬廣的價值，提供角色地位的規範；(3)自然的或物理的環境（physical environment）。

派深思認為，任何社會體系若欲生存，都必須有四個功能上的條件：(1)對自然環境的適應；(2)有適當的方法組織資源，以達成目標，獲得滿足；(3)統整，即是能協調內部、處理歧

異；⑷維持某一形態的相對穩定。他又發展了一種歷史的進化觀：由簡單進化到複雜，像阿米巴一樣，社會發展的過程是分裂而後再整合。他發展出的行為系統，涵蓋了文化、社會、個人的人格和生物四個層面，和上述四個功能條件配合，形成系統和次系統的社會多層結構。

派深思的重要著作有**社會系統**（*The Social System*, 1951），**邁向行為的一般理論**（*Towards a General Theory of Action*,1951，與 Edward Shils 合著），**社會：進化的和比較的觀點**（*Societies: Evolutionary and Comparative Perspectives*, 1966）以及**現代社會的體系**（*The System of Modern Societies*, 1971）。

㈣符號互動論

是美國主要的社會心理學理論，主要是分析每日生活的意義。這一派的理論深受到實用主義、芝加哥學派的社會學理論，以及米德的思想影響。符號互動論這個名詞則是一九三七年由布魯末（Herbert Blumer）所首創。

符號互動論有四個重要的論點：

1. 人類是唯一能夠操作符號的獨特動物。人類是透過符號的應用進行互動、溝通和交流，並賦予本身及生活的世界以意義。透過符號，人類能夠生產文化，並且傳承複雜的文化。此論的研究者使用了參與觀察法，以了解這些符號和意義。

2. 社會是一個動態的網絡，情況不停地在變，人的生活和際遇也不斷地變化。所以社會學家不應把注意力集中在不變

的結構上，而應注意那流動不息的調適和結果上。

3. 人類的社會是互動的。所以沒有所謂孤獨的人，因為每個人都和別的人有關聯。

4. 在符號、意義和行為過程的底層，存在著社會生活的潛在形式。這個概念是辛莫耳提出的。透過對於不同人群的研究，我們也可以偵知他們共具的特質和行為的過程。

符號互動論在二十世紀初的幾十年當中在芝加哥大學發展。其勢力也隨著芝加哥學派的消長而消長。它對教育方面特別有影響的是在教室互動的研究方面。一九七〇年代，此論受到了批評，認為它忽略了社會結構、權力和歷史。到了一九九〇年代，此論做了一些新的社會現象的分析，在理論上也益形複雜，而與後現代主義、女性主義、符號學以及文化理論產生了關聯。

(五)現象社會學（phenomenological sociology）

現象學（phenomenology）是奧地利哲學家胡塞爾（Edmund Husserl, 1859-1938）所建立。胡塞爾假設我們的經驗世界，從簡單的事物知覺到複雜的各種公式，都是意識的產物。要真正了解意識形成經驗的過程，就必須要畫入括弧（bracketing），暫停判斷，或是做一種現象學的還原（phenomenological reduction），把我們過去的經驗、知識、成見等等都一一存而不論（至少是要暫時如此），用一種直觀的方法來了解意識，把意識當成一個探研的對象，從其真正呈現的現象來了解它。這種了解乃是一種本質的直觀。

現象學的理論解說，在胡塞爾不同年代的著作中，有著不

一的呈現，表示他不斷地在做修正。但是二十世紀的存在主義哲學應用了現象學方法，得到了很大的發展。胡塞爾的一個學生舒茲（Alfred Schutz, 1899-1959）旅居美國，在一九三二年出版**社會世界的現象學**（*Phenomenology of Social World*），開創了現象社會學的基礎。他在書中指出，意識的功用是把經驗之流中的一些典型而持久的因子集合起來，予以形式化，建立人與事的典型模式。社會學家的工作即是基於人與事的模式，進一步建立一個理性世界的模式，以供行為者解釋其行為的根據。

現象學對社會學的重大影響之一，是在社會學的方法論方面。美國六十年代的嘉汾可（Harold Garfinkel）建立了「俗民方法論」（ethonomethodology）的基礎，對現有的社會學理論做了一番批判。他對日常生活的細節做分析，了解實際的行為和相關的環境，以對生活的意義做反省。另外彼得・伯格（Peter Berger）和路克曼（Thomas Luckmann）在**實體的社會建構**（*The Social Construction of Reality*）一書中，也提出了以現象學為基礎的一般性的社會學理論。

參、社會學與教育的關係

一、社會學與教育學

教育學的知識系統當中，包含著許多屬於社會科學領域的知識。社會學與教育學在許多方面具有共同的性質。

在研究方法上，兩者都使用社會科學的方法：早期是以演繹法和內省法為主。二十世紀初期，發展出「人學」的「了解」法。二十世紀中期，發展了歸納法，也應用並發展了人類學的「參與觀察」和其他的田野調查方法。近幾十年來，採取了量化的工具，使用統計的分析和各種電腦軟體。在研究方法上，兩種學術互相影響。

在研究內容上，教育學和社會學都關心群體，以及個人與群體之間的關係。但是，教育學在了解個人及群體的性質以後，進一步設定教育的目標，研究教導的內容、方法和效果。有關於群體的性質和個人與群體的互動關係，教育學的確需要借助於社會學的研究成果，以協助教育者增進這方面的了解，好適當設計教育歷程。例如，設計合適的課程和教學策略，注意學生的群性發展，引導學生順利度過社會化的學習過程，並且特別注意學生的同儕關係，以及在校園和教室中同儕之間的互動情形。教育工作者還要從社會學的研究，了解社會經濟地位的形成和流動原理，以便進一步試著去觀察父母社經背景對子女學習動機和成就的影響，俾在實際的教學和輔導上採取有效的補救措施。在社經背景影響學生學習這件事上，使我們體會到許多教育環境中的問題，事實上是社會問題，根源於社會，這是教育行政的決策者應該慮及的，也值得政治家和社會改革者注意。

二、社會學與教育社會學

由於社會學對教育理論和實施的重要性，有愈來愈多的社

會學家或教育學家專注於結合社會學與教育學的研究，而產生了教育社會學。

　　有系統的教育社會學的研究，可以追溯到涂爾幹和韋伯兩位社會學家。涂爾幹從十九世紀末、二十世紀初在法國巴黎的 Sorbonne 大學任教，即把社會學的方法應用於教育學。他探討社會不同部門的需求與教育的關係，研究學校的紀律，好使受過教育的青年能夠在社會中有好的適應。他所寫作的**道德教育**（*Moral Education*）、**教育思想的演進**（*The Evolution of Educational Thought*），以及**教育與社會**（*Education and Society*）等書，可以看出他在教育社會學方面的興趣。涂爾幹是從社會學功能論的觀點研究教育問題（Jeanne Ballantine, 1997, 6-7）。韋伯不像涂爾幹那樣子直接談論教育問題，但是他在科層體制等許多方面的研究，卻幫助我們了解很多教育上的問題。他曾說，學校主要的活動，是教導特殊的社會文化，而權力的關係以及社會中的個人及團體利益的衝突，都會影響到教育的制度。韋伯是採取巨觀的角度來看學校的教育（Jeanne Ballantine, 1997, 9）。

　　二十世紀中期，教育社會學的研究主題擴大，增加了工商業社會發展與教育的關係、教育機會均等、經濟因素對教育的影響等。那時的教育社會學是以社會學家關心的問題為主，逐漸發展到這些問題和教育的關聯。在這期間，許多教育社會學者關心的是，教育是否真正能夠改善個人的社會地位和經濟條件，以產生社會階層的流動？社會學家進一步分析了影響社會與經濟地位變動的各種因素，以協助教育者釐訂正確有效的教育政策。這些研究反映了社會學的結構主義和功能論的興趣。

一九六○年代，一方面由於有些學者懷疑學校教育對提升弱勢族群社會流動的有利性和有效性，另一方面也受到新馬克斯主義抨擊學校淪為後資本主義社會製造勞力的工具，一時「反學校教育」（deschooling）之論鵲起。

　　互動理論對教育的影響，是使教育的研究注意到團體裡人與人之間的互動，例如同儕、教師、學生、校長等等之間的互動，對學生的態度和成就的影響，對學生價值觀的形成，以及對學生自我概念和成就動機的影響等。像標籤作用（labeling）對學生所產生的比馬龍效應（Pygmalion effect）即是一個研究的實例。

　　一九七○年代以後興起了符號互動的理論，而人類學的俗民誌法和現象學法也開始受到重視而被應用。這時的教育社會學，是針對教育的日常情境而做微觀的研究，他們把注意力集中在學校教室中的師生互動、學校經營的科層體制、教師的教學專業能力、教學過程的專業化，以及家庭的社經背景與學生學習成效的關聯性等實際教育問題的研究。

　　後現代的多元、紛歧和混沌的觀點，使得學校在接受那傳統的、有規律有組織的制式風格之餘，也無法向那解構的新情勢完全說不。這個時候，結構與解構、明確與曖昧、單一與多樣，同時並存於校園的文化當中。課程既統整又分化，科際整合成為潮流，批判思考受到青睞。學生的學習目標一致，途徑卻可以多樣的變化。即使學生的成績評量方式也變得多姿多采：紙筆測驗、個人作品檔案夾（portfolios）、作業，以及工作計畫（project）等，都能被接納（Jeanne Ballantine, 1997, 12）。社會文化對教育的影響，由此可見一斑。

三、社會學與實際教育工作者

㈠社會學能夠協助教育工作者，了解社會學研究範圍內所涵蓋
的，各種社會因素對教育實際工作的推行可能產生的影響，
例如，家庭社經因素對小學生在教室內的行為、學習動機，
以及學習成就的影響。這些了解可以幫助教師適當調整其教
學的策略。

㈡社會學的研究使教育工作者在教導學生學習、實施教室經營
和管理、從事輔導學生的工作時，能夠考慮到相關的社會因
素，妥善操作運用，以導引到正面的影響及結果。

㈢社會學能使教育工作者體認到，完整的教育歷程，必須包含
社會層面的因素考慮在內，除了關心上述第二項的因素及其
運用以外，並且能夠注意學生的社會行為發展和社群互動，
將此兩個重點列入課程的範圍，成為完整課程必不可少的部
分。

㈣社會學能使教育工作者注意到大社會及小社會中各種各樣示
範性的典範，對學生可能產生的模仿作用和影響，使教師能
用心去發揚好的典範，抑制不好的示例。

㈤社會學使教育行政及學校行政工作者，在做教育或學校行政
的政策決定時，能夠考量社會的因素，考量社會學及教育社
會學的研究報告。

教育和心理學的關係

壹、前言

　　本節探討的是教育之心理學的基礎，而以教育和心理學的關係為說明的主軸。

　　所謂心理，指的當然是人類的心理。一般的心理學，以研究個人的心理活動的性質及心理的反應為主，而社會心理學則以研究個人在團體互動中的心理性質及心理反應為主。社會心理學原來衍生自心理學和社會學，同時跨越兩個學術領域，而現在逐漸發展成為一門獨立的科學。

　　教育心理學也衍生自心理學，但結合了教育領域的研究主題，探討了教育情境中人類的心理反應，今天也獨立成為一門新的科學。教育心理學和社會心理學的形成和發展，正好說明了教育、心理和社會三者的緊密關係。

貳、心理學的定義和研究方法

一、定義

　　心理學是以科學的方法研究人的行為及心理過程，其目的在了解人的行為及心理過程，並進一步預測和導引之，以協助個人成長。

　　所謂科學的方法，指的是有次序、有系統地研究探討問題，其過程包含：確定問題，設計研究的過程，蒐集資料，處理並解釋資料，得到結論，並把所得到的發現與人溝通。科學方法應盡量避免偏見或預設立場，也應避免受到個人信念和情感因素的影響，應該依據證驗的資料獲得結論。

　　描述是第一步的結論。如果描述準確而完整，則可以了解行為及心理的歷程。解釋是說明行為或心理歷程發生的條件及情況，也即是某一行為或某一心理歷程為什麼會發生。預測是指出在什麼條件和某種情況之下，某種行為或心理反應可能發生。導引即是應用原理或改變條件，使不欲發生者不發生，欲發生者促使其發生。

二、研究方法

　　心理學的研究有一些常用的方法。在此分述如下：

㈠觀察 (Natural observation)

在自然的情況下觀察並記錄人的行為。觀察者可能察覺到被觀察，也可能渾然不覺。如果能夠在每天的生活情境中觀察，則過程更為自然，而結論也更為真實。這種方法的限制是研究者無法操控情境。觀察者可能會干擾被觀察者的自然活動而變得不自然。觀察者如有偏見或預設立場，也可能影響觀察的結果。

㈡個案研究 (Case study)

用觀察、晤談或心理測驗，針對一個人或少數人進行比較深入的研究，以用來解決問題或做為進一步研究的基礎。此一方法較費時間，而且也無法做廣泛類推。

㈢調查 (Survey)

用晤談和問卷的方式，蒐集一組（一群）人的態度、信念、經驗或行為的資料，以便提供較大數量樣本的資訊。這樣做也可用來追蹤、了解某段時間裡某些人的態度或意向的變化。這種方法現在被廣泛應用於民意調查。但是其可能的缺點是接受訪問者的回答不見得真實，樣本的選取不見得具有普遍的代表性，另外訪談者的個人導向也可能影響受訪者的反應。

㈣實驗法 (Experimental method)

這是以隨機或其他適當的方式分組，操控自變項（independent variables），以測量其對依變項（dependent variables）

的影響。這種方法可用來確認事件發生的因果關聯。但是實驗法不是在自然環境之下進行，其研究的結果與真實世界的情況可能有差距，不一定能夠類推到真實的世界。而且，有時實驗法可能是不道德的，所以必須考慮到實驗倫理的問題。

(五)相關法（Correlational method）

此法可用來確定兩個事件、兩種性質或兩個行為之間的關聯，可用來測量變因與變因之間的關係有多大，但是不能找出其因果的關係。

(六)心理測驗（Psychological tests）

可用來測量個人的智力、特殊能力、學業成就、性向、態度、人格特質，也可測量心理問題，例如情緒的困擾等。這項資料可以用來做教學及輔導的參考，也可以用來做職業性向或人事晉用的參考。測驗的信度和效度若有不足，則會影響其準確度。

(七)復設分析（Meta-analysis）

以統計的方法，結合許多研究結論，以確定某一假設是否有足夠的憑據。此法可用來通盤評估許多研究的綜合成果。但由此所得到的結論，可能沒有原先個別的研究那麼可信（Samuel E. Wood and Ellen Green Wood, 1999, 7-18）。

參、心理學理論的發展

一、古代的「心理學」

　　追溯人類心理學的研究，歷史很早，以西方世界而言，大概早在古代希臘，當哲學思考的方向從自然哲學轉變到人文哲學，從對自然世界感到驚奇，進一步轉而開始思考人本身的生存定位、價值和意義的時候，便有了「人學」的研究。此時的人學，既不純粹是哲學，也不純粹是心理學或社會學，而乃是三者的合成。這個時候不能說完全沒有心理學，但若說有心理學，那也只是一種哲學式的心理學。這種心理學在亞里斯多德的著作中也有，但不叫心理學，而是叫「靈魂論」。

二、科學心理學的開始與結構主義

　　現代西方的心理學標榜的是「科學的」心理學，而且是跨越了自然科學與社會科學兩個領域的一個科學。這種現代的科學心理學的誕生，一般心理學史都追溯到一八七九年，德國的心理學家馮特（Wilhelm Wundt, 1832-1920）在來比錫大學（University of Leipzig）成功地設立了第一所心理學實驗室。馮特相信心理學應該要研究人的意識。因此他便開始用科學的方法來分析人的感覺、感受和印象，想找出這些意識作用最基本的元素。依照馮特的看法，意識的最基本元素是純粹的感

覺,由純粹的感覺,進一步形成知覺。他使用的研究方法是一種「內省」(introspection)的方法,即是由研究者記錄被研究者自己所描述的內心的各種感受。除了內省法,馮特亦用實驗法來測量視覺和聽覺等反應時間的長短,注意力所能及的範圍大小等。馮特的學生悌辛納(Edward Bradford Titchener, 1867-1927)是英國人,他到美國康乃爾大學設立心理實驗室,並創了「結構主義」(Structuralism)這個名詞,以涵括他和他的老師所建立的心理學派。內省的研究方法受到批評,因為內省者本人的內在感受無法被觀察,內省者的敘述無法被「證驗」。在二十世紀初,結構主義心理學在美國逐漸式微。

三、功能主義

此時,在美國心理學界取而代之的是「功能主義」(Functionalism)。這個學派所關心的不是心靈或意識的結構如何,而是了解精神或心理如何運作以適應環境。這一學派的代表人物是詹姆士(William James, 1842-1910)。他的代表作是一八九〇年出版的**心理學原理**(*Principles of Psychology*)一書。他指出,人的心理現象是連續性的流動過程,是一種意識之流(stream of consciousness),而不是如結構論者所說的心的意識是一種固定的結構。因為意識是流動的,所以才有可能幫助人適應環境。功能主義擴大心理學的研究範圍,不但研究心理過程,而且也研究人的行為。功能主義也開始研究教育心理學、個別差異,以及工場心理適應等問題。

四、完形心理學

這時在歐洲大陸，心理學的主流有格式塔心理學（Gestalt Psychology，或譯完形心理學）。此一學派首先於一九一二年出現在德國，代表人物有魏特邁（Max Wertheimer）、卡夫卡（Kurt Koffka）和柯樂（Wolfgang Kohler）三人。完形學派反對結構主義把人的意識分解成一些最基本最簡單的元素。他們認為人的認知活動是整體性的，而所謂整體實大於部分的和。所謂的「格式塔」，在德文含有整全的、形式的意思。

五、行為主義

美國在二十世紀繼功能主義之後，興起了行為主義的心理學派。行為主義（Behaviorism）早期的代表人物華德生對於內省的方法很不以為然，因為他說那純是個人的自我表述，無法證驗，所以很不科學。他主張，心理學界應該摒棄這種主觀的研究方法，而且也應該放棄對意識的研究，以及對抽象的心理概念的探索。他重新把心理學定義為「行為的科學」，而且要研究那可觀察的、可測量的行為。

六、新行為主義

新行為主義（Neo-Behaviorism）的史金納（B. F. Skinner, 1904-1990）繼續行為主義的傳統，同意華德生的看法，認為

心、意識、感受等等都不是客觀而可測量的，所以不適合心理學來研究，我們也不能以之來解說人的行為。但他也進一步指出，我們如要解釋行為，首先須分析行為發生前的狀態，然後再分析行為發生以後產生的後果。史金納的實驗箱（Skinner Box）的研究，發現了操作制約對行為習慣形成的重要性，並進一步提出學習過程中增強作用（reinforcement）和以塑造（shaping）的方式來改變行為的原理，而對現代心理學產生很大的影響。

七、心理分析

奧地利的精神分析學家弗洛伊德發展了自由聯想、夢的分析，以及催眠等方法，探討人類意識活動的底層：潛意識，用來解釋人類一些非常的行為，而建立了心理分析（Psycho-analysis）學派。潛在於意識底層的、不易被察覺的那個精神部分，往往扮演著比意識層面更大的左右行為的影響力。潛在的意識像是個貯藏室，壓抑著個人沒有紓解的欲望，形成很大的無形力量，而這主要是性的欲望。這種代表動物本能的性欲（即是「本我」或「生物我」），如果和「超我」（即是個體在成長過程中後天學習獲得的道德觀念）衝突的時候，必須有代表理性智慧的「自我」來適當調解，否則可能把欲望壓抑到潛意識，而成為行為失調或人格失衡的主因。這種以性欲為主軸的泛性論觀點，後來被榮格（Carl Jung）、阿德勒（Alfred Adler）、杭妮（Karen Horney）等新弗洛伊德學派的心理學家（Neo-Freudians）所修正。

八、人文心理學

　　人文心理學（Humanistic Psychology）被其代表人物馬斯洛稱之為第三勢力心理學（the third force in psychology）。此派的另一代表人物是羅傑士（Carl Rogers,1902-1987）。美國人文主義的興起，一方面是對狹義的科學定義做了批判，而欲予以擴大，希望建立一個涵蓋更廣闊的、全人的「存有的心理學」（Psychology of Being）；另一方面，假設了人類潛在的正面的能力，而提倡「健康的心理學」，以與弗洛伊德的「病態的心理學」合而成為一個完整的心理學。人文心理學家肯定健全人格的重要性和可欲性，認為健康才是創造經常性的源泉。他們也認為人性本來即具有善的性質，透過人與人之間的坦誠及同理心的對話和溝通，能夠形成良性的學習氛圍，將有助於學習動機的激發，也成為良好的人際關係和社會和諧的基礎。

　　人文心理學家探討研究的主題也具有特色，他們對於愛、同理心、創造力、理性的抉擇等等特別關心。人文心理學也受到了西方二十世紀存在主義哲學和中國道家思想的影響。馬斯洛曾提到人類需求的階層論，指出最基本的需求是生理的需求，如飲食男女等，這種需求滿足以後則有愛、安全、歸屬和被社會認同等等心理上的需求。最高的需求則是自我實現（self actualization），那是充分發展個人潛在的好的能力，以實現生命意義的需求。羅傑士一生皆在從事心理輔導的諮商工作，建立了以受輔導者為中心的諮商治療（client-centered

therapy）的理念，後來更進一步修改為以個人為中心的治療
（person-centered therapy），以體現他的人文思想。

九、認知心理學

　　二十世紀中期，除了新行為主義、人文主義之外，還有一
個新起的心理學研究潮流──認知心理學。此學結合了語言
學、電腦科技、神經科學和心理學，以研究人類心理的結構和
歷程。認知心理學使用了資訊處理（information-processing）
的方法，把心理歷程和結構加以概念化。認知心理學家認為人
腦處理資訊的過程類似電腦。他們研究的重點著重在記憶、問
題解決、推理的過程，以及有關語言和知覺的一些問題。現
在，他們的研究更擴大到人工智慧。認知心理學主張人類不僅
是外在刺激的被動接收和反應者，也是主動的參與者，能夠主
動地找尋新的經驗，改造經驗，把資訊在認知的過程中加以轉
型。這一點和行為主義的主張不同。他們結合了新的腦部顯影
技術，並結合複雜的電腦技術，可以觀察到心理歷程當中腦細
胞的某些特定對象，例如思考、記憶、說話、聽音樂、看影像
等等，都可以被「觀察」。這些技術提供了豐富的材料以供認
知心理學家研究。

十、神經科學與心理學

　　到了二十世紀下半期，歐美的心理學發展走向多元化，許
多心理學家採取一種綜合性的觀點或途徑以研究心理學。有採

取生物學觀點者，研究腦部及中樞神經系統的結構和功能，神經傳遞素及荷爾蒙的平衡，以及基因的影響。其研究的重點在於了解生物歷程及遺傳對於行為和思想有何影響。這類心理學家常被冠以生理心理學家（physiological psychologist），或心理生物學家（psychobiologists），或神經心理學家（neuropsychologists）的稱呼。他們都是採取了科際整合的模式，把心理學、生物學、生物化學、醫學，以及其他的學術整合，而成為一門所謂的神經科學（neuroscience）。

十一、新弗洛伊德

有些心理學家承弗洛伊德之遺緒，發展出新弗洛伊德的理論，仍然強調潛意識及個體早年成長經驗對後來行為發展的影響，但不再附和弗洛伊德的泛性論，而是更客觀、更廣泛地解說潛意識的形成元素。

肆、由心理學到教育心理學

一、教育心理學與心理學

心理學和教育的關係自始即非常密切。早期教育學者和教育實際工作者把心理學的知識和方法應用在教育，以協助處理解決教育問題。後來兩者的關係進一步結合，成為一門新興的科學：教育心理學。

教育心理學發展的歷史，到今天大約有九十年。早期教育心理學只是把心理學的知識應用於教室及學校的活動。但是到了今天，教育心理學在心理學的影響下，已經成功地發展了它特有的理論、研究方法、問題和技術。它已經成為一門獨立的教育科學。

　　教育心理學家是要研究在一個特定的教育情境中，教師從事教導和學生從事學習某一特定課程時的各種心理反應。教育心理學家專注於日常實際教育問題的心理學之研究，由之而導衍出⑴原理、⑵模式、⑶理論、⑷教導的程序、⑸教導與評量的實際方法、⑹一些適合於探討學習者的思考和情意歷程，以及學校的社會及文化過程的研究方法、統計分析、測量及評量的程序（Woodfolk, 1998, 11）。

二、教育心理學的目的

　　教育心理學的目的是要了解教與學，進一步改善教導與學習。而要達到這個目的，必須要有研究。

　　教育心理學的研究方法沿襲了心理學，但也做了一些重點和觀點的調整，以適應教育情境的需要。教育心理學的研究和許多其他科學的研究一樣，往往需要較長的時間來進行，要重複地針對某一個主題從不同的角度去探討，很少能從單一的研究得到準確的結論。如果針對某一個主題的許多研究都指向同一個結論，這時自然就形成了原理（principle）。幾個原理整合起來，用來敘述、解釋某一個教育的心理現象，或者預測未來某一行為及心理反應的發生，則形成理論（theory）。當然

即使是理論，也非十全十美，不同的教育心理學家因此常持著不同的理論立場，彼此的看法有差異或有爭論。

三、教育心理學的研究方法

教育心理學的研究方法，受到了心理學以及人類學方法影響。可以大別為兩類，一是描述，一是實驗。

描述法是使用觀察、晤談、調查和記錄等方式，蒐集有關於某一特定情境的資料。例如借自於人類學的俗民誌法（ethnography），其中的參與觀察法（participant observation）多使用於教學和學校情境的觀察、記錄和了解，研究和觀察者是在被觀察者的學校生活情境中，實際參與融入，既是被觀察者的一分子，又是一個旁觀者。深度訪談則是研究者與被研究者做多次的個別對話，訪談計畫有較大的彈性，可以隨著訪談的過程而改變、調整，訪談的氣氛比較自由，訪談的過程記載詳盡，這也是一種俗民誌法，和上述的參與觀察法都同屬於質的研究法。當然描述法也可採取一般的自然觀察和記錄，或使用問卷法。也可以採取個案的研究法等，如上述心理學研究方法之所述。但教育心理學的研究著重在學校及教室中的教導和學習的行為。

另一種研究途徑是實驗法，其法亦如上述心理學之實驗，但重點亦在於教室中的行為，而且要配合統計測量的方法，對實驗中的各組找出其間是否具有差異的顯著性。

四、教育心理學的研究範圍

(一)研究學生的學習心理

　　教育心理學首先要研究學生的學習心理，使教師能夠更了解學習者，以達到教育的目標。為此，教育心理學研究學生的認知和邏輯思想的過程、語言的學習、智慧的發展、自我的形象、道德行為、社會行為和創造力等等，因此而有認知和個體之發展理論的研究。其中較著者有皮亞傑（Jean Piaget, 1896-1980）的認知發展理論，維考斯基（Lev Vygotsky,1896-1934）的社會文化及語言發展理論，艾瑞克森（Erik Erikson, 1902-1994）的終生發展階段危機理論，柯爾堡（Lawrence Kohlberg, 1927-1987）的道德認知發展理論等。

(二)研究社會文化因素對學生學習心理的影響

　　其次，教育心理學和教育社會學一樣，亦關心教室中學生的學習如何受到其生活或成長背景之社會文化因素的影響。但教育心理學著重於學生心理的反應及教師對學生的輔導，與社會心理學有著較密切的關係。教育社會學則著重於社會文化條件的分析，並對教育的社會環境的改變及個人的適應提出建議。

(三)研究學習的歷程

　　再次則是有關學習歷程的研究，主要有行為主義、認知結

構、資訊處理等不同觀點的研究，可以應用於教室管理的策略、教學的策略，以及不同學科的教學策略的應用。了解學生如何學習，是教師建立其專業教學策略的基礎。

(四)研究實際的教學歷程

實際的教學歷程的研究，包括如何激發學習動機；如何組織管理班級，使學生個個樂於學習而有效果；如何使師生之間有著良好的溝通和互動；教師如何計畫教學，組織教材，並實際有效地實施教學；如何促進學生主動學習，並獲得好的成就；還要研究用什麼教學的方式可以達到什麼樣的結果。

(五)研究教學效果的評量

教學效果的評量，包含標準化的評量、自製評量、評分制度及系統，以及其他相關問題的研究。

參考書目

老子。道德經。

Audi, Robert （1995） （ed.）. *The Cambridge Dictionary of Philosophy*. New York: Cambridge University Press.

Ballantine, Jeanne H. （1997）. *The Sociology of Education: A Systematic Analsysis*, 4th ed. New Jersey: Prentice Hall.

Childs, John L. （1971）. *Education and the Philosophy of Experimentalism*. New York: Arno Press & The New York Times.

Dewey, John （1916）. *Democracy and Education*. New

York: The Free Press.

Havighurst, Robert J. and Neugarten, Bernice L. （1967）. *Society and Education*, 3rd ed. Boston: Allyn and Bacon.

Woodfolk, Anita E. （1998）. *Educational Psychology*, 7th ed. Boston: Allyn and Bacon.

Wood, Samuel E., & Wood, Ellen Green （1999）. *The World of Psychology*, 3rd ed. Boston: Allyn and Bacon.

York: Macmillan Press.

Havighurst, Robert J., and Neugarten, Bernice L., ... 198?,
Society and Education 3rd ed. Boston: Allyn and Bacon.

Woodring, Anne K., ... 1995, Education and Psychology ... th
Boston: Allyn and Bacon.

... ..., ... 1990, The World
Crisis in Education ... ... London

第四章

有價值的教育內容

呂祖琛

課程與教材

壹、為何會有課程

　　我們都有過外出遠方旅行的經驗，旅行之前，要計畫並排訂好一個旅程；舉凡整個旅途上，須參訪各個目的地的時間、地點，以及屆時所要進行的活動等，都得未雨綢繆，預先妥為安排，以免到時措手不及，導致無謂損失；如果你正好是旅行團隊的領隊或主辦人，那麼，整個旅程的計畫、執行所涉及的相關因素與細節，就要更加了然於心，有效分工與掌握了；於此，旅程是為著旅行者參訪遊覽而洽商確定的。

　　籌開和進行一項會議，也都得有議程，其中最主要者即是要討論的議題，圍繞在此一議題內外的相關話題，總得周全納入；如果你正好是會議主席或承辦人，為使會議有效進行，那麼你勢必要對是項會議的主題及各項議題，了解一番，同時對於與會者在會議進行中，可能扮演的角色等，都得想到，最好在議程上特別予以註記，以便安排掌握；於此，議程是為著與會者研討磋商而存在。

　　對於大廈、房舍、道路、橋梁等的建築，從計畫到施工的有關人員，都得要有該建築體的工程計畫書，俾供作為行事建造的依據。對於病人的病變症狀，醫師護理人員即有所謂療

程，亦即基於對病人病情所作之診斷，以擬定治療計畫，預估在治療期間，病人治癒康復的可能進展。於此，工程係為建造構築而有；療程則為患者診斷療治而生。

　　至於人們在生活中，與人交流溝通、閱讀觀賞、品嚐體驗，這樣在隨機偶發的情境之下，無形之中，不斷增廣見聞，直接形成經驗的知識、能力及習性。例如：我們觀賞電影、電視、戲劇等視聽媒體，隨著它們所呈現的內涵，個人或可認識某些歷史人物的事跡、各類科技的重大突破及進展、生活的酸甜苦辣、人世間的悲歡離合、國際間的風雲變幻、歷史殷鑑的血淚與教訓。我們到各地旅遊，於遊覽參訪之行旅中，了解當地史地淵源、民情風俗文物。我們到各類商店購物，從選購物品之中，知道某些新產品，其形式、特色、功能及使用方法等。我們在家庭生活中，學習夫妻間、親子間、手足間的相處之道、子女的養育方法、家務的經營管理、婚喪喜慶等的人際實務。我們在運動生活中，學習了運動技巧、知識和態度，也體驗了結交朋友的樂趣。我們在公民生活之中，認識社區建設、地方自治、民主政治、個人參與等的意義與價值。以上這些生活活動，雖然原本的目的並不在學習，但是當我們從事它們時，便受到教育了，我們不斷成長發展，經驗不斷充實；這種教育是生活施予我們的教育，它是在我們日常生活中生成的，正是所謂生活即教育。因此，它沒有一定的形式，也無固定的場所，亦無特定的老師和同學，說不上個人是按著某些既定的課程，於特定的時地，在特定的教師安排下，學習著該課程所發展出來的教材內容（黃政傑，民81，3-4）。

　　教育不是祇有在正式的教育機構——特別是學校——裡才

有的，上面這種於生活中隨緣而生的教育，人們所處的人文與自然環境，皆具有教育的功能。不過，我們要注意的是：每個人隨緣的生活，品類千差萬殊，水準參差不齊；尤其，在今日市場經濟主導的社會裡，人們追求金錢物質的欲望過度充斥，普遍形成人們內在精神虛幻、人生價值空洞的生活；這一類缺乏自覺意識的生活內容，難免容易成為一種反教育，或者僅是一種與有益生活無關的非教育。因此，有意識的、有目的的、有組織的教育，為社會健全所需，而各類教育機構，特別是學校，乃為教育的重心。

為著經濟、有效及社會理想等的原因，學校教育訂有教育目標，安排了課程、教學、師資、設備、器材、校舍、環境等，進行系統的教育；教育成果是否達成教育目標，還須進行評鑑，藉以判定績效所在，俾資據以作為改進教育之參考（黃政傑，民 81，3-4）。為適應學生們的成長與發展、個別差異、在校時限、學習內容本身的性質等條件，必須善為系統規畫各種學習的課程及發展其所含的教材；舉凡從學校教育整體課程的規畫、單一課程的規畫和教材的設計發展，到有效實施課程及評鑑課程與其教材等，皆是為著學習者的教育而生、而有、而變的。

由於課程一方面是要規畫設計者來安排課業的，一方面是要教師來教導的，一方面是要學習者來學習的；因此，對於規畫設計者而言，課程主要乃是課業安排的進程；對於教師而言，課程主要乃是教導的進程；對於學習者而言，課程主要乃是學習的進程。

為著莘莘學子能成功地進行學校教育的學業 ──即課程的

學習活動；那麼，凡是與學校教育有關的人員，皆須適度了解學校教育的課程和教材；例如，學生的家長，自然應當關心兒女在校園中主要的或一般的學習內容；尤其，教師須直接擔任學生課程學習的教導活動，自然要更加嫻熟課程的內涵，並能有效運用教學資源，俾在教學及輔導的互動過程中，有效達成課程目標。

貳、教育要透過課程來實施

在有意識、有目的、有組織的教育之中，最為典型而且明顯的，迨為各級政府的或是民間法人團體的教育行政機構，和它們所辦的各級各類學校教育。政府或是私人辦學，畢竟有其所以辦學的理想、目的和理念等。基本上，公私立教育均須符合國家政策及法律。

是以，我們可以了解，政府的教育立場比較側重憲法中國家教育政策層面所涉及的教育問題。基本上，教育乃為落實國家教育政策的著力之所；政府比較重視教育的內容是否符合國家政策；諸如：全民教育機會平等、人民群體的融合、基本知識與技能、國家安全與發展等重大問題。

這些國家教育政策層面所涉及的教育內涵，一旦要在各級各類學校教育中落實，就必須在這些學校教育的課程中，有實際的著落點並獲得實現。最為根本的必要措施，即是各級各類學校課程綱要的審定與頒布、初等及中等教育各類教科書的審定等。是以，國家教育行政機構須對各級各類學校教育的總體課程，需要與學界、產業界等有關人員共同規畫修訂。通常，

總體課程在規畫與修訂上，所牽連涉及的因素，諸如教師的來源、素質、培育、進修；教材的整合、設計；與其他相關課程的區隔、整合；教學時數的確定等，均極為複雜，往往須經理性智慧的辯證，兼顧現實的需要，在合理的溝通下，達成一種妥協。

通常，有些法人組織為著某些特別的教育理想，諸如秉持一種宗教精神，或是某一教育家的教育理念，而興辦學校，藉以實現教育理想、回饋社會等的懷抱或宿願。這一類學校，往往在文字的課程表上，除政府規定的課程外，尚排有一些特別的課程，例如，宗教團體辦的學校可能排有宗教教育的科目及其時數，實業界團體辦的學校可能排有某些技藝的科目及其時數。或許某些學校基於地方的環境需要及文化特色，可能排有陶瓷、彩藝、編織、製革、茶藝、生態保育、親職教育等的科目及其時數。甚至這些課程的主要教授者，可以是學區內外的學生家長或在職人士。

除了上面這些預先就得有文字明定而且內容已發展的正式課程之外，尚有一些非正式的課程，諸如始業教育（orientation）、畢業典禮、運動會、師生家長會（parent-pupil-teacher meeting）、學生組織及社團活動、朝會、夕會、週會等；不像正式課程那樣預先就訂定好教材內容、主持教師等，這些非正式課程的進行方式、主持教師、輔導員或講員、學習參與者、學習活動的形式等相當多元化，內容上大都具有協調溝通、興趣試探、修持身心、涵泳性格、薰陶鑑賞、樂群敬業等功能，較為側重群育、德育、美育、體育的領域，或是情意及技藝層面的陶冶教育，藉以彌補正式教育之不足。

多數學生都在學校進行學習、陶冶、涵泳等的教育活動，學校除了直接提供學生正式課程和非正式課程等顯性的課程外；事實上，尚間接提供學生一種隱性的潛在課程（hidden curriculum），無形中起一種薰陶濡化的作用。這種課程的內容及施教者可能混為一體，而且是經年累月地在作用，一點一滴地浸潤到心靈深處，而形成一股高貴的風格與氣質。

為此，一種側重境教的教育，愈為教育界所重視，舉凡學校坐落所在地四周環境及景色、校內各建築體的搭配、造型、色調、走廊、玄關、牆面、課堂、會議室、廁所、其他學習場地的軟體設計、花卉盆景、燈具採光、電梯內部等的設計、教職員的言行舉止、服裝儀容、學校重要歷史文獻及表徵典型之具象的呈現等，這些一定要讓全體教職員生在內心裡起一種榮譽、恢宏、正直、勤奮、篤實、進步、喜悅等的感受，進而潛移默化，形成優秀的個性。這種潛在課程可說較側重美育、德育、群育的陶冶，多以藝術的形式，透過環境的設計安排來促成。

參、課程要透過教材來顯現

當進行各級各類學校的總體課程之規畫及設計時，各單一學科課程的教學科目及其教學綱要亦須同時展開設計及發展，進而乃至教學資源如教科書、參考資料、教具、實驗器具及材料等教學媒體，皆須一一設計及發展齊備。如此，當各單一學科課程的教學正式開始時，教師即可依據該課程現成的教學綱要、教科書、教學資源等來設計及進行其教學活動。

一般而言，教材是指教或學所運用的材料；就其材料內容而言，包括知識、態度、技能、習慣、興趣、理想等；就材料呈現方式而言，計有教科書、講義、補充材料、標本、模型、圖表、幻燈片、影片、錄影片、影碟等。其中，教科書是以文字或圖表所編製而成的書本，作為引導學生學習及教師教學之內容，它包括學科單元、學習目標、練習題（或作業）、實驗和研究問題等。簡言之，教科書是教材的一部分，教材並不只限於教科書，而教材又是課程重要的部分，且是學科課程的具體內容（莊懷義，民 83，336-337）。

　　由於教材內容總與人類文化遺產有關，然而人類文化遺產浩瀚如海，必須汰蕪存菁，揀選有價值的文化財，作為教育內容的質料。因此，除了總體課程之規畫及設計之外，尤其是在單一學科課程之教材設計及發展上，就必須確定一些課程設置的原則，和教材選擇的原則，俾為課程規畫、設計、發展，以及教材設計及發展上所依循的基礎，藉期免除因某些人為偏失所造成真實性、價值性、妥適性等的嚴重誤失。例如，教科書裡面每一單元的教材內容，起碼要做到：符合事實真相，具有知識本身、歷史文化保存、經世濟民、符合學習者興趣與需要、促進文化與社會進展等的價值，遣辭用字尤要允當，蘊含語意要妥適中肯，理想與現實要兼容，適度適量等基本原則。

肆、課程要經由教學來進行

　　課程經過規畫、設計及發展之後，必須付諸教學，教育方得以順利進行。教師須依據課程標準所訂之教學目標、教學要

點、教材綱要、教學資源、教學評量以及教科書等，按部就班進行教學。一位稱職的教師必然要把上述各項了解深入，靈活運用；絕不可漫無邊際，隨興所至，任意教學。

教學自然受到課程設計與發展的內涵所規範；完全沒有絲毫目標意向、沒有教材、沒有互動等安排的教學，當無可能。教學是教育的核心工作，而經妥善籌畫設計的工作，在工作實際實行時，可能遭遇到的困難最少，成果也就比較豐碩；教學工作亦復如此。所謂教學是一種藝術，並不是說教學不要有所依據、有所規範，而是指教師或教導者要在基本的教學規範為基準上，靈活並有創意地進行教學。

每個學科課程，有時稱為科目；通常每個學校在學年度開始之前，即須準備好該學年度各系科年級所開授的各個課程名稱、教學時數、任課教師、上課起訖日期、例假日等資料的一份學年度計畫（schedule）。尤其是高等學府，這份有關教學的資料，不僅提供校內師生參照，而且也用於招募新生、選修課程等輔導工作上。

在師生進行學科課程教學活動的學期期間，學生為學習進步，教師為教導有效，師生之間須經過一連串互動及自動的教學歷程，例如教師要善於觀察、提示、發問、詰難、分析、示範、比喻、引導、鼓勵、幽默、綜合、總結等技巧，有時須視學生個別能力的差異，提供補充教材和教學。而學生則須積極投入、參與、主動研求、有效利用學習資源等。如果教學的目標能充分達成，教學的過程能實實在在，教學的風格能生動優雅；那麼，就意味著其教學具有有效性、可信性、精緻性；同時亦意味著此精心規畫設計發展的課程，業已透過教學，得到

良佳的實施。

伍、課程與教材須經評鑑與修訂

　　一組電腦套裝軟體的產品到底會不會銷路良好，並獲得消費使用者的好評呢？開發生產的電腦公司必然會關心這個問題，他們或許會直接調查訪問消費者的使用情形如何，或是透過在保固期內免費提供軟體維護及服務，藉以蒐集該軟體的不足及缺失之處，以研發更新產品。其實，課程與教材的情形亦復如此。

　　大致而言，課程與教材跟上述電腦套裝軟體的開發情況極為相仿。課程與教材的發展是經過規畫者對當前情勢縝密考量，而敲定待規畫之方向及重點，再經設計者進而精心設計、裁量調製、分工合作，於是乎此課程與教材之產品因而誕生；接著推出供師生採用。隨著時光歲月的更替，這些課程與教材會發生或多或少、或輕或重的問題，譬如，可能某些學科課程的重要性已不若往昔，甚或因科技的進步，已無繼續開課的必要；反之，正因科技的進步或社會人文與物質環境的變動，導致一些嶄新的學科課程有納入之必要；又如，因為新近史料或科學上的新發現，致使現行課程之教材有加以增刪修訂的必要；甚至，因為現行課程之教材或教科書，文字敘述不足、過當，或是插圖太少、字型太小等等問題，皆有修訂的必要。

　　惟課程與教材的修訂與否，並非只要少數一些看起來有資格的代表人士議定就可以的。我們可以看到在課程與教材修訂上，往往引發某些教師、教育團體的抗議，甚至嚴重的國際爭

端；其中可能顯示著主導課程與教材的修訂者，在他們掌握修訂的決定權之際，往往透過一些相應的措施，營造一種氣氛，來改變現行課程蘊含的精神，在缺乏相對系統有力的監督下，課程與教材的修訂，就有可能淪為順應權威的一場戲。

因此，如何真正將課程與教材的修訂做到公正合理合情，且又能吻合世界發展趨勢、當前國家現況與人民生活福祉，這是一個既嚴肅重要又盤根錯節的問題與工作；而且在理論上，課程與教材的修訂應基於其評鑑結果的基礎上。是故，最好將課程與教材的評鑑與修訂，委由具有公信力的教育評鑑機構進行。當然此一機構要有足夠的素質優秀的評鑑專才，能對學校課程與教材作鉅觀與微觀的透視與洞察，並能實地明察問題所在，釐清課程與教材的修訂與教育進步的關聯，對修訂課程與教材的緣由能蒐集及提出足夠的佐證資料，對修訂所衍生的問題亦能提出一套實際的解決方案。

第二節

知識教育

壹、知識與知識教育

遠古之人類，在自然天演的進化中，憑著優越的認識、記憶、想像、操作等能力之發展而成萬物之靈。人類文化學者大都認為人類之所以能脫穎而出，其關鍵在於語言文字的發展已

達成熟的地步，人類已可運用語文將意識中的經驗，形成概念、構念的語言單位，並予以表達、記錄、溝通、傳遞。換言之，人類使用語文生產知識，創造文化。

「知識即是權力」（knowledge is power），這句話直截了當地顯示：知識的重要性高於一切；惟有擁有知識，才有優勢資格；誰的知識優異，他就是贏家。在今日人類的社會裡，競爭仍為鮮明的社會現象，競爭力排名已成為各國間政經發展的指標。在人類邁入二十一世紀之今日，資訊的掌握與運用更成為競逐角力的比賽；資訊（information）已成了知識的代名詞；掌握著資訊優勢，即是掌握著競爭優勢。

一旦知識成了工具利器，人類卻不一定善用知識。人間的競爭，一方面促進進步，另一方面卻又激化對立。在自利的動機或潛意識之鼓動下，掛著堂皇的理由，而骨子裡卻暗潮洶湧，以致引發不斷的衝突與悲劇。因此，人類如何善用知識，一直為人道主義家、哲學家、教育家所關注。

知識的進步，固然加速人類演化的進程，不斷轉變人類生活的形態；不過，在此進程中，人類乃至自然界的其他生物，都付出昂貴的代價。知識含藏的能力，固然解決了人類的疑惑與難題，諸如：克服疾病、延長壽命、便捷交通、品種改良、增速生產等；然而人類對自然資源與生態的過度開採或破壞，業已導致地球臭氧層迅速稀薄，引發嚴重的溫室效應；人類也因科技用之於軍備競賽，而生活於核武毀滅的恐怖平衡之陰霾中；似乎人類不斷地要面對知識開發後所衍生的失控局面。

由於知識的競賽，在學校教育系統裡，考試及升學挫敗，往往成為心理上優勝劣敗的烙印，失敗的學生往往走向無助、

迷失、頹廢，或是犯罪的深淵；甚至，即使是成功的學生，亦可能形成高度競爭的習性，不一定有利於自己的身心健康和需要與人有效共事生活的未來發展。人性化的教育常成為一句動聽的口號。

知識源自人類進化過程中，不斷的經驗之轉化與創造。存在於外界的知識本身，原本無所謂價值；惟獨人類能基於個人的認識、人格、動機、習性等因素，而將外界的知識實體轉化為存於腦海記憶中的內在知識。也由於人為的分辨與擇取，而形成所謂具有事實的、實效的、經濟的、道德的、美感的、健康的、社會的等意涵或功能的知識。也惟獨人類能利用知識，累積知識，發現知識；同時憑藉知識解決疑難，利用厚生，締造文明。

綜上所言，知識源生於人類之稟賦，滋長於經驗之累進，顯現於生活之形態，浮沉於人心之運用，流布於媒體之傳播。知識在人間，憑著傳播方使人認識、溝通和發展知識；而教育為一種知識的傳播歷程。在學校的教育歷程上，課程與教材即為知識如何被選擇、組織、編輯、評鑑等的歷程。而教學與輔導即為知識如何有效認識、理解、記憶、善用、再生、評鑑等的歷程。因此，學校的知識教育，即顯現在妥為規畫設計的課程與教材、專業能力合格的教師、資料足裕的圖書館，各種教學儀器、媒體資源等系統的配合之中。教育為樹人大計；所有這一切的作為都影響深遠重大。

貳、學生需要什麼知識教育

知識教育簡稱智育（intellectual education）。一般而言，智育主要是指「知識」（knowledge）的教育。具體言之，知識教育即是憑藉課程裡的內容或知識來做為教材的教育。對學習者而言，知識的教育是指他們要學習什麼知識的教育；對教導者而言，知識的教育是指他們要教導什麼知識的教育。

世間的知識，形形色色，品類萬殊；學校裡的受教學生之所以要學習那些「設計了的」課程與教材，可說這一切是為著能有效而且正確進行樹人的教育。課程與教材之所以精心規畫、妥善設計，就是要帶給學習者好的經驗和影響。這些好的經驗和影響，除了為著學習者個人適度的健全成長，及邁向可能的最佳成長外，也為著學習者與其他人、人群以及萬物之間有著平等共榮關係的成長，不斷整合，永續發展，提供了適宜的準備基礎。

再者，環顧今日世界，人文及社會科學、藝術、數理科學、資訊科技、醫學等現代學術的快速進步與發展，已達極高的水準；社會經濟與生活理想、文化歧異與多元形態、安樂死與生存價值、國際競爭與合作、戰爭與和平、生態破壞與環境汙染、種族歧視與融合、性與暴力、麻醉劑與迷幻藥物、權力與犯罪、婚姻與工作等等的現代社會問題，均不斷紛至沓來，帶給教育相當大的衝擊與挑戰。因此，學校教育裡的課程與教材，為因應當前世道人心的現實情形，未來社會文化的發展趨勢，與維繫及闡發固有文化精粹，必須作適度的調整與修訂；

以期受教的學生能獲得最有價值的知能。

　　以下僅略舉幾位西方學者的主張，他們對什麼知識該納入教材的見解，或多或少都對課程與教材內容具有真實的意義。不過，我們可從中了解，課程及教材一直是爭議最多的學校教育領域。

　　一九八三年，美國哈佛大學心理學家戈德樂（Howard Gardner）於其**智力架構——多元智慧論**（*Frames of Mind: The Theory of Multiple Intelligences*）一書中，將人類基本的心智能力分為七種——即語言、邏輯－數學、空間、肢體－運作、音樂、人際、內省。戈氏的多元智慧論認為：⑴每個人都具有七種智慧的能力，然而每個人七種智慧統合運作的方法與水準各有不同；有的人兼具數種優異的智慧表現，有的人幾乎所有的智慧均極低劣，大部分的人多介於其間；⑵只要有合適的環境影響、適當的鼓勵、充實和指導，大多數人的智慧均可發展到充分勝任的水準；⑶在生活中沒有任何智慧是獨立存在的，智慧通常以複雜的方式統合運作；例如，球員在球場上需要肢體－運作、空間、語言和人際等智慧；⑷每一種智慧裡都有多種表現的方法；例如，語言智慧可以由講生動的故事、貼切的詞彙、幽默的舉證等形式來表現（Armstrong, 1994，李平譯，民86，8-12）。

　　德國文化主義哲學家斯普朗格於一九一四年發表名著**人生之形式**（*Lebensformen,* 1914）。他認為人的內在精神受先天素質和後天環境影響，對於人生價值的抱持和實現，會逐漸形成一種固定而且永續的內在體系和類型。此種精神構造和其精神生活的活動方向，分為六種基本生活類型；每種類型都包括

一種中心的價值方向，其他價值則統屬於中心價值之下。這六種基本生活類型是：(1)「理論型」，其中心價值為「真」；(2)「經濟型」，其中心價值為「利」；(3)「藝術型」，其中心價值為「美」；(4)「社會型」，其中心價值為「愛」；(5)「政治型」，其中心價值為「權」；(6)「宗教型」，其中心價值為「聖」。斯氏強調教師必須了解學生的內在精神結構，依據其生活類型，因材施教，循性教導，以發達其中心價值，同時茁壯其對全體價值的容受，俾促其價值圓滿實現（鄭世興，民60，18-20）。

英國經驗主義哲學家斯賓塞於一八五四年發表其名著**教育論**（*Education: Intellectual, Moral, and Physical*, 1861）首篇「什麼知識最有價值」（What knowledge is of most worth）。斯氏主要關切的問題是「如何生活」，他說：「使我們獲得完美的生活乃是教育的天職，而教育良否的合理批判，也根據它盡此天職至何種程度而定。」（鄭世興，民 56，105-122）他認為知識的價值，端視它和人生的關係而定，他首先分析人類生活方面的有關活動，並按重要性加以排序，得到五類人生活動：(1)直接有助於自我保存的活動；(2)間接有助於自我保存的活動；(3)教養子女的活動；(4)維持社會與政治關係的活動；(5)休閒與娛樂的活動。這五類活動的和諧發展即是完美的生活。於是乎教育的天職即在為此完美的生活做好準備；而其有價值的知識，因其基於經驗主義的立場，無疑地，科學成了真善美的代名詞。準備完美生活的知識，自然也就是與以上五類人生活動有關的科學知識了。他說：「關於什麼知識最有價值，惟一答案即是科學，這是全部論證的裁決。為直接自我生存的活

動，或即為生命與健康的維持，最重要的知識是科學。為了間接的自我生存，或即為了謀求生計的活動，最可貴的知識是科學。為了作人父母，最恰當的知識只有科學。為求了解民族生活的過去與現在，以使公民行為有所遵循，最主要的莫過於科學。為求藝術的完美作品和最高的欣賞，最迫切需要的預備是科學。至於智力的、道德的、宗教的各方面訓練，最有效的學習也是科學。」（鄭世興，民 56，105-122）

揭櫫人文主義（humanism）大纛的美國教育家赫欽斯（Robert M. Hutchins, 1899- ），反對實用主義的價值論，及經驗主義的認識論，激烈抨擊美國教育的商業化趨向。赫氏認為教育的真正目的，不外是在喚醒人。人性，亦即人之所以為人的本質，不因文化形態、政治制度、社會風潮、自然環境等因素而有所改變。由於近世物質文明的迅速進展，人性漸趨於貪圖物質的享受，物欲橫流；致使人的智性、德性，為之淪喪。於是教育的最大任務，即在恢復人原先所具有的本質──人性。他強調人性原本皆同。因此，教育的內容亦應相似，知識是真理，真理在任何地方都是一樣。因此，教育應在任何地方都是一樣。教育上所亟應注重的，倒不是知識與技術之優越性，而是應將教育的實施，集中於人的本性之發展上。以人為中心、為目的的教育，才是挽救西方文明偏重物質主義的惟一方法（徐宗林，民 62，1-51）。

二十世紀七十年代以降，漸興起一股標榜未來主義的思潮；杜佛勒（Alvin Toffler）費了五年時間遍訪各階層人士對時代變動的看法，而於一九七〇年出版其暢銷書**未來的衝擊**（*Future Shock*）。杜氏認為由於科技的飛躍進展，科技先進

國家已由工業社會步入超級工業社會。技術加速度造成連續不斷變動。人類在尚未認識其新的環境之前，即又一而再地被推擠進入重重的陌生世界。變動以三種基本的形式──一時性、新奇性、多樣性，向人類不斷衝擊。一時性使生活形式不斷地改變，新奇性使人們疏忽了傳統，多樣性使人們面臨選擇過多的危機；當人類無法適應這三股連袂而來的變動衝擊時，便導致了變動的疾病（the disease of change）──未來的衝擊。

為有效因應此種厄運困局，在教育上必須得要拋棄過去工業時代的觀念與舊制；而同時要建構適應超後工業時代所需的教育體質。杜氏的教育主張重點如下：

・教育是要培育能夠嚴正判斷，設法度過新奇環境，及在稍縱即逝的現實中，找出新關係的人──未來人。

・教育的主要目的，乃在增進個人的「對應能力」──適應不斷變動的速度及經濟動向，學會如何預測變動的速率與方向，對未來擬定一種反覆性的、或然性的、長遠性的假設。

・超後工業時代的教育，首須預測未來二十年到五十年中，社會所需的職業種類、當時流行的家庭形態及人類關係，可能產生的倫理道德問題、新興的技術，及必須建立的組織。惟有將此種假定、界定、辯論及系統化不斷列入教育目標，始能歸結出未來的人在對應加速推動力時，所需要的認知技術及有效技術的本質。

・大幅改革學校教育，並蔚為一種改革運動，俾改變目前教育制度的組織結構，徹底重構舊有課程，激發大眾建立以未來為導向的教育。

・未來教育的職責，不必完全歸於學校，家庭將負起現今

學校的部分教育。未來許多知識技術的教育不必一定要在學校中進行；學生們上學的目的，只在參加社會性活動、運動項目，學習某些由自修、父母或親友無法勝任的課程。

‧學生步出課堂參與社區活動，從社區裡的成人學習知能；社區裡的各行業人士亦走入學校，傳授知能，教導學生活用理論於實際人生上。課程的安排，則由學生、社會人士及教育專家等合作擬定。

‧由於知識技能的汰舊換新急速，超後工業時代的教學須以「現學現用」為基礎，以實施終生教育。

‧必須要對未來絕對有用的知識技能，才有可能列入課程及教材。

‧以新的人類生活面向或社會問題為核心，來組成課程。這些課程應基於當前人類需要，在未來變動的大風暴中求生存所須具備的技藝，而非基於慣例——各派系人物爭權奪利，勾心鬥角——所形成。

‧課程設計並非要發展一種一勞永逸的新課程，而是要發展必須順應時代潮流所需的暫時性課程，及各式各樣的短期課程。

‧課程的範圍必須盡量放寬，除了應付未來的已知因素（即很有可能發生的問題）之外，尚應有充分餘地應付未知因素（即不可預測但有可能發生的問題）。

‧不必將中小學的課程劃一化，不必使所有的學生都具備相同的知識材料。未來主義者必須顧及提供學生多樣性的選擇。

‧生活在超級技術社會的人，尤其在學習、人際關係及選

擇三方面需要新技術。未來的學校，不僅要傳授資料，而且要傳授控制資料的方法。學生必須學習揚棄及取代無效的見解，亦即學習「如何去學習」。教育必須輔導學生組成工作小組，討論及建立人際關係。新的環境要求新的價值標準，教育不可逃避傳授價值觀的責任，不可一味只教授事實，並讓學生自行決定，不可將文化的相對主義及科學的中立觀作為逃避道德教育的藉口；未來的教育必須在選擇過多的情況下，教導學生深入探測自身的生活目標，認明及澄清自身價值系統的矛盾衝突，坦誠討論及溝通，透過有系統的活動，使學生界定、說明、且實驗自身的價值標準。

　　·未來的課程一方面必須包含範圍極廣的資料認清課程，另一方面也須包含一種側重於與未來相關的行為技術。它必須使實際內容與生活技能配合起來。它一方面必須在實際環境中發揮教育的功能，另一方面又必須藉著教育的功能來塑造環境（杜佛勒，民61，381-400）。

　　由上觀之，關於究竟學生需要什麼知識教育，此一問題恐非簡單數語所易回答，而且隨著專家學者的價值系統而其理路殊途。這很像看病，不同的醫生可能對病人所開的處方並不相同，自然可能的療效也就不同。如何針對受教者的需要、當前的環境情況、未來的變動因素、過去的文化素材等，通權達變，靈活運用，使教育無論在哪一方面，真正成為一種高貴精緻的藝術，至為重要。

參、知識教育的課程與教材

　　教育的對象為人，教育的目標也就是透過教育以促成「人的發展」之目標；事實上，教育的目標即已規範著教育的內容；其總括性的內容主題即是「人的發展」。我國古代西周以六德、六行、六藝鄉三物（註）為課程與教材，教育萬民。孔子在世，則以德行、言語、政事、文學四方面課程與教材，教授門生。迨至民國建立，新教育輸入，乃逐漸形成今日德、智、體、群、美五育均衡發展之教育。

　　五育均衡發展之教育，是指人的發展藉由德、智、體、群、美五方面並重並進的統合教育，而其潛能得到充分的成長，成為一全面完整發展的人。五育均衡發展之教育正是「全人教育」。五育並重並進的統合教育是指個體的人有著道德、心智、身體、社會及情緒等面相，這些面相互為表裡，是故，五育中的任何一育，皆與其他四育息息相關，相輔相成。因此德性、心智、身體、群性、情意等的發展，要靠德育、智育、體育、群育、美育五育相對應並重並進的統合發展。其實，五育的本意是涵蓋整個教育的，換言之，人的發展之所有面相，

註：鄉三物——德行藝——是周代學校課程之三部。**周禮·地官**：「大司徒……正月之吉……縣教象之法於象魏……以鄉三物教萬民而賓興之。一曰六德：知仁聖義忠和；二曰六行：孝友睦姻任恤；三曰六藝：禮樂射御書數……以五禮（吉凶賓軍嘉）防萬民之偽，而教之中；以六樂防萬民之情而教之和。」

為方便教學乃納入五育之中，而絕非只是五種而已和其各自分立的教育。

是故，談到知識教育的課程與教材，並非只是關乎五育中的智育。事實上，一方面其他四育都涉及知識教育的成分；另一方面，知識的教育，亦有賴其他各育的輔助配合，甚至藉由其他各育的管道，而助成或強化知識。因此，學校教育裡的各類課程與其教材，都或多或少含有知識的教育；每一類課程與其教材，也都均可含有五育，祇是隨著該類課程的性質及其教學的歷程，而在五育之間的成分比重上容或不同。

智育之中，知識教育成分較高，以知識內容為重的學科課程（subject curriculum），是以每一學科為單位，自成教學系統，教材大都以該科知識體系的邏輯順序安排。它是一種單一學科的課程，如國民中學的國文、英文、數學、歷史、地理等。此種課程設計大都包括教科書等系統化的教材。惟此學科課程易生一些缺憾，例如：過度以教師的講解為中心；缺乏高層智性的學習活動；教材側重過去取向，易與現實生活脫節；原本存在現象被支離成零碎單向度的知識，有礙全人的發展；學生依賴教科書，為應付考試而學習，不易養成主動學習、投入合作研發、開發潛力、實驗創新等的習性；易傾向教材統一，過於重視競爭，疏忽個別差異等。

當然學科課程仍有其優點，例如：學科的知識內容可以自成一個較深入的系統；表面上，教育付出的成本較低，產出的成果較高（如大班教學等）。但是它所衍生的問題，卻不容忽視。因此，工業先進國家於教育改革上，莫不竭心盡力在課程設計上，巧思建構新時代的課程。大體上，這些改革的課程最

明顯的趨勢，是將過去學科課程的界限打破；重新以新的理論模式建構新課程；在設計上較傾向於以活動及概念為主導的課程；將多種的智性活動、當今人類層出不窮的問題、發展神速的現代科技知識等，以主題式的方式建構成新的「統整學科」（integrated studies）或是「統整課程」（integrated curriculum）。

舉例來說，美國奧瑞崗州優境市教育委員會的小學課程研究計畫小組，於其研究報告「西元二千年的教育：設計我們的未來」（Education 2000：Designing Our Future）中，將傳統美國小學課程八個學科的界限打破，而以三個核心的課程綱目及三種核心技能替代。其第一個核心綱目是「人類的家庭」，環繞此一綱目之下，包含傳統的學科如社會、健康教育、美術等；第二個核心綱目是「行星與宇宙」，包含的內容學科，有自然科學、地球科學、生命科學、社會科學、健康教育、美術等；第三個核心綱目是「自我的實現」，與此關聯的內容學科，有視覺與表演藝術、生理教育、健康教育、文學、情感教育等。在核心技能方面，第一種為思考的技能，包括：集中注意力、蒐集資料、記憶、理解、分析、創生（generating）、統整、評鑑等；第二種為生理／感官的技能，包括：視覺、聽覺、默識（tacitle）、肌動等技能；第三種為社會的技能，包括：社會互動的能力、合作共事的能力、自我覺識的能力（單文經，民 81，1-13）。

又如呼籲以未來主義為教育革命利器的科尼什（Edward Conish, 1978），於其「行將到來的教育革命」一文中，提出了整體課程的六項目標，此目標即等於是核心的課程綱目。圍

繞在每一項核心目標四周，包含著一串知識與技能的主題或學科。其整體課程的六項目標及其所屬主題活動學科如下（拉塞克、維迪努，民 81，217-220）：

一、獲取信息

包括：讀、聽、看；直接實驗；圖書館和參考書；輸入和檢索資料；來自報刊、商業活動和政府機構等方面的資料；諮詢專家；資料可靠性評估；大量資料的處理。

二、清楚地思考

包括：語義學，宣傳和常見的謬論；價值觀念的說明；推論的邏輯；數學；解決問題的分析方法；科學方法；概率和統計；電腦程式設計；一般體系；解決問題的創造性方法；預測和預報。

三、有效交流

包括：不拘虛禮地講話；在大庭廣眾前講話；聲音的語言和身體的語言；交往的文化障礙；正式和非正式的書寫；句法和風格；繪圖、畫草圖、攝影和拍電影等；圖解法的研究和落實，圖案、圖表、表格圖解；組織和編撰；手寫、打字、聽寫。

四、認識人類環境

包括：天文學、物理學和化學；地質學和化學；地質學和自然地理學；生物學、生態學和人種學；遺傳學、人口的演化和動力學；現代技術的各基礎學科；應用力學；光學和電子學。

五、認識人類和社會

包括：人類進化；人類生理學；語言學；文化人類學（包括歷史學和各種人文科學）；心理學和社會心理學；種族主義，排外；政府和法律；經濟學和經濟哲學；變化中的職業類型；教育和就業；與人類繼續生存有關的各種問題；人類的前景。

六、個人能力

包括：為生存和自我保護而進行的訓練；安全、衛生、營養和性教育；消費者教育和個人財務；創造藝術和表現藝術；基本的人際關係技能；有限群體動力學；領導和行政；公民的有效參與；關於個人學習最佳方式方法的知識；記憶法和其他教育輔助手段；生物反饋；反省、情緒控制；自我認識和自我發動。

第三節

品德教育

壹、品德教育的意涵

「品德教育」簡稱「德育」（moral education）。「品德教育」一詞，簡言之，即是「品德的教育」；其中「品德」係指人的「品格」和「道德」而言。「品格」是指人因其道德實現所存在及顯現的價值格調。「道德」是指人在處世接物的人事現象界中，依於正直良善的言行法則而為之，乃於內隱的思想觀念、動機、情感、意志及外顯的言語、舉止行為上，存在了及顯現了高價值的格調。由此，「品德教育」即是依循教育原理傳授受教者處世接物的正道，解開是非善惡價值之疑惑，逐步內化為自身做人行事的最高準則，從而顯現於個人日常生活之中，人格乃發展成「人」的品格，具有真正成「人」的高貴格調。

「道德」是「道」與「德」二字合成。「道」字原義是行走的道路；引伸而言，道可釋為所由之路徑或法則。是故，一切現象所由以存在、生滅、興衰、運行的路徑或法則，皆可稱為道。自然現象所由之路徑或法則，古代謂之天道，現代則謂之自然法則或自然律；如熱漲冷縮、太陽系行星繞日運轉、氫氧化合為水等，均是天道。人事現象所由之路徑或法則，古代

謂之人道，現代則謂之言行法則；如慷慨解囊是人道，吝嗇刻薄亦是人道。就人道而言，道除了用作事實的意義，不論其善惡外，尚有用作價值的意義，而分別其善惡、正邪；故有善道、正道與惡道、邪道。道字用作價值的意義，則成價值名稱；只有值得所由的，才稱為道；不值得所由的，就不得稱為道。用作價值名稱的道，專指正道、善道，並不兼攝惡道、邪道；如**論語・衛靈公**所記「子曰：『道不同，不相為謀』」，其中的道字是事實名稱，不帶價值評價；而**論語・公冶長**載「子曰：『道不行，乘桴浮于海』」，其中的道字是價值名詞，專指正道、善道（陳大齊，民76，1-2）。

「德」原意與「得」相通；「得」不外來自於自然界和人事界。得之自然界者，係指人或物因自然物理之作用，而有的自然反應；現代語謂之「性能」，如質量有輕重、容量有大小、運動有快慢。得之人事界者，係指人受到與他人互動或社會環境的影響，因精神薰冶之作用，而生的行為反應；如相見時之自然招呼、對他人財物不起非分之念，現代語謂之「品格」。用作品格意義的德，用法有二：一為用作事實名稱，不論善惡，只要是出於精神薰冶之作用，皆稱之為德；是以所學得的善言善行及惡言惡行，均稱之為德；故須於德字上冠以表價值之形容詞，如美德、惡德，即用以表示良好的或卑劣的品格。另一為用作價值名稱，德字專指美德，如**論語・子罕**中「吾未見好德如好色者也」的德字，即用為價值名稱（陳大齊，民76，2-3）。

道與德雖屬二名，然其所攝內容，實無不同。如孔子所說的道，以仁義為主幹，兼攝仁義所交織而成的諸德，其所說的

德，亦攝有同樣的內容。故道與德，若置其原義於不論，專著眼於其所攝內容，盡可謂為異名同義。當道與德二字分用時，既可適用於人，亦可適用於物，道字可用以稱呼自然現象所遵行的法則，德字可用以稱呼自然事物所固具的性能。惟道德二字合為一名後，通常只用於人，不用於物。道德可說是為人所獨有的。道德一名可用作事實名稱，指實然的做人態度，如西方人的道德、人民的道德；此外，亦可用作價值名稱，以表應然的做人態度或是言行應守的準則，如國民道德、復興道德等（陳大齊，民76，3-5）。

道德與「倫理」一詞，常相並用或互用，如倫理道德、生活與倫理、公民與道德。孟子喜用「人倫」一詞，指：「父子有親、君臣有義、夫婦有別、長幼有序、朋友有信。」「倫」有「類」義，指人的倫類；引伸有「理」義、「道」義，指為人的道理；有「輩」義，指人的關係兩兩相對，層次井然。合起來說，倫就是人際關係的理。依孟子，這個理，在父子間是親，君臣間是義，夫婦間是別，長幼間是序，朋友間是信。**說文**：「理，治玉也」，玉有文理，但須琢磨後文理才顯現。由玉的文理，引申為一切事物的理。古人倫字單用，即含理義；倫、理二字合用，乃強調人倫的理，二者含義並無不同（王開府，民77，6）。

傳統上「倫理」一詞，常以君臣、父子、夫婦、長幼、朋友五倫來涵蓋重要的人際關係之理；惟今日此詞含義較為廣泛，舉凡做人做事、待人接物的道理，都可稱為倫理。所以有家庭倫理、社會倫理、職業倫理、商業倫理、工業倫理、校園倫理、宗教倫理、網路通訊倫理等不同領域的倫理。我們在做

人時不免要兼顧做事，做事時不免要待人接物兼顧。而所待之對象不免為陌生人及社會大眾；故有所謂之第六倫（王開府，民77，6）。

西方哲學中，倫理與道德同用"ethics"或"morality"來表達。項退結先生編譯的布魯格**西方哲學辭典**說：「人對道德律作自由抉擇的態度稱為倫理或道德」，又說：「英文"ethics"或"morality"往往同指倫理學與倫理。中文『倫理』一詞本來雖指人倫關係，但幾乎與『道德』通用。」（王開府，民77，6）

道德雖不是個人、家庭、社會、國家、世界、宇宙的一切，但卻是個人、家庭、社會、國家、世界、宇宙的根本（毛松年，民76，217）。

我國古代歷朝，由於道德得到刑罰的支撐，所以道德觀念深植人心，大家都把道德奉為生活典範。數千年以來，我國歷史上雖時有朝代的更換，但均係以禮義為治國的基準，並沒有根本的改變，所以世人稱我國為禮義之邦（史錫恩，民76，147）。惟自清朝末年迄今，我國從不斷外患內憂，戰事頻仍，政治動盪，人民顛沛流離，民生朝不保夕的年代，過渡到兩岸政權雖持續對峙，然民生經濟建設大幅發展，而中華文化也有漸趨復興之勢。自鴉片戰爭以來，無數愛國仁人志士殫精竭慮，嘔心瀝血，亟謀救亡圖存。國父孫中山先生領導革命，以所倡三民主義為救國主義，國父之所以首講民族主義，即期以倫理道德為「民族主義」之本質，以甦醒人民道德精神為救國基石；如果細究三民主義的主旨精神，當可確定三民主義係以民族、民權、民生三主義本諸倫理、民主、科學為精義的救

國思想；亦可知國父的民族主義是基於我國傳統王道文化，重振國人倫理道德、民族國家的意識與信心，推動民族平等、互助、和平、融合的主張。

自十九世紀中葉以降，歷時一個半世紀以來，整個世界的人文與自然皆起了曠古未有的巨變。人類歷史的演進，快速從農業社會跨過工業社會又邁入後工業社會。在風起雲湧的變動波濤中，正是新舊思潮不斷對立、傾軋、競逐最劇的時代；也正是傳統倫理道德遭受巨幅衝擊，社會價值解體脫序現象最嚴重而亟待重構復興的時代。生逢在這一時代的中國人，正是生在人類競相爭逐優勢的狂濤之中，也正是置身於不斷摸索實驗嘗試錯誤學習、社會經濟政治思潮搖擺不定、戰爭侵奪整肅異己、價值疑惑文化迷失的血淚傷痛之中。

面對當代世界發展丕變的歷史，品德教育的重要性，實際上已為全世界人類生存所最殷切寄望的憑藉。今日的品德教育，尤其在惡質的政治、經濟、社會文化不斷汙染下，如何融會貫通傳統與現代，設計優良有效的課程教材教法，生動踏實的實施教學，以期扭轉世道人心，促進世界大同理想之實現，乃是極為重要的工作。

貳、學生需要的品德教育內容

一個人能否適當的長成，品德教育不但是所有學習活動裡最核心及根基的部分，而且是其人格形成的歷程裡最核心及根基的部分。換言之，品德教育應當為所有教育活動中的重心及基礎，俾便縱向上，個人自幼循著歲月能扎下恰當的品德發

展之基礎；同時橫向上，以品德教育為重心，其他各育能恰當地併同發展；如是，在個人的發展階段上，品德遂能獲致穩健的發展，個人乃能盡如其分地長成，而登於品格高峰。易言之，從縱向上看，學生需要適合其發展層次的品德教育；尤其可塑性最佳的童年、青少年及青年時期，更須扎好適當的德育基礎；再從橫向上看，學生需要能均衡地適當拓展其生活智能與情趣的德育；如此的德育，方是完形的，方有生命力，足能細水長流，源源不絕，成為其他各育發展的助力或動能。

上面所言有關學生所需的德育，提到了三個主要層面，其一是有關道德的發展階段與層次，其次是有關道德的知識及能力，再次是有關道德的實踐。其實，這三個主要層面，只是為著討論方便才予區分的；實際上，這三個主要層面，彼此都是互為表裡，水乳交融的。

品德教育既為個人立身處世所必需，那麼，究竟什麼內容的品德教育為個人所需呢？基本上，我們若將教育視同為一種「資訊處理」的基本模式，那麼，「品德教育」即為輸入項的「品德教育的內容」，經由處理項的「品德教導歷程」，到輸出項的「有品德的人」之整個歷程。事實上，「品德教育的內容」必須要顧及「品德教導歷程」及「有品德的人」這兩方面相關的因素。「品德教育的內容」是關乎那些作為品德的要素；這些要素自必受到「有品德的人」之預為規範的根本價值所定位。換言之，「品德教育的內容」須在「有品德的人」確定好基本的價值依據之前提下來建構的。在品德教育的內容上，首先最關鍵的問題是須先確定：「什麼是有品德的人？」或者說「有品德的人是依據什麼標準來決定的？」因此本小節

將「品德教育的內容」和「有品德的人」一併討論；而「品德教導歷程」側重受教者的品德發展和教導的方法，我們將其留待下一章來探討。

一、品德、道德及法律的作用

品德特重一個人的品格是否符合道德，係就做人的條件而發的。通常，針對社會上人群應守的言行準則，則用道德或法律二詞。道德強調人格的感化，法律重在指導和糾正。其實，道德也是一種廣義的「法」。任何法律皆須立於道德的基礎上。法律要靠政治組織的強制力，加以制定及施行的社會生活之基本規範。道德是人類品性或言行自發自律的卓越表現，同時也是善惡價值判斷的準則。道德成長於教育的力量，生根於個人內在的良心理性，茁壯於良知良能的自律，受制於個人良心或社會輿論的制裁。法律則控制規範人類外在的行為，成立於社會政治的組織之立法，倚仗公權力的權威以執行。是以，當公權力薄弱時，法律常受到嚴重挑戰。法律可說是最低限度的道德。因此，社會亦須以道德輔助法律之不足，以期保障大眾生活，維持社會秩序，使人類能夠和諧相處，社會更為文明進步（史錫恩，民 76，142-144）。

二、人和道德的關係

人是頂天立地的，不可與動物相同看待；最可貴的是人有理性與情感，亦即人有良心，能良知與良能；能認知事象，分

辨是非、衡斷善惡；同時能立下善意，使言行與之配合。因此，人可說是生來就要發展其良知良能的。而道德即是個人在生活的經驗中，因人同此心，心同此理，藉著良知良能，而個人的言行準則和眾人的言行準則不斷調和，以致形成集體的社會道德意識；儼然有一人所共知、共守和共行的行為規範。於是，道德成為大家均該惕厲志行的言行準則；能誠心篤行這個道，而有所「得」，就是美「德」。美德愈多，品格愈高，愈達於成「人」。否則，人而非人，就無人之德性，就不是個人了（歐陽教，民 76，157-164）。

三、道德判斷的基準

要判斷一個言行是否符合道德，需要參照某一道德的判斷標準；此判斷標準可說是一種充分必要的條件，藉以衡量被衡量者的言行；如能滿足要求的條件，則為正價值的善；反之，如不能滿足，則為負價值的惡；是以言行之道德價值判斷，乃有善德及惡德之別。至於那個充分必要條件的本身，則須有四方面的要素：第一，它必須是人生自己的要求，而非出自人生以外其他事物的要求；第二，它必須是可以實現的，也就是人力能夠做到的；因此，其言行準則或判斷標準則可為人所嚮往及實現的理想，而非空想；第三，它必須是普遍的要求，是大眾所共同要求的；愈為眾所求，亦即愈為眾所公認，也愈具普遍的效力；第四個要素，它必須是最高最權威的要求（陳大齊，民 76，6-10）。

四、道德的基本任務

能夠滿足道德判斷基準四項要素，做為善惡判斷的基本判準者，雖有多種主張，然皆不出於「人生的安寧」之外；捨此人之生存與生活之安寧外，其他一切儼然如浮萍一般，失去穩固的基礎。「人生安寧」是人自己所求、人人所可成就、人人所普遍要求、且是人人最高度的要求。道德的基本任務，即在於維護、鞏固及增進人生的安寧。言行有助於人生的安寧則謂之善，言行有害於人生的安寧則謂之惡；善惡的分別，完全決於言行所及於人生安寧的影響。

五、私德與公德無法嚴格劃分

通常以為所實現的是個人自己的安寧為私德，所實現的是他人的安寧為公德。惟個人的安寧與他人的安寧息息相關，一己的安寧必影響他人，而他人的安寧亦必波及自己；故無純粹的私德，亦無純粹的公德。如生活節儉，通常視之為私德；因節儉得以維持安定的生活，此點固屬私德；惟就其積蓄足以自給自養，不必依靠社會救濟，其精神足以為他人效法，則與公德有關。又如，施財捐血救濟，通常視之為公德，惟增進社會安寧，個人安寧亦必間接受惠；是故私德必兼有公德，而公德亦必兼含私德，不能嚴格劃分，更不會有所牴觸；祇要勵行道德，定可公私兼安（陳大齊，民 76，32-34）。

六、真偽與善惡的區辨

　　真偽為善惡的先決條件，但非充分條件；求善必先求真，去惡必先除偽；真偽分明，方能引導言行趨向於善而不入於惡；故真偽為善惡的先決條件。惟真者非必為善，偽者非必為惡；不能因其為真而即認定其為善，亦不能因其為偽而即認定其為惡。真偽與善惡，畢竟是兩種不同的向度，不能混為一談。真偽的辨明須靠認識作用；真偽是認識內容與認識對象的相合與否；認識真了，方能使言行得以獲致善果；認識錯了，定會陷言行於不善。如司機駕車，路向正確，方可順利抵達；醫師診斷正確，治療方能有效；若路向錯誤，目的地必無由到達；醫師誤診，定然導致治療錯誤後果（陳大齊，民 76，35-37）。

七、善惡判斷的認識層面

　　善惡的決定，要看言行對於人生安寧的實現，是有所貢獻抑或有所損害而定；善惡的決定，完全要靠對「言行」之能否滿足「善惡判斷的基本要求」的認識作用。正確的認識作用，須顧及以下三個層面：首先，須確認根本要求在於謀求安寧；其次，要認清事物的性能及其與相似事物間的區別；如和顏悅色能予人好感，盛氣凌人則引人惡感，此為客觀的事實；如不可誤認傲慢方足以顯示威嚴，謙恭足以暴露自己懦弱；又如諂媚不可誤認為謙恭，嚴肅不可誤認為傲慢等；似是而非，卻是

非而非是，顛倒是非，為害極大；再次，除事實的認識要確實做到真偽分明外，尚須進一步從認識事物現象進行善惡價值的認識與衡量（陳大齊，民 76，38）。

八、善惡價值的認識與衡量

吾人須注意大多數的事物之為善惡並不是於任何時空情況下皆可適用；如空氣流通用之於常人，自當適宜受用；但用之於須避免風寒之病患，則未受其益反失於其害。許多名詞，乍看之下，會直覺其為美名或惡名；惟若細究之後，其未必盡如先前之價值觀念；甚或原以為美名者，終究內含惡之成分；原以為惡名者，反卻有美之品質。如互助之為善抑或為惡，初無一定，必俟其助所當助方為善，助所不當助方為惡；又如若直言無隱，反使安寧嚴重受損，則不足以稱善；若善意隱瞞，甚至偽造謊言，以維安寧，實不必固執其為惡。道德上的言行，必經歷三個階段，初為認識，中為衡量，末為實踐；衡量是以認識為基礎，實踐以衡量為直接基礎，以認識為間接基礎。欲為善去惡，必先求認識真切，復求衡量正確（陳大齊，民 76，39-46）。

九、實然與應然的論斷

實然與應然應辨別清楚，不可混淆；真偽所論斷的，是事實的是否如此；故真偽問題，可說是實然問題。善惡所論斷的，是言行的應否如此；故善惡問題可說是應然問題。真偽與

善惡是不同而又相關的兩回事。是故，在討論實然問題時，只可用實然的眼光來討論，不可用應然的眼光來討論；在討論應然問題時，只可用應然的眼光來討論，不可用實然的眼光來討論；更不可因其為實然而承認其為應然，亦不可因其為應然而否認其為實然。電視每日新聞，皆有違法亂紀背離倫常之報導，斷不可誤以其既為存在事實，自可效尤。世上有不慈父母及不孝子女存在，然不可因此而承認父母可不慈，子女可不孝。父母當慈，子女當孝，然亦不可因此而否認世上之有不慈父母與不孝子女。荀子的性惡說，或可謂為不真，然荀子未主張人性應當是惡，未主張順性縱性，卻主張矯性化性，藉理智變化惡性為善性，故不可因荀子性惡說而判其為惡邪。生物界有生存競爭與弱肉強食的現象，惟於人世間，不可比照世間強凌弱與眾暴寡的事實，雖可承認其為實然，但不可謂其為應然，反應斥其為非應然，應遏止其萌芽滋長（陳大齊，民76，47-50）。

十、修養與品格的要義

修養乃是個人自行善化道德、成就品格的工夫。簡言之，就是做人的工夫。人不是天生下來就是完美無缺的；在成長過程中，不是沒有缺失的；因此，需要不斷使不美善之處，整治修成為美善，使尚未成長的，為之細心養育而能正常健康成長。一般常人的品格，難免容有缺失，所以有修養的必要。有品格的賢人乃至聖人，都是勤於修養，日新又新，自強不息，不斷精進修成的果位。道德之於個人，必內蘊於心之理智與情

緒，外發而形諸言行。情緒提供言行之推動力量，理智提供言行對象所涉事物的事實之認識及價值衡量。理智與情緒之性能，雖生來固具，惟須不斷琢磨，方能趨於成熟，二者互動，必待調整諧和，方能水乳交融。琢磨與調整，同屬精神之修養。修養重在使熱烈的情緒與清明的理智，兩相融洽，圓滿結為一體，致所作所為，熱烈有力且清明合理，達到情智交融的地步（陳大齊，民 76，51-58）。

十一、品格胥賴修養

品格一詞專指道德上的人格，意即人之所以為人所應具的品等格調。人之品格須靠精進修養方能臻於高尚水準。若怠忽修養或修養停滯於低下階段，則謂其為品格低下；若俟其修養到達高尚程度，則謂其為品格高尚；故品格有高下之分。修養的重點或主要工夫，古今聖哲賢達立說行事，各有殊勝高明特色。大抵不外擴充內心仁恕、慈悲、博愛、正義等之精神，充實知識並強化理智，藉以指引情緒，調和理欲，理智與情緒各得其當的功夫。古人重視「克己」工夫，即自為檢點，約束自身言行之修養工夫（陳大齊，民 76，59）。

十二、品格的等級

若以此檢束工夫為品格高下的判別標準，則品格可分為三類五級；最下者為無檢束型，次高者為有檢束型，最高者為無庸檢束型；第一類又可分為顯露的與遮掩的二級，第二類又分

為外鑠的與內發的二級。茲分述如下（陳大齊，民 76，
59-64）：

(一)顯露的無檢束型

此一類型的人，言行放任情緒奔馳，無所羈勒，肆無忌
憚，為所欲為，不避耳目，不顧他人反應，無視後果利害如
何。其人理智薄弱，無力拘束其情欲。

(二)遮掩的無檢束型

此一類型的人，無所檢束而耽於為惡，惟有所忌憚而不敢
顯露；作惡必避人耳目，不讓人知道；其所忌憚者，不是道
義，而是勢力。

(三)外鑠的有檢束型

此型之人，理智發展已能夠克制情欲，不任其隨意發洩，
已能掌握情緒，到達作適當流露之水準。無論有人與否，皆不
敢作惡；其所以有所檢束，不敢作惡而勉於為善，乃莫不出自
外力的壓迫與鼓勵。

(四)內發的有檢束型

此型之人，有所檢束而不做不該做的事，其檢束乃出自內
在的壓力，而非外在的壓力；其理智不但已發展至相當有力的
程度而能控制情欲，且已發展至相當清明的程度，其所指示，
雖未能謂為絕無錯誤，大體而言，堪稱精當。如遇不義之財，
心中未嘗毫無所動，惟悚然驚覺臨財不苟得，人格重於金錢，

一念之轉，而行於正道；修養至此，已可稱君子。

(五)無庸檢束型

此型為人之品格修養的最高級。其理智已無必要抑制及指揮情緒，而其情緒已修養到徹底理智化，已與理智合而為一。其為善而不為惡，已純乎出於自然，到了孔子所說「從心所欲，不踰矩」，**中庸**所說「喜怒哀樂……發而皆中節」，那麼樣「不思而得，不勉而中」的境界。修養到此高峰，可說已達聖賢人格的境地。

以上所述十二項，實無法盡括有關品德教育內容；例如，有關人生的苦痛與快樂之道、仁義與功利的關係、義與諸德的關係、形似功異的美德與惡德之區辨、諸德的衝突與調和、個人最低限度的義務、如何做好人生重要的角色、惻隱之心與羞惡之心、感激與懺悔、工作與休閒、性愛與婚姻、獨處與處群、社會道德與政治倫理、生態環境與道德倫理、提升 SQ 與 EQ 之道、人生觀與世界觀等主題，皆是品德教育內容上的重要課題；惟限於篇幅無法一一縷述（註）。

註：參考陳迺臣（民 79），**教育哲學**，心理；斯普朗格著（民 72），**人的條件**，聯經；馮友蘭著（民 84 台二版），**新原道**，商務印書館；朱光潛（民 79），**談修養**，翔元；陳大齊（民 76），**平凡的道德觀**，中華書局。

參、品德教育的課程及教材

一、品德教育的課程

　　品德教育的內容確定之後，尚須針對受教者的需要，設計課程與教材。學校教育最首要的目的，就是培養品德，陶冶人格。學校安排的種種學習活動，細究之下，可說都或多或少、或直接或間接與品德教育有關。有些課程的內容直接涉及品德的要素；另有些課程的內容，縱使實際上無直接關乎品德的要素，然其教學內容或歷程具有道德知識及行為上的類化效果，致受教者學習之後間接對品德有著正面的影響。

　　通常學校學生上課的科目表上，排有德育的課程；這些課程，從文字上即可認出其屬於德育的領域，例如：「生活與倫理」、「公民與道德」；惟另有一些實質上在進行著，卻不易覺察到的學習活動，並不列入科目表，甚或節目單中；然而卻在學校特殊的情境安排下，潛移默化，若有似無地、不著痕跡地進行著德育；例如：那些校園景觀，文化走廊及教室四壁上的圖案、繪畫、標語、文章、浮雕、紀念碑文，師長的身教，校園內人們來往互動的風格與氣息等。前者我們可稱之為「明顯的德育課程」，後者可稱之為「潛隱的德育課程」。前者明顯的德育課程，多半憑藉文字書面的德育教材，透過視聽媒體，於固定的時空，由教師主導進行德育的學習活動，它們多正式地列入科目表，有固定的教師任課，故也可稱其為「正式

的德育課程」。

其實，學校裡的正式課程，除了正式的德育課程之外，其餘均可稱為「非德育的正式課程」。這些非德育的正式課程，祇是大體以知識內容來分類的，並非全然與德育無關；況且德育的內涵，涉及知識界、行為界、自然界及人文界等各領域。因此，這些非德育的正式課程之內容，總涵攝品德教育之內容；或說德育的內容總或多或少有與非德育的正式課程之內容相重疊，而為其相互融通的部分，甚難絕對劃分為各不相屬相涉的內容。例如：語文課程裡的許多教材，涉及人生觀、世界觀、品格、修養等主題；數學涉及理性論證；科學涉及實事求是的精神，踏實做事的態度，以及造福民生的科技知能和素養；體育講究團隊合作、守紀律、尊重公正規則、強化群性、培養堅強、奮鬥、自信等人格特質；美藝課程重視情的美化和欲的超脫，為品格修養中重要的一環；其他各種專業課程，自須包含其專業倫理的內容。

在明顯的德育課程與潛隱的德育課程之間，尚有一些所謂的「非正式的德育課程」；這類非正式的德育課程，通常並未列入上課的科目表中，比較不重視系統知識的獲得，較側重透過活動以培養興趣及處世待人的實踐能力；例如：童子軍社團活動，服務性、文藝性、慈濟性、宗教性、運動性等社團活動，配合時令節慶參與的文化活動，參與社區的服務或文化活動等。

二、品德教育的教材

品德教育的內容確定了品德教育的綱目，並蘊涵於品德教育的課程之內；各級教育各類學校針對受教者的發展狀況，統合學校各種課程，將德育內容組織成各種形式的學校德育課程；教師或輔導人員依據這些課程的教學綱要或教學內容所指向的目標，即須進一步展開教材的蒐集及設計的工作。

(一)教材的蒐集

1.誰來蒐集

首先德育的教材蒐集工作，最現成方便的就是備有教科書；但是教科書往往在德育教學上，容易造成被動學習，剝奪學生蒐集、探索、思考、綜合等能力的學習機會，導致學習興趣低落的現象。所以，教師有必要指導學生主動蒐集德育學習的有關資料，並且指導學生設計成適當的表現形式。德育的指導，要重視讓學生更有機會、信心、意願地投入學習；為發揮指導效果，指導須與交流互動相並行。教師須將適合於學生蒐集的部分，留給學生來蒐集；有些教材資料是教師得於課前預先蒐集並設計妥當的。

2.從何處蒐集

除了直接採用教科書上的教材外，師生最好可從鄰近的圖書館、教學資源中心等機構，取得所需資料；如可在一般書局中，買到我國古時學子修身的資料，如：**幼學瓊林、四書、三**

字經、朱子治家格言、了凡四訓、感應類鈔、曾文正公家書、萊根譚，成語故事等書。這些資料可能取自百科全書、人物誌、傳記、叢書、雜誌、歷代史誌、報紙、小說、劇本、影片、電視節目、戲劇節目等；所有的資料都可能存儲於電腦的硬碟、軟碟、CD、DVD、VCD、ZIP 之中，可透過電腦讀取資料，並可上網路檢索及提取所需網站資料庫中的資料。

㈡教材的設計

有些文字的材料，或許要重新摘要，並製作成適當的字型及格式；圖像及表格的資料，或許得從書面的大小，放大到紙張大小適合的尺寸，並附註資料出處來源；有些資料可製作成投影片、幻燈片；有聲媒體和文字圖像媒體的資料，可利用多媒體機組與電腦結合，於教學現場作具體的呈現。教師可以進入視聽媒體的豐富資源之中，擷取教學適用的教材，並於電腦上製作所需的式樣，或直接使用於教學場地。學生於觀賞電視或戲劇節目之際，敏銳摘記重點、感受，隨後作進一步交流分享、評述、欣賞等活動的資料。

體能教育

壹、體能教育的意義與內容

一、體能教育的意義

「體能教育」簡稱「體育」（physical education）。將「體」和「育」兩字連在一起，成為「體育」這一個專有名詞，用以代表一種特殊形式和內容的教育，還是十九世紀末葉的事（江良規，民 57，2）。將體育的現象作為一種學術研究的對象，乃有現代的「體育學」。透過體育現象的學術研究，讓吾人對於體育運動的知識與技能得到正確的理解；同時對於導正社會過去對體育運動長期以來的偏見與曲解，貢獻極著。

「體育」一詞有相當多不同的界說，或多或少，各有所偏。有的體育學者較強調運動的訓練與影響；認為「體育」是用適當和適量的身體活動的方法，使其人格、個性及身體都得到益處的一種體格上的訓練（樊正治，民 82，315）。也有人認為體育就是指運動、競技、體操、泅水、打拳、舞蹈等活動而言。

體育學家江良規綜合了若干體育之定義，認為：「體育就

是教育，以經過選擇組織的大肌肉活動為方法，以特有的場地設備為環境，以有機體固有的身心需要為依據，使個人在實踐力行之中，使體格獲得完美的發展，行為加以理性的控制，動機能有正當的滿足，動作富於和諧的協調，進而擴展經驗範圍，提高適應能力，改變行為方式，傳遞固有文化，一方面繁榮生活，一方面發揚生命意義。」（江良規，民 57，2）

二、體育在全人教育中的地位

美學教育家朱光潛曾謂：理想的教育應以發展全人為鵠的。全人包含身心兩方面，修養也應同時顧到這兩方面。心的修養包含智育、德育、美育三項，相當於知、情、意三種心理機能。身的修養即通常所謂體育。朱氏並謂過去國人輕忽體膚，以為沒有心靈那麼高貴，甚至把體膚看成心靈的迷障，要修養心靈須先棄體膚的需要；這種錯誤觀念，影響體育健全發展甚重。他有鑑於以下三點：國人身體羸弱，輒至才智正待施展之年，即告體力衰憊，終至豪情壯志功虧一簣，此其一；身體羸弱常影響性情和人生觀，導致悲觀厭世，暮氣沉沉，此其二；而德行虧缺大半可歸因於身體羸弱，由於體力虛弱，致遇事偷安取巧，苟且因循，意志薄弱，此其三；乃極力倡導體育、優生、健康衛生的日常生活，藉以徹底改造全民族的健康（朱光潛，民 79，179-185）。

幼兒期至兒童期的生活經驗，對於一個人的個性發展、自我概念的形成，諸如：認為自己到底是不是一個有用的人，能進取或是畏縮的人等信念，具有關鍵性的影響。而兒童的體能

教育，事實上是與他的整個全人發展緊密關聯著的。當兒童到了能爬、能跳、能叫、能哭時，我們就要讓他適時適量地爬、走、跳、叫、哭、鬧。因為這些動作的發生，就是說明兒童的肌肉、神經系統已經發展到可以如此作的程度。同時在兒童生活中，不讓他做一兩樣稍微危險的事情，這個小孩永遠不能學習到勇敢的感覺。假使在兒童時代所學習到的是「我不能作這樣，我不能作那樣」，如此一來，兒童們就可粗略分類為兩類：一類是什麼事情他都願意去試試，另一類是什麼事情都畏畏縮縮不敢去做。然而今天這個世界，需要的是能夠或至少是願意試試看的人，不是需要那些我不能、我不敢的人（樊正治，民82，315）。

一般人對於體育的看法，是說體育能使人力量增加，耐力增強，使人長得健美；這些好處，固然是不可否認。不過，體育的好處，絕不僅止於此；其中最大的好處之一，就是體育能夠幫助解決青少年犯罪的問題。例如，由於在不良青少年問題嚴重的社區，成立青少年俱樂部，有專人在那兒教導青少年學打籃球、棒球、拳擊、柔道等運動；結果不良青少年在俱樂部裡，找回失落的自我，重新獲得健康的發展，學會了真正的為人處世之道，並建立起他們生涯中的重要認同。

三、體育的主要內容

體育不是孤立於智、德、群、美育之外單純的四肢活動，而是發展人類的身體機能、運動能力、心智能力、社會行為和公平競爭精神的重要活動（郭為藩、高強華，民77，46）。

體育有其哲學、生理學和心理學方面的理論基礎。體育的內容不能脫離運動、競技、球類活動、體操、游泳、田徑、舞蹈等活動。但是體育活動絕非是無意識的反射動作，更非漫無目的和組織的盲動（郭為藩、高強華，民77，46）。

體育的內涵實包括生理、心理、力學、衛生、保健，乃至科學探討應用等智育的範疇；而體育精神更涵蓋道德、紀律、風度、公平競爭、社會關係，乃至生活品質、情趣、休閒等領域（樊正治，民82，47）。

體育要使參加活動的人，活動得有興趣，活動得有組織，活動得有效果，然後才能發揮其功能。沒有經過選擇和嚴密組織的運動項目，不能納入體育系統。凡屬於體育領域內的運動項目，必具有某些共同的特質，使參加的人身體情況日趨進步，品格修養合乎規範，心理狀態平衡正常。江良規博士分析體育的內容，認為屬於體育範圍的運動，必須具有大肌肉活動、自然活動、表達活動、團體活動、比賽活動和業餘活動等特質（盧欽銘，民75，272-274）：

㈠體育必須是大肌肉活動

因惟有大肌肉活動方能促進各器官系統的功能、肌肉的發達、動作的靈活、身體姿勢的健美，故不是大肌肉活動所組成的任何活動，不能稱為體育。

㈡體育必須是自然活動

組成體育活動的動作，如跑、跳、滑、泅、爬、攀、懸垂等，都是基本的自然活動。自然活動伴同人類歷經各階段的進

化過程，並不因社會生活方式的變更而減弱其衝動和興趣。

㈢體育必須具有表達活動

人類的基本欲望除求生存外，尚求自我的表達；人類不僅要求食衣豐足，還有理想、抱負、愛好和興趣等精神追求。這種追求志在表達其生命的存在；而運動正是達成這種追求的途徑之一。

㈣體育必須具有團體活動

人是不能離開人群而單獨生活，人一定要經營社會生活。個人要適應社會生活，必須要培養出合乎規範的社會行為。以團體方式實施的體育，一方面可使學生了解個人的價值，一方面能認識團體意識的重要，成為理想的好公民，它是提供社會生活的一種良好的實驗環境。

㈤體育必須具有比賽活動

競爭與合作都是人類重要的社會行為。個人的追求卓越，透過與別人比較，驗證自己的能耐，都是很自然的心理與行為。重要的是如何公平競爭、協同合作，如何能良性競爭，保持君子風度，如何在競賽中團結合作發揮潛力等，皆須有比賽活動的體育為之。

㈥體育必須是業餘活動

比賽既為體育不可少的手段，因此有強調業餘體育精神的必要。一切比賽活動，都要切實符合業餘條例，才能發揮競技

運動的教育價值。勞工化、商業化和政治化的運動和比賽,在體育領域內是沒有立足餘地的。

四、體育的目的

長期以來,體育的目的一直受到世人有意或無意的曲解。尤其是在今日以資本為主導社會經濟的世界,體育運動化成商品,配合廣告行銷,體育與運動像是一種以娛樂為主的製造業,使很多人在「觀賞」體育與運動的電視節目時,彷彿自己有了參與體育與運動的幻覺;事實上,這些人的確養成「觀賞運動」的習慣,卻沒有養成「實際運動」的習慣。社會裡不斷有著各色各樣的體育活動與運動節目,但是往往可以看到不少荒腔走板的扭曲現象,例如,完全專騖於運動紀錄的創新,甚至服用禁藥等;有的活動與節目之所以舉辦,背後卻又充滿著政治上的用意,而不是真正著眼於體育的扎根或純粹的體育工作上。有些體育活動僅強調技術的磨練、肌肉的強化等身體上的局部效果;長此以往,積非成是,使得此種窄化及異化了的體育面貌,於無形之中反成了正當性的存在(樊正治,民82,93-176)(註)。

在教育的立場上,體育的目的,按體育學家江良規綜合各家的意見,認為體育有以下四方面的目標(江良規,民57,98):

(一)發展身體機能,以改進身體情況,提高身體的適應能力。

(二)發展運動能力,使個人動作有用、省力、熟練而優美,一方面發揮工作效率,一方面增進活動樂趣。

㈢發展心智能力，從活動中學習個人應付新環境的知識，判斷是非曲直以及控制情緒。

㈣發展社會行為，用運動員風度及公平競爭精神，應付複雜的社會關係，期能和平相處，共為人類幸福而努力。

教育學者黃政傑謂：體育是以身體活動為中心的整個有機的教育。透過體育，學習者的身體獲得生長發展，身體健康獲得增進，各種生活技能亦能獲得培養（例如動作控制、自衛、休閒活動、反應及判斷等能力）。個人品格像自制、自信、堅忍、進取、公平、公正、服從、守法、合作、尊重等等，也需要透過體育來發展。運動和勞動可納為體育的一環，但不等於體育。體育不純是技能競賽或健康教育（黃政傑，民 81，53-54）。

貳、學生需要的體能教育

體育為整個全人教育的一環，自當依據教育的原理原則以實施之。教育的原理原則，自必順乎教育哲學、教育心理學、

註：該書第四章奧林匹克運動哲學導論，述及古柏坦爵士（Baron Pierre de Coubertin,1863-1938）成功地將古代奧林匹克主義高尚的傳統，融合到現代奧林匹克運動會的重建上；他以新人道主義的哲學，透過體育運動，來傳播運動是為著健康、快樂、消遣，也是為文化、藝術的理念，而非為表現力量、威勢或金錢，以及促進世界一家，消除民族間的對立等理想。不過自一八九六年現代第一屆奧林匹克運動會於雅典舉行以來，奧林匹克運動所欲達到「美、善、真的永恆精神」之崇高理想，一直受到多種勢力的汙染，而面臨能否繼續健全發展的危機。

教育社會學、教育人類文化學等的研究結果。是故，體育必須就受教者的身心發展、心理需求、社會結構、文化特性、地方特殊環境、體育資源、體育目的等要件，來建構適合學生所需的體育。茲將重點分述如下：

一、符合個體身心發展的體育

首先，學生需要的體育，無論是體育的目標、體育教學的時間、運動的類別項目、運動內容的質量、教材的編選、教學進行的方法等，皆要能符合學生的身心發展狀態。惟有如此的體育，方不致揠苗助長或是削足適履；學生方能有興趣，自動有效地投入體育學習活動。

二、配合學生生活需要的體育運動

早期人類的生活是與運動緊密相連的。人類文明演進，跨入到社會以工商業為主的時代，機器取代了大部分的勞動，兒童進入學校準備未來的生活；不像過去的初民社會，兒童需要隨同成人出外學習狩獵，至少生活裡有許多大肌肉運動的機會。現代的兒童及青少年，平日大肌肉運動的機會極少；因此，學校的體育課程，乃成為添補他們身心均衡發展上與生活內容上極其需要的部分。

三、結合地方環境與文化特色的體育

體育係以身體的運動來進行教育；而身體的運動常隨地方環境與文化特色而轉移。例如北地寒帶氣候，戶外滑雪、溜冰等雪上及冰上運動，及室內的球類及體操運動等，自然為學校體育所必要；而水上運動乃因應熱帶溽暑氣候地區而更形重要；再者，某些田徑運動如長距跑、障礙跑為丘陵地區所適宜。又如，某些運動項目係淵源於某一文化族群，如冰上曲棍球為加拿大人所喜愛，又如我國民間的拳、棍、劍、刀、槍等武藝可為學校體育特色之項目。

四、開發學生內在心靈所需的體育

學校的體育課內容，不宜墨守成規，一成不變；體育課內容除動態的運動外，尚宜輔以知情意層面之體育精神於學生的心靈感動之中。學生所需的體育，乃是純淨的體育，不是為商業利益及政治扭曲及污染的體育。它是真正的體育，是具有崇高理想的體育，是啟迪智慧、增進身心健康、促進人我互愛的體育。

五、發揮體育功能的體育

學校的體育課，不宜被視為聊備一格或次等的課程；也不應被視為「放羊吃草」，讓學生自行活動或「鬥牛」比賽，認

為達到身體流汗舒暢的地步，就功德圓滿。體育不能只是自限於強化肌肉、增強體力的訓練；體育也須跨出只圖挖掘及訓練明星的近利短視作風，回歸於實現全人教育理想的體育上。

參、體能教育的課程與教材

一、體育課程

　　表面上好像學校教育的課程表上有了體育課程，體育課就完全涵蓋所有的體能教育了；然而，事實上，五育是環環相扣，相輔相成的。所有的課程都可說彼此或多或少相互關聯。例如：歷史課程的內容裡，列入有關古代民族之間為求贏得戰爭，不斷改良兵器，訓練士卒，精習武術；貴族軍人以較量射御摔跤度日；為尋求和平，乃有古代奧林匹克運動會之舉行，以期實現各族人民皆手足一家的崇高理想。凡此史實，與體育運動項目的發祥、體育的精神理想等，密切有關。其次，語文課程以及「公民與道德」或「生活與倫理」課程的內容裡，或可選擇與體育有關的教材，如**論語・八佾**第三：「君子無所爭，必也射乎，揖讓而升，下而飲，其爭也君子。」**孟子・公孫丑上**：「仁者如射，射者正己而後發，發而不中，不怨勝己者，反求諸己而已矣。」或在中小學英文課教材中，有奧林匹克箴言（Olympic Motto）："The most important thing in the Olympic Games is not to win but to take part, just as the most important thing in life is not the triumph but the struggle. The essential thing is not to have conquered but to have fought well. " （樊正治，民 82，5，372-379）

又如，美勞及音樂課，甚至小學數學課，皆可與體育課相聯絡教學；例如可製作運動會旗、紀念品，聽唱進行曲、運動會紀念歌；可將算術四則運算問題轉化成運動比賽上的問題等。再如，於學生社團活動或團體活動中，能觀賞並討論一些有關運動員故事的影片等，都是極好的教育作法。

若就當前小學體育課程中的運動類別來看，現行國民小學體育課程標準教材綱要規定低年級有徒手遊戲、器械遊戲、球類遊戲、舞蹈遊戲；中年級有體操、田徑、球類、舞蹈、其他；高年級有體操、田徑、球類、舞蹈、國術、其他等主要類別（教育部國民小學課程標準審查小組，民 83，221-227）。

二、體育教材

身為一位體育教師，在進行體育課教學之前，自當需要將一學期的教學計畫先行設計擬好；要將這項工作做好，必須得善於編選及組織教材。茲就小學體育教材編選及組織的一般要點列舉如下（教育部國民小學課程標準編輯審查小組，民 83，229-230）：

㈠應根據教材綱要及兒童的能力、興趣、經驗與需要，選擇適當的教材。
㈡應多採用自然活潑且富大肌肉活動的教材，以促進兒童身心的正常生長與發展。
㈢應多選擇富於競爭性與冒險性的教材，以培養兒童求上進、

愛榮譽、冒險及進取的精神。

㈣應多選擇能訓練動作平衡、判斷正確與反應敏捷的教材，以培養兒童適應生活環境的能力。

㈤應多選擇富於社交性、娛樂性與團體性的教材，以充實兒童的康樂生活，培養兒童友愛、合作、守法及服務等美德，奠立團體生活的基礎。

㈥應編製室內應用教材，以備雨天室外不能上課時使用。

㈦各種教材應有適當的進度，且要由淺入深，由簡而繁，前後取得聯繫，而成一貫的系統，使能循序漸進，獲得良好的教學效果。

㈧選配教材時應顧及運動種類的平衡性，以增進兒童運動知能的全面性發展。

㈨適時選編創造性體育教材，納入體育課程中，以培養兒童創造思考能力。

　　由於體育課包含的運動類別及其項目很多，且各運動項目的教材教法亦各有獨具之特色，是以又有逐一按各運動項目的分項教材編選及組織的要點；通常體育課程標準中之教材綱要內，均有原則性要點的列舉。

　　在有了教材編選及組織要點之後，剩下來的工作，就是依照要點實際地擇取適當教材；而體育教材可取自以下的資源中：

㈠專項運動的書籍、雜誌。

㈡一般綜合性體育運動書籍、雜誌。

㈢一般報紙體育版上的體壇新聞及知識的報導。

㈣以體育及娛樂消息為主的報紙及雜誌。

㈤體育運動專業的教科書、百科全書。

㈥體育與運動術語辭典。

㈦體育與運動學術團體出版的期刊、年刊、通訊、專題小冊、書籍等。

㈧運動員的自傳。

㈨政府體育主管機構出版的定期或不定期刊物、書籍等。

㈩電腦網路資料庫的體育與運動資訊。

從上面的資料來源中，可以選取所需的適當教材；以下的資料，常是體育教師值得注意摘取的對象：

㈠運動教練的體育哲學。

㈡傑出運動員的生平、運動生涯的苦樂與智慧之言。

㈢運動員的精神訓練，包括戰鬥意志、體育精神及運動道德的培養與認識。

㈣專項運動的知識。

㈤體育運動電影、小說。

㈥體育運動採訪、報導。

㈦運動紀念品、運動歌曲、運動詩詞、標準動作及體育運動設施的影帶及照片。

㈧體育運動大事記。

㈨推廣體育運動之團體組織的崇高理念、奮鬥經驗。

㈩體育運動組織領袖的不朽講話。

第五節

美感教育

壹、何謂美感教育

一、美感教育的意義

「美感教育」（aesthetic education）簡稱「美育」。要了解美育，勢必要先了解：「美」（beauty）或「美感經驗」（aesthetic experience）是什麼？當人們在鑑賞藝術作品時，是要依據美的價值判斷來定該作品的美；而美一定是要有美感經驗方存在；是故，美通常即指美感經驗而言。由於，人的美感經驗和美的價值判斷常隨個人內外在多種因素的影響而轉移；因此，要說明美的本質，要下一個美的定義，不是一件易事。

在世界上，人雖有不同種族、不同文明、不同語言；在社會中，人雖有不同背景、不同階層；然而似乎只要是人，沒有不對「花」有美的感受。花似乎是大自然中一種美的象徵。人可以單純地感覺到花好美，也可深刻地領悟一朵花（蔣勳，民88，9-12）。美是人類內心世界的一種精神活動。美的東西可以存在於大自然界中，我們看到朝陽、落日、晚霞、雲海、平原曠野，都可能興起「美」的感受。美的對象也可在人間世界

存在，我們可在一個青年身上感受到青春之美；在一位母親身上感受到母性的美；在一位老者布滿皺紋的臉上感受到難以言喻的生命之美（蔣勳，民 88，15）。

另外，「美」成為一種人類嚮往以求的行為，乃和「藝術」有密切的關係。人類寫詩、畫畫、演奏樂器、唱歌、舞蹈、演戲，這些行為統稱之為「藝術」。透過各種形式的藝術，人性得以漸臻至善之境，社會得以安樂和諧，文明得以躍升進步。

對於「美感教育」，有的學者較側重藝術的教育功能，故有「美育」也就是「藝術教育」的看法。認為藝術是感情的一種表現。這種表現，以線形色彩的配合（繪畫）、節奏的運動（舞蹈）、和諧的聲音（音樂），以及有著一定韻律的字句（詩歌）而表現出來（伍振鷟，民 75，278）。

也有學者認為美育不只是藝術本身的教育，所謂「美育」，它應該是一種「審美教育」或「美感教育」，透過身體美、社會美、自然美，尤其是藝術美的教育，形成學習者正確的審美觀點、健康的審美情趣、高尚的審美理想，培養其感受美、欣賞美及創造美的能力，陶冶情操，美化心靈、美化身體、美化社會和自然。身體美包含了對於個人身體的美感體驗，擴大言之還可以包含心靈的部分，例如純真之美、沉靜之美。社會美是指社會生活中各種事物的美、物質產品的美和生活環境的美等等。自然美是指以自然事物作為對象的美感體驗。而藝術美是指經由藝術家對各種美加以詮釋、加工、生產而成的美（黃政傑，民 81，54-55）。

基本上，美育乃是一種借助美感的陶冶，使受教者在不同

類別的藝術領域裡，透過不同的藝術材料、內容、表現形式、創作、欣賞、批評等方式，而能對自然與人文世界形成正確的審美觀點、健康的審美情趣、高尚的審美理想，高度感受美、欣賞美及創造美的能力，在此種美感陶冶的歷程中，情操得以高貴，身心得能美健，全人的理想得以實現。

二、美感教育的必要性

民國初年教育家蔡元培即曾提倡美感教育。蔡氏謂：「教育有二大別：曰隸屬於政治者，曰超軼乎政治者。教育家循政府之方針以標準教育，常為純粹之隸屬政治者；共和時代，教育家得立於人民之地位以定標準，乃得有超軼政治之教育。」並謂：「以現世幸福為鵠的者，政治家也；教育家則否。蓋世界有二方面：如一紙之有表裡，一為現象，一為實體。現象世界之事為政治，故以造成現世幸福為鵠的；實體世界之事為宗教，故以擺脫現世幸福為作用；而教育者則立於現象世界，而有事於實體世界者也；故以實體世界之觀念為其究竟之大目的，而以現象世界之幸福為其達到於實體觀念之作用。」（王鳳喈，民52，372-378）

又謂：「在現象世界，凡人均有愛惡驚懼喜怒悲樂之情，隨離合生死禍福利害之現象而流轉；至美術則即以此等現象為資料，而能使對之者生美感，以外一無雜念。例如採蓮煮豆，飲食之事也，而一入詩歌，則別成興趣；火山赤舌，大風破舟，可駭可怖之景也，一入圖畫，則轉堪展玩。是則對現象世界無厭棄而亦無執著者也。人既脫離一切現象世界相對之感

情，而為渾然之美感，則即所謂與造物為友，而已接觸於實體世界之觀念矣。故教育家欲由現象世界而引以到達於實體世界之觀念，不可不用美感之教育。」（王鳳喈，民52，372-378）

蔡氏期藉美育之作用統合各育，以補救當時實利主義、軍國民主義、公民道德、世界觀之教育思潮的偏頗或不足。就今日看來，美育不但為個人平日生活所需要，尚且為個人成長為「人」所必需。同時，美育也為家庭、社會、國家，乃至世界的和諧安寧，文明的昇華健全所不可或缺。

三、美感教育的目的

世間事物有真、善、美三種不同的價值，人類心理有知、情、意三種不同的活動。這三種心理活動恰和三種事物價值相當：真關於知，善關於意，美關於情。人能知，就有好奇心，就要求知，就要辨別真偽；人能發意志，就要想好，就要趨善避惡，造就人生幸福；人能動情感，就愛美，就歡喜創造藝術，欣賞人生自然中的美妙境界。求知、想好、愛美三者都是人類天性。人生來就有真、善、美的需要；真、善、美具備，人生才完美（朱光潛，民79，195）。

教育的功用就在順應人類求知、想好、愛美的天性，使一個人在這三方面得到最大限度的調和發展，以達到完美的生活。教育的目的在「啟發」人性中所固有的求知、想好、愛美的天性本能，使它們盡量發展（朱光潛，民79，195）。**中庸**上說：「天命之謂性，率性之謂道」，人追求道，不過是為了順循自己的天命之性罷了。人修道之極致，將自己的天性本能

作最充分而完美地發揮實現，孔子稱此實現極致為「成仁」，孟子稱之為「盡心」、「踐形」、「上下與天地同流」，在**大學**上叫「盛德至善」、「明明德於天下」，在**中庸**叫「率性」、「盡性」、「達天德」。修道至此境界，天人合而為一，可以參贊天地之化育，而樂莫大焉（王開府，民 77，244）。

綜上可知，美育的目的，在於啟發兒童、青年藝術欣賞的興趣，並培養其藝術創作的能力，以陶冶感情，而發展情操，俾其生活得以充實，而生命更有意義（伍振鷟，民75，278）。

四、美感教育的內容

藝術教育雖是美育重要的一環，但美育還可透過身體、社會、自然美來施教。美育也不只創造美而已。對許多孩子而言，他們也許不能創造或很少創造，但他們可以感受、可以欣賞，這方面的能力更是美育的重點。美育的內容是很廣泛、很豐富的，凡是存在美的領域，都需要進行審美的教育（黃政傑，民 81，54-56）。

美，它是藝術的對象。藝術活動通常分為欣賞與創造。欣賞全是價值意識的鑑別；藝術趣味的高低全靠價值意識的強弱。趣味低，不是好壞無所鑑別，就是歡喜壞的而不了解好的；趣味高，祇有真正好的作品才夠味，低劣的作品反使之作嘔。藝術方面的愛憎有時更甚於道德方面的愛憎。行為的失檢或可以原諒，然趣味的低劣實無可寬宥（朱光潛，民 79，191）。

至於藝術創造更步步需要謹嚴的價值意識。在作品醞釀中，許多意象紛呈，許多情愫泉湧，當興高采烈時，它們好像八寶樓台，樣樣驚心奪目，可是它們不盡經得起推敲。此際，必須要知道有所割愛，知道剪裁洗鍊，才可披沙揀金！已選定的材料，需要懂得分配安排。講究每部分的分量、先後位置、頭尾和身材、濃淡虛實、重點與陪襯點。一俟選擇安排胸有成竹，即可將其描繪，藉特殊媒介，如圖畫用形色、文學用語言，來傳達表現。一個意思的說法，要達最恰當妥貼，必有賴嘔心瀝血去推敲琢磨。創作的每一步都須有美的價值意識在鑑別審核。創作者必同時是他自己的嚴厲批評者。在美的欣賞與創作上，一如道德，一樣需要良心，良心使得藝術的創作者不苟且敷衍、不甘落下乘（朱光潛，民79，191-192）。

五、美感教育的功能

　　美育的主要功能，在於誘導人生，使之趨向於精神發展的向上途徑（伍振鷟，民75，278）。

　　因此，美育為德育的基礎。美育不但不妨害德育而且是德育的基礎（朱光潛，民79，199）。

　　美學家朱光潛謂：「道德起於仁愛，仁愛就是同情，同情起於想像。比如你哀憐一個乞丐，你必定先能設身處地想像他的痛苦。詩和藝術對於主觀的情境必能『出乎其外』，對於客觀的情境必能『入乎其中』，在想像中領略它、玩索它，所以能擴大想像，培養同情。」又謂：「儒家在諸德中特重『仁』，『仁』近於耶穌教的『愛』、佛教的『慈悲』，是一

種天性，也是一種修養。仁的修養就在詩，儒家有一句很簡賅深刻的話：『溫柔敦厚詩教也』。詩教就是美育，溫柔敦厚就是仁的表現。」（朱光潛，民79，199）

朱氏進一步解說，美育的價值還不僅在此。他提及西方人的一句格言：「藝術是解放的，給人自由的」。謂此話最能見出藝術的功用，也最能見出美育的功用。藝術和美育是「解放的，給人自由的」，其要義如下（朱光潛，民79，200-206）：

(一)本能衝動和情感的解放

人類生來的本能衝動和附帶的情感，都需要活動宣洩。但在實際生活中，它們常互相衝突，且受文明社會中道德、宗教、法律、習俗等的種種約束。此種本能衝動和附帶的情感僅可暫時壓抑，不可永遠消滅，如果強予壓抑，乃凝成鬱結（complexes）隱藏於潛意識（subconscious），遂造成精神上的種種病態。

這種本能的衝動和附帶的情感，所形成蓄勢待發的潛力，可以藉文藝而宣洩。因為文藝所給予人的是想像世界，不受現實世界的束縛和衝突。在這想像世界中，文藝可把本能衝動和情感提升到一個較高尚純潔的境界去活動，本能衝動和情感才得自由發洩，不致凝成鬱結，釀成精神病態。文藝有紓解本能衝動和情感的功用，對於心理健康確有極大裨益。

(二)眼界的解放

宇宙的森羅萬象，變幻無始無終。正因如此，在這無休止的變動歷程中，每一時每一境都是個別的、新鮮的、有趣的。

美感經驗並無深文奧義，它只是吾人在人生世相中見出某一時某一境特別新鮮有趣而加以流連玩味，或者把它描寫出來。一般人對眼前本具新鮮有趣之物，常視若無睹，其不能「見」，必有所蔽。蓋吾人通常總是自囿於習慣所築成的狹窄牢籠中，致眼界為之所「蔽」，而無自覺。正因吾人都有所囿、有所蔽，以致許多東西都不能見，而所見的天地卻是非常狹小、陳腐、枯燥的。

詩人和藝術家之所以超過我們一般人者，就在情感比較真摯，感覺比較敏銳，觀察比較深刻，想像比較豐富。我們「見」不著的，他們「見」得著；並且他們「見」得到就說得出；我們本來「見」不著的，託他們「見」著說出之福，讓我們也可以「見」著。這種眼界的解放給予我們不少的生命力量，使我們覺得人生有意義、有價值，值得活下去。許多人嫌生活枯燥，煩悶無聊，原因就在缺乏美感修養，見不著人生世相的新鮮有趣。這樣的人極易頹廢墮落，因為生命對於他們失去意義與價值。

(三) 自然限制的解放

自然的世界是有限的，受因果律支配的；社會由歷史鑄就；人由遺傳與環境造成。人的活動寸步離不開物質生存條件的支配，人在自然界中是極無自由的。人可以說是兩重奴隸：第一人得服從自然的限制；其次人得受自己的欲望所驅使。人惟有在精神世界裡，才可以走出自然的掌握，可以在自然世界之外，另在想像中造出較合理的感情世界，這就是藝術的創造。

在藝術創造中，人可以把自然拿在手裡把玩、剪裁、錘鍊，重新賦予生命與形式。所有的文藝傑作，乃至於每個人在人生自然中所欣賞到的美妙境界，都是如此創造。美感活動是人在有限中所掙扎得來的無限，在隸屬中所掙扎得來的自由。在服從自然限制而汲汲於飲食男女的尋求時，人是自然的奴隸；在超脫自然限制而創造、欣賞藝術境界時，人是自然的主宰。多受些美感教育，就是多學會如何從自然限制中解放出來，由奴隸變成主人。

貳、學生需要哪些美感教育

每一位學生都需要美育；不過教育基本上要順應學生的個別差異，因材施教；美育自然不能例外。在此前提下，學生所需的美育，應有以下的特點：

一、配合身心發展的美育

美育一定要依學生的身心發展階段和狀況，提供或安排適合該身心發展階段和狀況的美育。由於藝術的類別甚多，且限於篇幅，無法一一論述，茲僅就兒童繪畫為例，說明如下：

在兒童能塗鴉起到十歲左右，兒童畫的常是自己心中所想的、所看的東西，即使顏色亦復如此，他們塗的顏色，常常只是自己喜歡的，自己想塗的顏色。同時，能夠這樣無拘無束地表現自己的兒童，繪畫對他們來說，是一項永遠使他們感動的工作。不過，絕大多數的大人們認為這些畫拙劣得不可思議，

甚至懷疑其子女的智力；大人的這種看法是相當大的錯誤（陳
輝東，民 61，14）。

教師及父母需要了解兒童在不同的發展階段，於繪畫上可
能會有的主要行為特徵及應當注意的事。例如三、四歲所謂
「錯畫時期」的幼童，他們會隨處塗抹，這可說是幼兒的一種
遊戲的創造活動。這時的大人不宜奪走他們的蠟筆，訓斥責罰
他們亂塗等壓制性的言語舉動。因為這樣等於剝奪幼兒過一種
真實的兒童天性的生活，容易製造許多在精神上，尤其是情緒
上，沒有得到正常發展的小大人（陳輝東，民 61，42）。

二、充分自由表現創造性的美育

例如以兒童繪畫來說，我們希望兒童不會受概念的桎梏，
能自由自在的表現活動。當然，在兒童的生活上，有許多地方
是需要概念存在的。然而，也要有許多地方必須是讓兒童徹底
自由的。特別是在美育裡對於創造力的培養上，就得重視兒童
的生活態度，生活不是完全的模仿，而是「日日新」，才有積
極嶄新的建設性，生命才有意義（陳輝東，民 61，33）。

兒童一直在作新的畫，便是形成其人格的一種活動，這種
活動也可說是邁向新概念的步伐。如果那種概念形成時，不圍
於那裡面，而能夠立即打破它，再不斷地走向新的概念，其活
動本身便是一種創造活動。例如，一位兒童在老師或父母叫他
怎樣畫時，他才依樣畫葫蘆地去畫，其實他除了被灌輸的概念
外，一無所有；但是，如果一個兒童自己摸索著怎樣畫才好，
而去做嘗試，最後，發現自己的畫法成一種形態時，那是自己

形成了概念，也就是一種創造活動。自己透過各種或是去形成新概念的兒童，因為永遠在進行不能逆料的工作，所以他是過著一種創造的生活（陳輝東，民 61，34-36）。

三、人格統合發展的美育

如果將一個兒童的繪畫依他成長的順序展開來看，好像生命歷程的一部史詩，優美、瑰麗，充滿著幻想與神奇。匯成生命之流的，包括了生理、心理的許許多多的面，個體自身的衝擊，個體與個體、個體與社會的衝擊，此起彼伏，激盪不已（王家誠，民 64，66）。

兒童的想像與思考並不是完全沒有客觀的基礎，只是他們從與成人不同的角度來看，也從不同的角度來思考。兒童早期表現於兒童繪畫上，確實具有「天真的眼」與不受理智、觀察所支配的心象，及自動自發的動機；但隨年齡的增長、環境的薰陶、教育方式的影響，及心理類型的差異等，以至於各個兒童發展的歷程不盡相同，理智與客觀的色彩漸增，繪畫的目的究竟純為自己抑或取悅他人，為求與人溝通或是一種攻擊，也會因人而異（王家誠，民 64，14）。

兒童繪畫表現有天真直覺的一面，也有理智的分析與批判事物的一面。前者予人喜悅與感動，後者可使成人了解兒童對許多事物的看法和想法，從而產生反省與警惕。兒童繪畫內涵的幅度，既不純屬視覺上客觀的摹寫，亦非全然是心理上的潛意識，或僅屬生理上腦神經所受刺激的。透過兒童繪畫，可以一方面深入了解兒童的人格發展，一方面也能讓兒童獲得情感

表達和正常發展的機會（王家誠，民 64，14）。

四、與他育關聯配合的美育

其實美育並不是祇有那些美術、音樂、勞作等藝術課程來
進行而已；實際上，語文課程裡包含大量詩、詞、散文、小說
等文字詞章之美；史地課程包含有文物古蹟風土生活藝術之
美；體育健康課程包含有身體健碩及運動之美；公民與道德、
生活與倫理、團體活動等課程，則包含有為人處世之德美。美
麗無不遍布處處，甚至自然科學、數學等課程，亦可驚歎宇宙
之奇妙，天地之有大美（蔣勳，民 88，14）（註）。

五、有美感環境的美育

學校除了有良好的藝術課程之教學外，其他各課程亦能發
揮美育的效果，激發想像，陶冶感情。另外，整個學校的景
觀、建築、設備等均優美典雅，教職員工態度儒雅高尚，學生
浸潤其中，潛移默化，陶冶端莊美善氣質。換言之，學生需要
有美的「境」教，以及美的潛在課程之教育。

註：**莊子・知北遊**：「天地有大美而不言，四時有明法而不議，萬物有
　　成理而不說。」都是鼓勵人們向自然學習，認為一切美與智慧都在
　　天地之間，行不言之教。

六、符合美育原理的美育

　　教師需要在藝術上有所專長外，同時更要有美感教育的素養。如在美術教育上，須有一些基本的認識：如作畫可分為兩種，一種是用於說明的，亦即實用的；一種是藝術的。兒童美術應是藝術的表現活動，不是作為實用的。又如在兒童時期，孩子們除了喜歡各種遊戲之外，繪畫可說是他們最愛的活動。兒童繪畫是兒童自由自主的創造活動。不能以灌輸方式要兒童照所教去畫。兒童對事物、顏色，都有自己的想法和看法，當兒童在自由的創造活動裡，他們知道自己要的是什麼，如果我們教兒童應該要什麼，就成了喧賓奪主，漠視他們的存在和他們的世界（陳輝東，民 61，21）。

　　其次，要有一些基本的態度，如了解兒童，承認孩子的世界，尊重兒童的人格和自由意志，使兒童能在完全屬於他們自己的世界裡，自由自在地生活，自由地用自己的語言發表自己的意見，表現他們自己。使他們不必窺視大人的臉色說話、做事。這樣兒童才能傾出全力去做自己的事情（陳輝東，民61，15）。

　　再次，要有一些基本的教學技能，如在兒童畫的指導上，並不是指導怎樣去畫一條線，怎樣去構圖，去塗顏色，怎樣作畫的技術；而是啟發培養他們獨立自主的個性，培養他們的想像力，能體驗出他們自己所感動的。兒童的創造力本來就很豐富，我們只要能設法喚起他們對事物的感動，保持感動的力量，那麼兒童們那一股豐富的創造力，定會自然地流瀉出來。

兒童們都具有創造力，我們只要鼓起他們想作畫的欲望，他們就會充分地發揮創造力。美術教育即在培養創造力、愛美、追求美的情操，進而養成兒童完美的人格（陳輝東，民 61，21-22）。

參、美感教育的課程與教材

一、美育的課程

茲以國民小學課程為準，與美育有關的課程，列舉如下：

(一)藝能課程：有音樂、美勞、體育課程，代表聲音、視覺、體態的美感教育。

(二)語文課程：如國語教材中的詩、散文等，有文字意境、修飾之美。

(三)數學課程及自然課程：代表著自然界、數理界、科技界的宇宙大地奧妙之美。

(四)社會課程：代表著文物制度典章文明之美。

(五)其他課程（團體活動、輔導活動、鄉土教學活動）：綜合性的美感教育。

(六)非正式課程：如學校成立學生音樂社團、戲劇社團、美術社團、漫畫社團等。具潛移默化、涵養美德之功效。

(七)潛在課程：如校園布置、景觀、建築物造型風格、教師的言談舉止及儀容等。亦具潛移默化、涵養美德之功效。

二、美育的教材

茲以國民小學美勞課程為準,教材之選擇與編排,應依據課程標準、教育政策,並參酌國內外美術教育發展趨勢。其原則如下(教育部國民小學課程標準審查小組,民 83,261-263):

㈠順應兒童心智成長及兼顧兒童造形發展,選擇適合兒童能力、興趣、需要和生活經驗。

㈡教材應從日常生活中選取,劃分各學期的教學重點及技能學習,充分運用學校設備、社會資源。

㈢教材編選內容宜能反映社會變遷的事實,以及未來社會生活品質,激發兒童與環境相互關係之自覺。

㈣教材應使兒童獲得統整的概念,與有系統的訊息。排列要盡可能配合時令季節、社會環境及學校行事。

㈤教材的組織,應以兒童的生活經驗為經,以材料、技法及工具使用難易先後為緯,並顧及學前教育及國中階段相關課程的銜接。

㈥教材的分量,須切實配合教學時數及兒童教學負擔。低、中年級心象與機能(目的)表現宜保持均衡。高年級應增加機能(目的)表現之教材。

㈦編擬教材之教學計畫和設計教學單元之間,兩者不可分。每一個教學單元必納入有組織、有系統的教學計畫內。

㈧表現與審美的教材編排,宜相互呼應為原則,高年級審美教材宜彈性安排,必要時單獨編列單獨教學。

㈨審美教學教材之編選，應參考下列原則：

1. 選擇的主題，應有重點。最好有相同的主題（或風格），能安排由淺到深的層次系列。

2. 選擇蒐集的範圍，應包含本國、外國，古代到現代的不同文化、地域、時間的傳統及現代藝術，尤其不可忽視現代藝術。

3. 選擇內容時，應考慮配合兒童的感性立場、心智成長、造形心理特徵及文化水準為主。例如低年級兒童喜歡有彩色、單純構圖、可描述的層面；而高年級就不一樣，喜歡空間關係交代清楚、層次分明、內容較複雜的層面。

4. 選擇風格時，應考慮最具該畫派、或藝術家個人、或該時代的代表作品為主，而且同一風格要多選幾張。

5. 選擇複製品時，應選最忠實於原作品為主。

參考書目

王鳳喈（民 52）。**中國教育史**。台北：正中。

王開府（民 77）。**儒家倫理學析論**。台北：學生書局。

王家誠（民 64）。**了解兒童畫**。台北：藝術圖書。

毛松年主講（民 76）。道德力量與道德教育，摘自**從科際整合的觀點談道德教育**。台北：台灣書店。

史錫恩主講（民 76）。從法律觀點談道德教育，摘自**從科際整合的觀點談道德教育**。台北：台灣書店。

朱光潛（民 79）。**談修養**。台北：翔元文教。

伍振鷟撰。美育，載於田培林主編（民 75），**教育學新**

論。台北：文景。

　　江良規（民57）。**體育學原理新論**。台北：商務印書館。

　　杜佛勒（Alvin Toffler）著，蔡伸章譯（民61）。**未來的衝擊**（*Future Shock*, 1970）。台北：志文。

　　拉塞克（S. Rassekh）、維迪努（George Vaideanu）著，馬勝利等譯（民 81）。**教育發展的趨勢**（1990 年至 2000 年）。台北：五南。

　　徐宗林（民62）。**赫欽斯教育思想之研究**。台北：文景。

　　陳大齊（民76）。**平凡的道德觀**。台北：中華書局。

　　陳輝東（民61）。**兒童畫的認識與指導**。台北：藝術。

　　教育部國民小學課程標準編輯審查小組（民83）。**國民小學課程標準**。台北：台捷。

　　單文經（民81）。**課程與教學研究**。台北：師大書苑。

　　黃政傑（民81）。**教育學透視**。台北：正中書局。

　　莊懷義等合著（民83）。**教育概論**。台北：國立空中大學。

　　歐陽教主講（民76）。從哲學觀點談道德教育，摘白從科際整合的觀點談道德教育。台北：台灣書店。

　　樊正治（民82）。**運動哲學導論**。台北：師大學苑。

　　郭為藩、高強華（民77）。**教育學新論**。台北：正中書局。

　　盧欽銘撰。體育，載於田培林主編（民75），**教育學新論**。台北：文景。

　　蔣勳（民88）。**藝術概論**。台北：東華書局。

　　鄭世興（民60）。現代教育的哲學基礎，輯於**現代教育**

理論基礎。台灣教育輔導月刊社。

鄭世興（民 56 年）。**近代中外教育思想家**。台北：台灣
書店。

Thomas Armstrong 著，李平譯（民 86）。**經營多元智慧**
（*Multiple Intelligence in the Classroom* ，1994）。台北：遠
流。

第五章

有效的教育方法

呂祖琛

教學理論和方法

壹、教學的意義

「教學」一詞，顧名思義，首先，「教」是指教導者傳授知識或技能，並且意味著有教導的目的、內容、方法、精神；其次，「學」是指學習者在教導過程中表現出可欲的（desirable）行為結果或反應，也蘊含學習者的學習意向、精神投入；第三，統合教與學，教學即是施教者以適當的方法，增進受教者學到有認知意義或有價值目的的活動（歐陽教，民 76，39），其中顯現著一套包括教學目標至教學結果之間的教學設計，以因應教學有關變項，靈活形成教學策略。

「教學」的概念，常隨教育學者、教學理論專家所持觀點之不同，而界說各異。一個較為全整的教學概念，可臚述如下（林生傳，民 79，27-28）：

第一、教學，是教育的主要活動，藉以達成教育的目的與理想。

第二、教學，是施教者與受教者進行的互動，藉以達成教育的目的與理想。教學之最低必備條件必須有施教者與受教者，缺任一方，則教學無法進行，學習的目的也無法達成。唯施教者未必一定是如傳統的教師，其他的替代者均可能同為施

教者。

　　第三、教學，不僅是施教者與受教者之間的互動，而且是經由多樣態的、複雜的、一連串的互動行為構成的，而非單一的行動構成。

　　第四、教學，是一種策略。教學，不僅是施教者與受教者之間的多樣態的、複雜的、一連串的互動，而且是經由設計與選擇，利用一連串的技術或技巧，用以達成其目的的一種策略行動。

　　第五、教學，是一種邏輯的行動。教學的行動受邏輯的原則所指引，教學的進行應是有次序的、合理的，教學的活動也是由邏輯的行為組成的，如演繹、歸納、解釋、比較、界說、判斷、結論等構成的。

　　第六、教學，是一種制度的行為。今日教育是一種主要的社會制度，教學是常在班級社會體系中來進行的，因此教學必須發揮其社會功能。

　　無論教學被視為一種社會制度，或邏輯的行動，抑或一種策略的行動，其目的均在激發並維持施教者與受教者的有效互動，藉以使受教者得到最佳的發展；因此，教學必須順人之性，盡人之性，成人之性；另一方面，教學必須符應社會結構的特性，善用可得的資源，因應社會文化的進步。所以教學要不斷求新求變，期能因人適性，經濟有效，成仁盡性，促進人格的圓滿發展及社會的長足進步（林生傳，民 79，27-28）。

　　過去有些社會人士，甚至於教育工作人員，也習以為常地對「教學」存在著不合理的看法。例如：有些人將「教學」視同「教書」，言下之意，教學的目的即在教授書本知識；實際

上，教書僅是在某些學科知識上所須憑藉的一種教學手段；許多知識的教學，可以透過蒐集、觀察、採集、訪談、統計分析、探討等方式來進行，並不一定依據書本，照本宣科。又如，有些教師自恃「教學是一種良心工作」，認為教學自主，不應受到教學行政或其他教學研究機構的教學評鑑；其實，這樣的心態可能對「教學是良心工作」、「教學自主」、「教學評鑑」等概念有著曲解。再者，如「教學乃是一種藝術」，「教師是教學的藝術家」這樣的主張，當然它是一種卓越的見解；對於一位學養俱豐、生活的悟性與感性又甚為敏達的教師而言，這種主張是很貼切的；但是要教學真正能夠進入最高境界的藝術之境，則必須要有堅實的科學基礎；欲真正了解或成功從事教學的人，必須先精研教學的科學；教師必須用功於教學科學的新知與研究，俾更能控制及預測教學工作的過程與結果，也更能真正樹立教育專業的權威（黃炳煌，民 76，87-103）。

貳、教學理論、設計和模式的關係

所謂「教學理論」（instructional theories），是以有關學習的研究和理論所衍生的知識為基礎，把構成「教學」的「事件」（events），和學習的歷程及結果，取得關聯。其目的在於：指出最適合於學習、保留（retention）和學習遷移的教學條件，俾便提高教學的效果。教學理論有責任為「教學程序」和「教學結果」之間的因果關係，作明確而合理的描述和解釋。這種為教學提出處方性（prescriptive）理論的工作，須靠

人力來完成，因此可和一些工程技術學科一樣，被稱作是「人工科學」（sciences of artificial）（單文經，民 81，219）。

因此，教學理論可說是把要教導的目標、教材或工作內容、施教者和受教者的準備狀態、教學環境等教學重要變項，透過師生互動的學習歷程，依據有效的學習心理基礎，並在合理的學習階段，提出教師應有的教導行為或任務，亦即配合各學習階段而有的教學方法與教學策略，以促成學生獲致有效學習，而達預期的教學目標，要將以上種種的相互關聯，作有系統的建構。

教育工作者在從事「教學設計」（instructional design）的工作時，他們必須擇用合宜的教學理論所推薦的教學方法與教學策略，以便激發學習者正確的反應，而能有效地達成教學目標的要求（單文經，民 81，219）。

教學涉及的重要因素相當龐雜，特別是在不同的教學研究者之間，由於彼此依據的哲學思想基礎、心理學理論的著重點、社會動力的看法等層面上的差異，因此而形成不同特色的許多教學理論。甚至依據一些教學理論，發展出一些或大或小、複雜程度不一的教學模式（instructional models）；這些模式像是一組教學套裝軟體，供教學者參考選用。依據喬伊士（Bruce Joyce）和魏勒（Marsha Weil）的分析（高廣孚，民 76，44-49），計有二十三種教學模式之多；我國教育學者高廣孚教授將其統合為四個教學模式群（高廣孚，民 76，52-53）：

㈠資料處理教學模式群（The information-processing family）：
　　內含歸納思考模式、探究訓練模式、生物科學研究模式、概

念獲得模式、認知發展模式、高級組織導體模式，以及記憶模式等。

(二)個人教學模式群（The personal family）：在此模式群中包括：非指導性教學模式、覺知力訓練模式、創造過程模式，以及教室會議教學模式等。

(三)社會教學模式群（The social family）：包括：團體研究模式、社會探究模式、實驗室訓練模式、法理學研究模式、角色扮演模式，以及社會模擬模式等。

(四)行為教學模式群（Behavioral models of teaching family）：在此模式群中包括：意外事故控制模式、自我控制模式、訓練模式、壓力減輕模式、祛除神經過敏模式，以及果敢性訓練模式等。

在上述第一模式群中之教學模式的哲學基礎，是深受理性主義的影響；其心理學的基礎應屬認知論。第二模式群中之教學模式，其思想背景是個人主義哲學和自然主義的教育哲學。在第三模式群中教學模式的哲學根源是社會本位主義的思想。第四教學模式群的思想根據，顯然來自心理學的行為主義，而行為主義心理學則又以唯物論、感覺主義和經驗主義為其思想的基礎。結果，在思想基礎與方法上，造成一、四模式群的對立；二、三模式群的矛盾（高廣孚，民 76，52-53）。

參、教學理論的一個典型──蓋聶的「綜合型」教學理論和方法

蓋聶（Robert M. Gagne, 1916- ）是位將行為心理學派和認

知心理學派折衷的美國教育心理學家。他的教學理論主要是以他的學習理論為基礎而建立的。

一、蓋聶的學習理論

主要包括：學習階層、八大學習類型、五種習得能力、學習條件、學習與記憶的訊息處理模式、學習行動八時段等內容。

(一)學習階層

蓋聶的學習理論中一個最主要的概念即是「學習階層」，他認為任何學習均有一種最合理的順序：亦即先學什麼才適合於再學什麼；前一學習為後一學習的「先備條件」，如前一學習成功，方可成功學會後一學習；學生之所以學不會某一種教材，乃是他尚未具有學會此一教材之基礎能力或先備條件所致。所以，任何新習得能力之學習，均需要先學會與新習得能力有關的那些「下屬習得能力」（subordinate capabilities）（林清山，民 78，71）。

蓋聶綜合各主要學習理論，將學習加以區分成八個層次，以代表不同種類的認知能力（cognitive abilities），其由低至高的層次臚列如下（李咏吟，74，53-55）：

1. 訊號學習（signal learning）

亦即巴夫洛夫（Pavlov）的古典制約學習。

2.刺激反應學習（stimulus-response learning）

亦即為史金納的操作制約學習。

3.反應連鎖（chaining）

亦即動作技能學習。

4.語文聯想（verbal association）

亦即語文知識學習。

5.辨別學習（discrimination learning）

在一組相似的刺激中能辨別各刺激所屬的反應。

6.概念學習（concept learning）

即對某一類的刺激能以某一特殊的名稱代表。

7.原則學習（rule learning）

即學習包括兩個以上的觀念的連鎖學習，如習得：凡圓的物體皆能滾；又如：若 A=B，B=C，則 A=C。

8.問題解決（problem solving）

能根據過去所習得的原則，經過內在思考過程而創造新的或更高層次的原則；如解答數學應用問題。

以上八種學習亦代表八類學習階層；即前面的幾種學習為後面幾種學習的先備條件。一般而言，刺激反應學習（第二類）是反應連鎖（第三類）和語文聯想（第四類）之先備條件。學習辨別學習（第五類）之前，必須先學會第二、三和四類型。學習概念學習（第六類）之前，必須先學會第五類型。

學習原則學習（第七類）之後，才能學會問題解決（第八類）（林清山，民 78，71）。

(二)習得能力

　　蓋聶認為學生所要學習到的「學習結果」（learning outcomes），要從學生的實作表現中推論，來認定是否得到以下五類的「習得能力」（acquired capabilities）（林清山，民78，71-73）：

1.心智技能（intellectual skills）

　　當人們使用符號或僅在腦中操作符號，或併同在紙上或以其他方式表達意義；此種使用符號的這些「習得能力」，即為「心智技能」。蓋聶將其分作五類如下：

　　(1)辨別：例如能指出生字「大」、「太」、「犬」、「天」、「夭」等的不同。

　　(2)具體概念：例如能指出物體的「邊」，以顯示其了解「邊」的概念。

　　(3)定義概念：例如能使用定義，將「家庭」予以分類。

　　(4)原則：例如能示範英語句子中的「動詞是否與名詞配合一致」。

　　(5)高層次原則：例如，光源距離以及透鏡彎度一定，能導出一個預測影像大小的公式。

2.認知策略（cognitive strategies）

　　學習者使用認知策略來調節其注意、學習、記憶和思考等內在歷程。如收錄策略（encoding strategy）、記憶搜尋策略

（strategy of retrieval）和思考策略等，它們幾乎都可適用於各種科目。例如，如果學生能夠使用某種方法有效記憶一則複雜公式；又如能夠想出某些方法解決生態環境保護的問題，就可說他是在運用認知策略。

3. 語文知識（verbal information）

這是指可用語言或用文字表達的訊息，通常具有某些意義在內。語文知識可能是名字、事實、意念（ideas）方面的知識。例如，能舉述清廷於一八四二年鴉片戰爭失敗，與英簽訂南京條約，賠款兩千一百萬兩，割香港，開廣州、廈門、福州、寧波、上海等五口通商，廢十三洋行，予英最惠國待遇。

4. 動作技能（motor skills）

這是指需要使用到肌肉動作的技術而言，例如潛水、運球上籃、中文鍵入、修理手錶、溜冰、滑雪等。

5. 態度（attitudes）

是指會影響個人對其行動之選擇的內部狀態。通常包括情意、認知、行為結果三種成分。例如，在可選擇的情況下，寧願選擇聽古典音樂。

(三)學習條件

教師在教學設計上必須先要掌握所預期學生達成的學習結果或要獲得的習得能力是什麼，然後要考慮哪些是能夠達成學習結果或獲得習得能力的學習條件（learning conditions）。學習條件可概分為內在條件（internal condition）及外在條件

（external condition）。學習的內在條件是指對學習有所幫助的一些變項或因素，而且在學習者進行某一新學習之前，即已存在於他的內部。如能加法、數數、認識數字、用鉛筆寫等已具有的習得能力，是學習整數乘法所必需的內在條件。外在條件是指存在於學生外面的那些足以影響有效學習的各種刺激情境，教師必須注意加以安排或控制者；例如如何重複練習、是否出現增強，和怎樣安排教材順序等（林清山，民 78，73-74）。

(四)學習與記憶的訊息處理模式

蓋聶採認知心理學訊息處理理論（information-processing model of learning and memory）的觀點來說明學習歷程。此歷程中重要的學習作用有：注意、選擇性知覺、短期記憶、複習（rehearsal）、長期記憶貯存、收錄或編碼（encoding）及檢索（retrieval）。經由「訊息回饋」而獲得「增強」，亦被提及（單文經，民 81，221）。

(五)學習行動八時段

他指出每一學習行動（act of learning）均可分為八個時段如下（林清山，民 78，77-78）：

1.動機

大部分是屬誘因動機，亦即預期達到目標後將得到的獎賞；有時是操弄、支配、控制的動機；有時是別人或自己的「期望」。

2.察覺

學習者注意到某些刺激，亦即對它們產生選擇性知覺，或將某些刺激自其他刺激中分離出來。

3.獲得

在這時段裡，學習者開始將訊息或知識加以收錄或編碼，使之可以存入中樞神經系統的儲藏中。

4.保留

將所記憶的訊息存入儲藏。

5.回憶

當學習者必須呈現或利用所學得的事物時，要將它們檢索和提取而出。

6.類化

將訊息提取後，將它運用於與原學習不同的情境。可能是水平遷移，也可能是垂直遷移。

7.實作

表現出可觀察的行為反應，如與未學習前的行為不同，亦即行為發生改變，表示學習已發生。

8.回饋

最後一個時段是回饋時段。此時學習行為運作快速而且錯誤少，已達自動化，亦即實作表現本身就是回饋。有時學習行動也得到教師的增強，例如：教師對學生說：「做對了!」此

種訊息的回饋，對學生而言，等於證實了他即將被獎賞的預期。

二、蓋聶的教學理論

此教學理論主要包括教師的教學任務和教學事件（instructional events）。

不論學習行動多短，學習行動均由幾個時段構成。學習在感受器接受刺激開始，而在學生得到實作表現之回饋時結束。在這些事件之間，有幾個內在資訊處理階段發生。因之，在教學過程中，提供這些刺激作用，對發生在學生內部的內在處理歷程，是具有支持的作用。這些「外在事件」（external events）能構成支持「內在學習歷程」的運作者即是「教學」（林清山，民 78，78-79）。

㈠教學任務

蓋聶認為教師在教學方面有三大任務（林清山，民 78，79）：

1.學習設計

在學生進入學習情境以前，教師必須將學習條件加以計畫，尤其必須將學生在學習和學習後的「習得能力」是什麼仔細計畫好。這一學習活動的目標或終止點在哪裡？學習應由哪裡開始？最重要的是：「為了學會下一個學習，必須具備什麼先備能力」，這一問題更應事先一一設計妥當。

2.學習管理

這種任務包括如何引起動機促使學生繼續學習，如何導引學生的學習興趣和努力的方向，以及如何評量學習結果。

3.實施教學

教學是指為學習者安排其外部的外在條件。教師要注意到每一階段裡學生必須具備的先備能力是什麼，這些習得能力如何才能保持長久，以及下一階段需要什麼刺激情境等。然後一步接一步地協助學生建造這些外在條件。

(二)教學事件

教學事件是指在教學活動中，用以支持學生內在學習歷程的事件。蓋聶根據「學習與記憶處理模式」及「學習時段」理論，認為教學事件應如下圖（圖 5-1）右邊所示那樣（林清山，民 78，80-83 ）：

1.引起動機

教師至少可運用三類動機來支持學生內在的學習歷程：

(1)誘因動機：例如：教師可利用學生希望得到別人的讚賞、重視和為同儕所接納作為誘因，以引起動機。

(2)工作動機：工作精通和成就本身就是獎賞，教師可利用成就動機來引起動機。更可利用如好奇、喜歡探索等內緣動機來引起動機。

(3)告知學生「學習目標」。

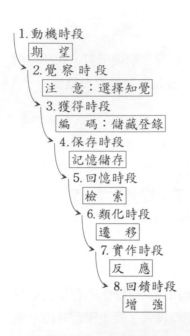

1. 動機時段	1. 引起動機
期　望	
2. 覺察時段	2. 告知學生學習目標
注　意：選擇知覺	
3. 獲得時段	3. 導引注意方向
編　碼：儲藏登錄	
4. 保存時段	4. 增進先備能力的回憶
記憶儲存	
5. 回憶時段	5. 提供學習輔導
檢　索	
6. 類化時段	6. 加強保留
遷　移	
7. 實作時段	7. 提升學習遷移
反　應	
8. 回饋時段	8. 引發實作表現並提供回饋
增　強	

圖 5-1　教學事件與學習時段的關係（Gagne, 1977, 285）

2. 告知學生學習目標

　　教學之前使學生知道本學習活動預期得到的學習結果是什麼。這樣，如果將來學生的實作表現符合預期的實作表現，他們就可得到訊息回饋，證實他們的預期。

3. 導引注意方向

　　其意義有二；其一是指改變刺激以引起學習者的警覺功能，亦即準備好姿勢或肌肉緊張度，等待刺激的來臨；其二，是「選擇知覺」，亦即呈現刺激時，把有明顯特徵的部分加以強調，使能進入短期記憶中貯存和處理。這種功能可以透過語

言、聽覺、圖畫等媒介來完成。例如，印刷體中的斜體字、課文中的卡通插圖等。

4.增進先備能力的回憶

在獲得時段與保留時段裡，要將訊息加以「語義收錄」並儲存於長期記憶。教師通常要利用語文溝通（包括口頭指導語）等方式來輔導學習的產生。有時，輔導學習需要刺激學生從長期記憶中回憶起那些學習此一新學習所必需的先備能力，亦即從長期記憶中檢索出需用的訊息到短期記憶中，成為「工作記憶」（working memory）。

5.提供學習輔導

通常輔導學習的功能在建議或呈現「收錄方案」（encoding scheme），以影響新學習材料被儲存於長期記憶的形式。教學時，教師所建議的收錄方案須視預期的學習結果是什麼而定。

6.加強保留

教學時，應設法幫助學生將所學到的「習得能力」能持久保留。有許多技巧可以幫助學生得到「檢索」時的「線索」，例如把學習材料歸成類別，或以圖表呈現，更能成為將來檢索時的有利線索。

7.提升學習遷移

為使學習結果能遷移到新的學習工作和新情境，教學時要使學習工作以及學習情境盡量多變化。所根據的習得能力愈廣，遷移到不同情境的可能性愈大。因此，教師應安排各種不

同情境使學生有各種練習的機會。

8.引發實作表現並提供回饋

學生是否確已學到新的「習得能力」，惟有從學生實作表現的觀察中，才能找到其是否達到目標的具體證據；除了學習後立即觀察學生的實作表現外，也常使用測驗工具幫助評量。此外，學習者在反映其新「習得能力」的實作表現之後，教師要提供給學生對錯等的訊息，使學生的學習得到回饋。有時回饋來自學習結果本身，例如學生用自己學過的原則證明數學公式，結果公式終於被證明出來，這種回饋也證實他的預期。

綜上以觀，蓋聶的學習與教學理論，可說把握住以下七項重要的教學心理學之原則（林清山，民78，84-85）：

1. 動機原則：如利用學生好奇、求知、探索、操弄等內緣動機，及外在誘因如受到讚賞、榮耀等，以及成就動機如達成學習目標或教師期望他得到的學習結果。
2. 順序原則：教與學都得按部就班，學習內容都須經工作分析，放在前面學的內容，自然成為以後所學內容的基礎。
3. 學習遷移：蓋聶重視自學習階層的底層往上層學習，例如須先概念學習，再原則學習，而後問題解決學習，以便產生垂直遷移。
4. 過程技能：學習結果固然重要，然而學習過程一樣重要；蓋聶的心智技能即是著重過程技能的學習。
5. 預備狀態：任何新學習均有其先備能力，必須預備好這些先備能力，方可順利進行此一新學習。

6. 收錄策略：教師應幫助學生順利地將來自短期記憶的訊息加以收錄，並貯存於長期記憶中，而且要能隨時利用線索有效地加以檢索和提取。

7. 增強回饋原則：教師應提供學生學習結果訊息之回饋，以便形成學生對學習歷程的增強，以及印證學習目標是否達成的預期。

肆、總結

由上述有關教學的意義，教學概念所包含不同層面的內容，教學理論、教學設計與教學模式之間的關係，隨著學術科技的進步，社會組織的進展，今日教學所涉及的因素，已相當複雜。教學已是一門內涵深廣的學術領域與極為重要的專業工作。今日的教師要成功勝任教職工作，非但要精熟所任教的學科內容，尤其要具備教學專業的素養，亦即教學專業的知能與精神。

這種教學專業的素養，勢必在教學專業的知能與精神上，非經過一番堅實的薰陶與修為不可。因此，不同的教學理論、教學模式，都能深刻了解其特色、可能運用的範圍，俾能靈活適用於自己的教學設計之中。不可否認，在許多教學理論或教學模式之間，存在著或大或小的衝突與矛盾；作為一位教師自須明智地尋求調和與圓融的途徑，切勿一味偏執於某一極化發展的立場。以下有關教學在哲學思想上的原則或路線，頗值教師注意參照（高廣孚，民 76，52-53）：

一、理性啓發與經驗吸收必須兼顧

思考與感覺雖同為人類的能力，惟思考有賴理性，感覺則靠感官。感覺感知外物，形成知覺，經過選擇與組織，轉成經驗知識，儲存於心靈（腦海）中；心靈不僅有組織知識的能力，尚能主動地創造和發明。創造與發現需要思考，然徒然思考而無所憑藉，則成胡思亂想、空想、幻想；捨經驗而徒事思考，則思考中毫無內容；捨理性而徒憑感覺，則資料零亂而無系統。故教學時兩者自當兼顧並重。

二、「恒常」與「變化」應體用兼備

在教學的運作活動中，所謂「恆常」或「本體」者，即教學的原理原則；所謂「變化」或「表象」者，即教學之方法及技術。故在教學活動中，方法應多求變化，技術不妨推陳出新，惟須以不變的教學原理原則作為指導方法及運作的準繩。

三、個性發展與群性培養應該並重

導致個人主義與社會本位主義之爭者，乃因個人主義所見者乃一個別之人，即「私我」（individual-self）；而社會本位主義所見者乃一群體之我，即「群我」（social-self）。前者遂偏重個性發展，而排拒後者；後者則高唱群性培養，而駁斥前者。遂南轅北轍，勢同水火。事實上，雙方所見者只是一個教

育歷程中的一端，只見其偏，未觀其全。在個人發展的過程中，指導其由私我發展到群我，才是全人教育。發展個性，方能有所創造和發明；但個人必須同時接受社會文化的陶冶，培養其群性，才能經營群居生活，和諧群己關係。個人必須走過這條由「修己」到「善群」的陶冶途徑，才能變成一個真正的人。故在教學活動中，顧此失彼，皆失之偏頗。

四、部分與整體學習應制宜運用

聯合論心理學家向來主張部分學習優於整體學習；而認知心理學家的立論則適與相反。就學習活動而言，學習的方法和技術千變萬化，而學習的材料更是形形色色，種類繁多，而學習的目的也經常變化，若以一種學習方法籠蓋各種學習活動，勢必掛一漏萬。

五、學習歷程與結果互為軒輊

受認知心理學理論支配的創造教學法及發現教學法，較重視學習的歷程，認為教學生如何學習，比教他們學習什麼更為重要。受聯合論心理學理論支配的行為目標教學法，則較重視學習的結果。事實上這兩種理念本不衝突，而應彼此相輔相成，才能達成最高的學習效果。只重學習歷程而不重學習結果的教學，可能會導致學習內容空洞，不切實際，浪費時間，且無實效；若只重學習結果，而不重視學習歷程，可能會使學習內容支離破碎，毫無體系，或強迫注入，囫圇吞棗，以致學不

能致用。

六、手段與目的原本合一

　　所謂手段，係指教學方法而言；所謂目的，即指教學的目標。表面上，方法與目的似為不相關聯之二事。實則若就一個教學活動的整體來看，二者出現於教學過程之中，幾乎是如影隨形，不相分離，最後二者必合而為一。

七、身心健康本應兼顧並重

　　在教學理論中，偏重心智陶冶與偏重體格鍛鍊之爭，原本導源於唯心、唯物之爭。從來調和心、物之爭者，最後必走上形式與物質一體，主觀與客觀合一，心靈與自然契合，理想與現實統一，自由與必然不悖，然後共趨於融合與貫通。人有身體，也有心靈，二者和諧發展，方成為健康睿智的人。

八、個人自由與團體紀律互不衝突

　　個人本身是一個獨立的個體，在行事之前，可憑藉自己的意志自由抉擇、自由決定，以及自由行為；但在另一方面，人又是一個營群居生活的動物，在共同生活中，共同創立了許多社會的規範、生活的規範和行為的規範，這些規範又可統稱之道德規範；許多規範被創立之後，必須共同遵守，不可逾越。不合時宜的規範，也可經由大家的默認，而逐漸更新和改進。

故個人可以自由行動，但以不違背這些社會規範為準繩。通常這些社會規範，存在於社會文化所彰顯的天理、人情、法律之中。雖然有人鑽法律漏洞，得逞於一時，然仍無所遁形於天理與人情之中。因此，個人的成熟是要與社會規範取得融合無礙的；如是，個人的自由和團體的紀律當能圓融無礙，而不致相互衝突無解的。

第二節
人格教育的方法

教師是最有機會成為學生一生發展史上的重要關鍵人物，教師能使學生早期所受的不良影響，得到良性的轉化或是獲得免疫的力量。他們能影響學生向好或向壞。兒童、青少年的內心世界所感知到哪種經驗，就成了那種經驗影響下的兒童、青少年。過去，家庭裡父母親總是開啟兒童、青少年早期經驗的重要人物；但在今日社會裡，家庭裡的教育功能不彰，因此教師自然成為直接主導開啟兒童、青少年早期經驗的重要人物；教師乃是可以開啟抑或關閉學生心智鑰匙的主要人物。教師在提供經驗內容以開啟學生心智的過程中，也就是在陶鑄事理觀念，涵養性情氣度的人格教育工程的塑造中，居於主導的關鍵地位。

壹、人格教育的意義

　　「人格教育」一詞，簡單直截的意思，就是：使人成之為「人」的教育；也可說是「成人」、「成為全人、仁人、真人、至人、完人、聖賢之人」或「人性開展完滿」的教育。在我們的日常語言、勵志格言裡，充滿著與人格教育有關的語彙；例如：「敦品勵學」、「高風亮節」、「正氣凜然」、「文質彬彬」、「見義勇為」、「不亢不卑」、「堂堂正正」、「守正不阿」、「潔身自愛」、「安貧樂道」、「氣度恢宏」、「忠恕仁厚」、「嚴以律己，寬以待人」、「融通開明」、「豁達大度」、「儒者風範」、「淑世濟民」、「志節弘毅」、「身體力行」、「固守善道」等；從這些語彙裡，宛然如見理想人格的典型特質。

　　我國自古迄今，無論朝代更替，政權易主，整部中國思想史之重心，無論其出發點抑或歸宿點，乃在教育。中國一切教育思想，又可一言以蔽之，曰：「在教人如何作人」，即所謂做人的道理（錢穆，民 87，232）。作為中國思想主流的儒家教義，主要在教人如何為人。可說是一種人道教，或說是一種人文教，只要是人，即應受此教化。在儒家教義中，有一種人品觀，以人生的意義與價值為評準，來分殊人品。物有品，人亦有品。天地生物，一視同仁。人貴能與天地合德，該有人道作標準來贊助天道，故曰：「贊天地之化育」，以人來合天。在人品評準中，最主要者是君子與小人之別。君者，群也。人須在大群中做人，不專顧一己之私，並兼顧大群之公，此等人

乃曰:「君子」。若其人,心胸小,眼光狹,專為小己個人之私圖謀,不計及大群公眾利益,此等人則曰:「小人」。

在班固**漢書**的〈古今人表〉裡,把歷史人物分為九等。先分上、中、下三等,又在每等中各分上、中、下,於是有上上至下下共九等。上上等是聖人,上中等是仁人,上下等是智人。中國古人以仁智兼盡為聖人,故此三等,實是一等。最下之下下等是愚人;縱然皇帝,大富大貴,而列入下等中,乃至下下等者亦不少。中國人之言人品,常以智愚分之。知識開明,能知人道所貴,能為眾利,自能成一上品人。知識閉塞,不知人道所貴,專為己私,乃成一下品人。故曰:「先知覺後知,先覺覺後覺」,此則須待有教育。苟能受教育,實踐人道所貴,則人人皆可以為堯舜。人類的理想,乃使人人同為上等人,人人同為聖人(錢穆,民87,192-193)。

中國人言人品,又常言品性品德。人之分品,乃從其人之德性分。天命之謂性,人性本由天賦,但要人能受教育,能知修養,能把此天賦之性,實踐自得,確有之己,始為之德。德只從天性來,天性相同,人人具有。故人人皆能為堯舜。只要教育得其道,人人皆可為堯舜;全世界人類,若同受此等教育薰陶,人人同得為第一等之聖人。到那時,便是中國人理想中所謂的大同太平之境,到此則塵世就是天堂。中國傳統教育的理想與精神,既然注重人之德性,要從先天自然天賦之性,來達成後天人道文化之德;因此,特別注意人之知性、盡性、成德。性須成德,德須承性;性屬天,人人所同;德屬人,可以人人有異,甚則有大人小人之別,有各色人品,有各類文化。盡性成德,乃是個人最高最大的自由;由此個人最高最大的自

由，來達成全人類最高最大的平等，即是人人皆為上上第一等人，皆可以為堯舜；此為對人類最高最大之博愛，此即孔子之所謂仁（錢穆，民87，194-195）。

近代以來，整個世界的教育，幾全偏向於知識傳播、科技研發與職業訓練；今日各級教育大都只有在中小學還有一些教導人成為一國公民的教育意義外，其他則幾乎全與教導人「為人之道」的這一大宗旨脫了節。整個世界，只見糾葛分裂，不見調和互利；整個人生充斥著唯物與功利的色彩。德性觀念，似乎極乏人注意。為人師者，亦以知識技能分高下，除非犯法，德性在所不論。科技被視為知能中之最尊貴崇高者。近代科學，只窮物理；忽略人道，即人生之理。只偏向重智的科學教育發展，過度為政治與經濟服務，使得教育沉淪異化（錢穆，民87，200）。今日世界人類面臨嚴重的利益衝突、生態惡化等外在現象的危機外，最嚴重的是，整個世界人類內在的心靈一直不斷地處在「非人化」（depersonalize）的危機中。二十世紀以來，許多的哲學家、文化批評家即已不斷地警告世人：謂人類已是一種新怪物，一種半人半機器的怪物；人的「人性」已被如洪水般的科技文明所淹沒；今天的人並不是用其本然的心懷來了解世界與他共同生存在世界上的人；人喪失了對「人」的關心，只是視「人」為一種利用的東西；人屈服於經常持續的愉悅之魔力，及純粹被動的接受愉悅，乃至於最後屈服於「除了膚淺、外在的刺激外，別無所有」之中（赫曼齊歐克，民71，82-87）。

二十世紀德國哲學家雅斯培（Karl Jaspers, 1883-1969）曾指出人有三種特徵；首先，就肉體的生命形式而言，人是屬於

大自然中的一種動物；其次，人是屬於歷史中會思考、會行動、會創造的生物，人一方面創造歷史，一方面又隸屬於自己所創造的歷史中；最後一項特徵：人可以說是將自然與歷史結合於自身的存有。雖然人變成了現在這樣子的存有，然而他的起源和他現有的目標卻是離不開自然與歷史的（雅斯培，民71，65-74）。至少，人是要正視、領會、融合人所具有的動物性、理性與感性、歷史文化所維繫的傳統、社會群體共存共榮的生活。人格教育內涵，無論其涵攝的事實命題抑或價值命題，自當切合教育的三項基本規準，亦即合價值性、合認知性、合自願性（歐陽教，民60，54-57）。人格教育之理論與實施，須奠立於寬廣深厚長遠博大的基礎上。

我國傳統思想與教育，不論儒、墨、道、佛，諸家對於人格陶冶以化成理想人格，皆有超凡獨特的成就；在人類文明的發展史上，直到久遠未來，都將是全人類受用無窮的莫大貢獻。我們一方面要重視將我國傳統的人格教育有效地予以現代化的詮釋，俾使國人都能像充分認識自己一樣，來認識傳統人格教育的優厚。另一方面，我們的人格教育除了彰顯傳統人格教育理念之現代意涵之外，尤須進一步闡發傳統人格教育的理念與實施，融會現代人文社會科學的知能，落實到現代人的人格教育之實際問題上，俾使迷惑開解，安心自在，踐履人格實現之道。

貳、人格教育的方法

人格教育是以人格為教育的主題，以陶冶塑成理想的人格

典型為目標，以教導人如何發展、導正人格的健康生長為歷程；在此歷程裡，教導學生覺知並認同自己的人格之現實內容與理想價值，激發個人去成就內在的實現潛能，以行動實踐人格締造的工程。正因人格教育的思想家、相關學術研究的專家學者，在人性、人格的形成、理想人格的特徵、人格發展與導正的原理及作法，個人、社會、文化、歷史、自然等存有與人格發展及實現的關聯性等的主張或發現上，不盡一致；是以，迄今人間尚無一個眾所公認為標準的人格教育之理論與方法。人格教育研究的有關資料，多半散見於人生哲學、價值論、倫理學、宗教學、人格心理學、諮商心理學、發展心理學、教育心理學、社會學、文化人類學等學術領域之中。在人格教育的方法上，自然也因研究的出發點、切入面、基本的人性及心理潛能等在基本假定上的歧異，因而所著重的方法，運用方法的情境，呈現著主軸多端、風格異趣的面貌。大體，人格教育的方法可分作八種主要取向，茲臚述如下：

一、自我覺識的途徑

人的最大敵人，常是自己。這話的意思是指：個人靈明的心性為惡德如虛榮、畏懼等所盤據，終致迷失、頹廢、墮落。通常，真正促成一個人失敗的，往往不是外在的因素，反而常是自己的內在因素；也就是自己的內心被汙染、欺騙和出賣。尤其，汲汲營營於物質生活充裕的現代人，整個身心常為外物所束縛，以致相當缺乏內省自心、觀照自我內在世界的修行功夫。

做一個人要有自知之明，切勿自誤誤人。對於自己之知識

的了解，能自覺自知便是向知識跨出了一大步。知識即力量，知識亦可使人不朽。成熟的判斷，來自於完備的知識。我國古代的一篇民間故事周處除三害，即是在刻畫一個魁梧壯碩、性情粗獷的人，常自恃孔武有力，所到之處，鄉人卑躬屈膝，戰慄待候，自覺尊貴異常；未料一日偶聞鄉親抱怨苦於三害，方知自己的尊貴假象、愚昧無知，及惡劣的行徑；乃猛然覺悟，徹底洗心革面，赴南山殺虎，於長橋斬蛟，離鄉負笈就學，重新正當做人（註）。

在**論語**裡，孔子提示學生們很多做人做事的道理，表面上好像跟學生的自我覺察、自我認識、自我改變、自我引導、自我實現等無關；然而，如果深入研究**論語**，當能了解孔子非常能夠針對每個學生的行為習性、好惡定見、價值觀念、智慧程度、生活環境等因素，予以靈活地甦醒點化，其目的正是要使每個學生的自我經由充分的反省體驗而得以仁德充實，人格完滿實現；此種人格教化方式實與現代自我心理學或人本心理學所強調，由自我認識經自我蛻變到自我實現的一路超越升進之歷程，是相契符合的。以下列舉數則孔子教言，並申其用心如後：

　　子曰：「由也，女聞『六言六蔽』矣乎？」對曰：
「未也。」「居！吾語女：好『仁』不好學，其蔽也

註：**晉書・周處傳**記載周處為西晉人，年輕時自恃魁梧，常任性胡為，成為地方惡霸，一日聞鄉民對他之恨怨，即立志改過，用功讀書，後來任職軍旅，帶兵作戰，死於沙場。

『愚』；好『知』不好學，其蔽也『蕩』；好『信』不好
學，其蔽也『賊』；好『直』不好學，其蔽也『絞』；好
『勇』不好學，其蔽也『亂』；好『剛』不好學，其蔽也
『狂』。」（**論語**・陽貨：八）

本章是孔子特別針對子路的習性，提出六種人們嚮往的美
名，個人如只是心頭上好此美名，而不實地學其德性，那麼就
會衍生六種蔽障。若只好「仁」之美名卻不知仁學仁，而一味
寬厚，致易受騙被欺，反成愚昧；若只好「智」之美名，卻不
知智學智，而一味逞能，致好高騖遠，反成放蕩；若只好
「信」之美名，卻不知信學信，而一味輕信，致易為人所利
用，反蒙賊害；若只好「直」之美名，卻不知直學直，而一味
固執，致傷時忤物，反成尖刻刺人；若只好「勇」之美名，卻
不知勇學勇，而一味鬥意氣，致易輕生好事，反成禍亂；若只
好「剛」之美名，卻不知剛學剛，而一味爭強要勝，致易師心
自用，反成狂妄。孔子的用心並非僅是在增加子路的知識；而
是讓子路有一面鏡子，在參照此「六言六蔽」之後，心理起一
反省，察覺自身的耽溺虛名，盲於障蔽，而能肅然澈悟，自行
蛻化改變。

子絕四：毋意；毋必；毋固；毋我。（**論語**・子罕：
四）

子曰：「知者不惑；仁者不憂；勇者不懼。」（**論語**
・子罕：二十八）

子曰：「德之不脩，學之不講，聞義不能徙，不善不

能改，是吾憂也。」（**論語**・述而：三）

子曰：「人之過也，各於其黨。觀過，斯知仁矣。」
（**論語**・里仁：七）

子曰：「見賢思齊焉；見不賢而內自省也。」（**論語**
・里仁：十七）

單就以上五章，即可看出孔子非常重視弟子們能否虛心檢
驗自身的德行，能否澈悟知曉自己的弊病，及能否日新又新，
力求進步，好學改過。

誠者，自成也；而道，自道也。誠者，物之終始：不
誠，無物。是故，君子誠之為貴。誠者，非自成己而已
也，所以成物也。成己，仁也；成物，知也；性之德也，
合內外之道也，故時措之宜也。（**中庸**，二十五）

子曰：「觚不觚，觚哉觚哉！」（**論語**・雍也：二十
三）

樊遲問仁。子曰：「愛人。」問知。子曰：「知
人。」（**論語**・顏淵：二十二）

孟子曰：「君子所以異於人者，以其存心也。君子以
仁存心，以禮存心；仁者愛人，有禮者敬人。」（**孟子**・
離婁下：二十八）

從以上幾則孔孟教言，可知「仁」、「義」、「禮」為人
格教育的核心目標，它們均屬理想人格的目的；這些目的概念
均須以「誠」、「知」、「勇」等的歷程概念配合，俾能知行

合一，名實相副，知識與德性融會一體，進德與求知皆在學行踐履之生活體驗中落實。

西方大哲蘇格拉底引用「認識你自己」這句原出於希臘德爾斐（Delphi）神壇的銘文，為個人生命之道的出發點，也是完成人格的方法。他與孔子一樣，主張「德」與「知」不可分，「知者就是智者，智者就是善人。」蘇格拉底與孔子一樣，他們的「知」都不是純粹的運思與知識，而是與「行」相參的體證之「知」（鄔昆如，民 60，80-82）。

另外，現代心理學的發展，對於個人自我概念的形成、自尊與自卑、內在心理需求、挫折、情緒的動力結構、失敗與成功認同、氣質與性格、人格發展、心理衡鑑等領域，都已有相當可觀的成果。這些現代心理學的知能，在人格教育上，不僅有了重要的效用，而且也起了重大的影響。

一位大學生回憶他的一位中學教師時說：「張老師深受我們敬愛，因為他把我們當做未來世界的主人翁。我們可以感受到，在他的眼裡，他認定我們將來一定能成大器、立大業，他為我們的未來希望指出正確的方向，使我們深信，我們的前途操之在我，我們的生活不能端賴意外僥幸，我們的幸福不靠外界所左右。他把我們介紹給我們自己。使我們認識我們自己是誰，認識自己的欲望，因而我們對自己再也不陌生了，並且心安理得。」（教育部訓委會，民 83）

二、楷模認同的途徑

在史前人類尚未有語言文字符號以前，原始人類之間即是

靠著簡單的聲音與動作示範來彼此溝通意思。每個人自出生後，就不斷地與他人接觸，幼兒透過與重要他人的互動，模仿學習語言，兒童模仿學習他人的語調、姿態、動作。因此，模仿學習在人類進化上，個人生活適應與人格發展上，均扮演著重要的功能。

社會學習的人格理論學者，如班都拉（Albert Bandura, 1925- ）與米希爾（Wolter Mischel, 1930- ），非常強調人類於學習行為中之觀察學習與自我調適的歷程。觀察學習是涉及經由觀看他人行為而學到那複雜行為的能力。那被觀察的對象稱為「楷模」，或稱「榜樣」、「模範」。通常「模仿」只是單純地重複他人的某一反應，「認同」則指整套行為模式的接受，而「仿效」則較「模仿」廣泛但不及「認同」那般普泛。班氏認為：社會楷模是傳遞並修正行為不可缺少的工具；社會化的歷程，舉凡語言、風俗、職業形態、家庭成員互動、教育、社會和政治規範等，都須藉那些自身行為中累積了整套文化模式的楷模所引導。行為反應和情緒反應如憤怒和攻擊，行為的規則或計畫如自身和他人行為的評價標準，皆可經由觀察而獲得。仿效歷程涵蓋具體行為和抽象原則的獲得（普汶，民75，534-538）。

觀察學習所學得的反應之所以維持或調適，須視其能否造成酬賞或懲罰的效果而定。人透過認知歷程，對行為結果的預期，而產生了自我強化（self-reinforcement）的歷程；當行為符合自己預期的標準便酬賞自己，不符合預期便懲罰自己。人之所以能付出心力長期奮鬥不懈，與這種預期未來、設定目標，及經驗自我滿足和自我批評的能力密切收關。人類行為是

受到對來自外界和自我引發的事件消息加以統合的認知歷程而調適的。對來自外在和內在酬賞的預期，成為行為的誘因和引導（普汶，民75，539-540）。

因此，一個人若沒有建立起自己的人生理想目標，且對自我感到茫然無知，加以內心缺乏一套對自身及他人正確的認識能力，即有可能無法正常地追尋到合適自己仿效或認同的楷模，他們很可能會錯過無數的好機會，無法從與楷模的接觸互動之中，開發自我成長，啟動自我成熟之路。反而極易墜入自我沉淪迷失之深淵，正像自我概念低迷無知的青少年，惑於電視影片裡的飆車英雄行徑，即無視公共秩序與個人安全而結夥集體競相較量飆車。

所以，一個理想的楷模認同的學習，絕不是只有模仿楷模的外顯行為而已，倒是楷模的內隱行為，舉凡他的志氣理想、價值觀、成功哲學、性情修養等行為事跡，更是值得引發其感動、傾慕、嚮往、認同的認知歷程。這樣看來，平時學生們於教師的諄諄教誨，其中「目染」重在觀察學習的身教，而「耳濡」重在認知學習的言教，身教要與言教相輔相成，教師宜發乎至誠，慎行身教，善施言教，俾教育近乎理想。

運用楷模認同的學習原理，進行人格教育的方式，大體上是屬於潛移默化的，有形無形之中卻醞釀著碩實的內涵。通常，除了活生生的教師本身、周遭活潑天真的學子、每日為有心人發掘的好人好事等為楷模的範例外，尚應廣泛取材於下列工具：

1.書信：如曾文正公家書、了凡四訓。

2.寓言故事：如中國寓言故事。

3. 格言故事：如**朱子治家格言**、文天祥「正氣歌」裡包含著許多歷史人物的嘉行善言事跡。又如**菜根譚**彙集了豐富的人生智慧與修行的箴言。

4. 名人傳記：如**孔子畫傳**、**鄭成功傳**（林藜，民 81）。

5. 表彰德性的戲劇、話劇、電影。

6. 好人好事的報導。

孔子曾說：「三人行必有我師焉！擇其善者而從之，其不善者而改之。」（**論語**・述而：二十一）「見賢思齊焉；見不賢而內自省也。」（**論語**・里仁：十七）這兩句話是在勗勉弟子敞開心懷，可從任何他人身上，看到一些理想價值的實踐，進而體驗到世上確有真理、仁愛、正義、美的存在，心中感動並勵志效賢。這可啟示一般家長或班級導師，利用發現式的機會教育，讓學生相互發現彼此的優點，發現社會上一些好人好事，以及不良習性行為的缺失後果，很自然地讓學生有了健康優質的人品。導師尤須注意班級裡小楷模多元化的營造，團體活動中學生參與角色扮演的學習等，均可收到楷模認同學習的良好效果。

缺乏楷模認同的人生是可悲的人生。一個成功的人，往往是能夠汲取他人長處化入己身人格的人。在一本日記的扉頁裡附印著一篇名為「學生回憶中的老師」的摘文，其中有一段文字是這樣子寫的：「我最喜歡的老師——譚老師，肯花時間認識我們；他鼓勵我們談我們的私生活、家庭、願望、恐懼和挫折，在很短的時日內，他就認識我們……他和藹可親，彬彬有禮。他留心聽我們所講的話，而我們也常有話可講。他不輕易粗聲大氣，更不聲色俱厲。他從不申斥責罵，卻經常指點我們

該做的事，並從旁協助。」（教育部訓委會，民 83）

　　國內哲學教授沈清松曾記述兩位恩師，他說：「在大學求學時，葛慕蘭教授是我心中的典範。我常想到他在校園中快樂地吹著口哨散步的模樣。他的內心長保喜悅，生命內涵豐富，他雖是比利時人，卻將一生奉獻了中國，他的精神影響著我。」「在我於研究所讀書時，方東美教授也是對我啟迪頗深。當年我只是一個二十多歲的魯莽青年，並不知中國哲學的精深奧妙，但看到方師學貫中西，語言典雅，研究謹嚴，討論哲學問題客觀而且慧識，使我感到中國哲學自有豐富寶藏，影響我後來亦致力於中國哲學領域的研究，這可說是受到方師精神的感召。」（沈清松，民 85，101-104）

三、激勵昇華的途徑

　　一般人難免在心情上有陷入低迷不振的時候，尤其在遭遇不順心意時，常會憂心忡忡、心思紊亂起來，不過大都不久之後即能警覺自己猶如身陷泥淖，並能強自振作，平心靜氣，恢復健康常態；不過，也有人在此心境下，卻往往怨天尤人，迴避事實真相，遁入自我封閉的世界。其間何以有此趨向判然不同的差異，其可能的原因之一，或在於前者獲得或擁有了有效的激勵，乃能如蝴蝶破蛹而出，猶如新生一般；而後者則可能自身缺乏自我激勵的機制，或是有了「習得的無力感」（Martin E. P. Seligman，民 78，25-51），以致縱然臨時有些外來的激勵，對當事人也不起積極性的作用。

　　事實上，激勵所能產生的力量，實不可輕忽低估。甚至，

許多成功的企業家均長於激勵，並在自我激勵上更下過深厚功夫。因此他們的成功絕非僥倖偶然。乍見「激勵」一詞，可能使人聯想到的是：物質激勵和精神激勵；前者包括金錢、美食、獎品、獎章、獎狀、圖書禮券、享有權利等，而後者包括不同形式的稱讚、鼓勵、支持、認可等。惟若深入探究激勵予人心理上所代表的象徵性意義，則會發現它蘊含著遠比表面形式上無以衡量的豐碩。適度適時合宜的激勵，至少在客觀的環境上，象徵一種正義合理制度的存在，也象徵著溫暖有情有義的人際互動，鼓舞著合作與良性的君子之爭；另外在當事人的主觀感受上，象徵著對過往行為表現的認可，對當事人的尊重、愛護、提攜之意、自信心的確證、能力的肯定等意義。

為人師表者、為人父母者，平日自當關注學生或兒女的言行舉止以及價值觀念，並應多加妥用激勵，善為引導；切勿倚仗權威，嚴刻查訓，以免其前恭後倨，養成表裡不一，自欺欺人的陋習；且宜多扮演好人好事表揚委員之角色，少扮演打擊罪犯的警探之角色。教師與父母尤要不吝於善用讚賞鼓勵之詞，正面肯定進步的良好表現。

一位演藝人員回憶他的一位恩師，他說：「我的戲劇老師是位道地的詩人，溫和的批評家。我們自以為了不起，精通一切，他並不揭發我們的無知，粉碎我們的美夢，卻把握我們的幻想，而予以誘導，他攫取了我們的心。他不批評，卻加勸導；不強迫，卻說服；不申斥，卻啟發。他教我們把戲劇與人生相互對照，由於他的努力，我才能欣賞藝術，走上了舞台生涯。」（教育部訓委會，民83）

邁入青春期的青少年，身體各部分均快速生長，兩性生殖

器官及第二性徵亦隨之成長近乎成人的地步。而性激素的分泌，也形成性欲的驅動力；但生理上的成熟並未與心理上的成熟同時到來；因此青少年如何面對自己身體生長的劇變，如何因應性生理與性心理的雙重適應問題，對青少年的生活能否良好適應，極為重要。

青春期的青少年究竟該如何應對性欲的驅動力，有些專家研究人類性欲的滿足閾會逐步高漲；換言之，如無其他任何反制力量，讓其逞其所欲，則其極易耽溺於其中，且永難有真正滿足之日。況且人類畢竟異於其他動物，性欲的真正滿足，並不能單由生物性的快感可獲得。人必須要學習兩性互尊、互重、互助、互惠、互憐、互愛的生活方式，在兩性心理層面有了相當成熟程度時，正式的婚姻畢竟是男女最適宜的歸宿。

另一方面，漫長的青春期，在人類心理的成長上，是個重要的發展階段，青少年期乃至青年前期，是個脫離兒童期準備邁入成人期的過渡時期。學習獨立自處、經濟自理、兩性對待之道、社會真相的了解、未來生涯的探索與準備、自我認同的建立等，均為此一過渡期重要的適應事務。

在性心理及性醫學的研究上，也證實對性及性欲一味壓抑，而不知適當的紓解之道，則極易造成嚴重的心理衝突、罪疚感、憂鬱、強迫行為等心理與行為問題。是故，除了適度的紓解方式外，青少年在自己的人格發展上，如能發展出自然豁達地超越生物性之本能或欲望的束縛，則可說是極大的成就，也就是所謂的「昇華」。當然，這是要個人有相當不錯的認識及毅力，再加上有適宜環境的助力之配合。青年時代藉著沉思人生重大問題，使自身智慧逐漸獲得開啟，心胸眼界為之敞

開，浸潤於追求真善美的理想世界之中，又復感懷現實世界裡清濁善惡間無盡期的此起彼落；若能如此，自然其人格的品味已達相當高級的層次，足可遠遠超越個人感官快感所耽溺之層次。

教師，特別是青年的教師，在善用激勵以促成昇華上，扮演著關鍵性的角色。如果教師能成功扮演，他的學生將為他的精神所感動，也都能成為人格高尚、風骨清澈的仁人君子。

四、薰陶習性的途徑

子曰：「性相近也，習相遠也。」（**論語‧陽貨：十七**）朱子解釋這句話的大意是說：人的本性原本相近，惟後因學習有善惡之別，以致形成後天氣質之性的差距。其用心是要吾人慎於所習。孔子以降之儒家諸子，都是強調學習善德，成就善性，完足人格的化育。舉凡：勤勞、節儉、樸實、孝順、仁慈、守信、正義、和氣、謙虛、寬恕、自強、廉潔、剛毅、自愛、樂施、豁達、喜悅‧誠心、敬業、合群、友愛、規律、遠見、創發、奮進等一系列的善德條目及其內涵，均成為個人修身養性於知於行上的重點工作。

體育運動教練通常很珍惜深具發展潛力可堪造就的「種子」，他們常用心發掘這些英才，進而培育為優秀的運動員。這些「種子」遠比已經學過而有自己方式的學員來得容易有效教導。學習理論也實驗證實要修正或完全改變已完成的學習行為之後，舊學習行為方不致干擾新學習行為。另一方面，生化的研究也已證實有酗酒及毒癮惡習的人，他們體內生物化學的

反應機轉及心理機轉，都對酒精或興奮及迷幻藥物產生強烈的依賴性。是故，在初等及中等教育裡，對於幼兒、兒童至青少年的生活教育，培養良好習性，以奠立人格發展的堅實基礎，至為重要。

人格教育可粗分三類；首先，對心性尚是一片純真自然的幼兒與兒童，自須正面養成其良好習性；其次，對德性行為仍在發展中的學子，除須繼續培養並強化其德性未固的脆弱部分，使其能夠拒斥誘惑，俾免沾染惡行，難以自拔，反而德性敗壞；第三，對善德與惡行參半或惡習固結已甚之學子，務須使其棄惡歸善，改邪為正。

以上三類學子，德性發展的穩固性及習性的傾向性互有不同，當各就其發展狀況設計適合的人格教育方法。大體，頭二類均屬一般常態學子，正常的德育課程之教學，都能有相當好的助益；惟較為困難者則是第三類，究其原因，恐不止一端；乃因其惡習有個人本身因素，亦有社會人際因素，有認知面、行為面以及生理與生化面等因素，相互盤根錯節，糾纏一起。

多半不良習性是經年累月逐漸形成的；因此，的確很難在短期內，聽一席講演，看一篇文章，就能發揮有效的改變。通常，教師遇到班上有這類的學生，最好的途徑是與學校的心理輔導教師或專業的輔導人員合作，或尋求諮詢，或轉介給學校的心理輔導教師；這不是自己有意推卸責任，而是很多不良習性確與心理困擾、深層的心結、抑制甚久的委屈無奈等密切有關，專業心理諮商人員適時的介入以及適當的協助，是有必要的。

無論如何，教師對於習性不良的學生，絕不可因平日就看

不順眼，一有機會即冷嘲熱諷、挑剔苛責，甚至當眾訓斥；也不可以害群之馬視之，儘管該生是個麻煩製造者；其實，這類學生對他人的心態一如常態的學生，是相當地敏感；縱然，有些教師可能是求好心切，而錯用了教導方法。例如，某生之父平日管教子女過於嚴厲，一有缺失，即予訓斥，有優良表現，視為應該；該生對父親心生恨意，常故意地表現放肆，以抗拒父權；該生導師不明其故，卻一如其父扮演之角色，使該生在校不斷進行對父親象徵性的報復。

教師在善化學生習性的工作或方法上，以下幾點值得注意：

1. 誠心誠意地愛，無條件地愛，要不吝嗇地表示出來。
2. 要以傾聽取代訓示，聽遠比講更有效用。
3. 要誠心關懷他，使自己成為他能夠相信是真正尊重他、愛他的人。
4. 在你與他有了信賴關係之後，鼓勵他，使他相信自己是有能力做到的天才。
5. 為他設計改變習性的一小步之系統作業，激勵他去成功完成，別忘了要讚賞他的表現。
6. 繼續不斷地成功每一小步，終於有志竟成，使他為自己感到榮耀，為自己的成就能與大家分享。

五、善導理性的途徑

「理性」是人類所獨有，能夠如實、公允、盡善、合宜、適度的認識與判斷之能力。為人類先天所享有。西方大哲亞里

斯多德即下了「人是理性的動物」的定義。「理性」有時在語義上有若干面貌，時與「智慧」、「仁」、「義」、「正知見」、「自我」等概念有所交集。例如：程明道說：「仁者，天下之正理，失正理則無序而不和。」朱子注：「仁者，人心所具之天理，故為天下之正理，心存則理得，是以秩然而有序者，禮之所由生也，藹然而和樂者，樂之所由生也，若本心亡而正理喪。」於此，仁者即指具有先天理性的人（朱熹，民68，10）。

常人雖有理性，惟其理性常混沌不清，昧於事理，而朦朧不彰；或其惑於私欲，遂顛倒是非，扭曲事象，指鹿為馬；或囿於成見，而故步自封，不肯權變，以致作繭自縛，懵懂不覺；影響所及，貽害無窮。

中國大乘佛教認為人之本性即有佛性，惟此佛性不斷為世間的塵埃所掩蓋，故不再能夠清晰正確地覺識世界，以致不可免地產生偏頗的知見。養成正知、正見是人生最為重要的任務。佛法即是正知、正見的正道大法。由於常人經常為謬見所困，諸如以為身體永遠實在、將偏頗視作中道、昧於倫常、以自我為中心、誤解戒行等的謬見；除此之外，世俗之人常在五欲六塵裡覓取快樂，或以個人私自的成就及優點來認定實現與否，或以為生命達百歲即為高壽，或在迷信的事物中找尋真理等。人們正確的知見能力，隨年齡、經驗、個性、智力等而有差別。因此，每個人所須接受適合的佛法教育，亦不盡同。修行是佛法教育的重點，透過修行，俾便體證正知正見，重新開啟佛性，達於悲智同運的境界〔星雲大師（Venerable Master Hsing Yun），1998〕。

在西方的思想傳統中，對人的認識思想加以矯正的方法，可以追溯到蘇格拉底的「辯證法」；蘇氏的方法是讓當事人說出自己的觀點，然後依據其觀點進一步推理，推至最後，引出悖理矛盾，從而認識自己先前思想之不合邏輯，並自行加以修正（鄔昆如，民 60，80-82）。

近代西方大哲康德一生對理性的研究，在哲學史上，具有重要的地位。他的三大批判之著作，將知見分為三大類：純粹理性、實踐理性、判斷力。康德的**純粹理性批判**認為人的主體（純粹理性）之認識能力不能直接到達客體本身，須透過悟性作用得到概念範疇的形式，加上經驗而來的實質，方能把握現象，但形而上的物自體不可得知。但在他的**實踐理性批判**中，基於人類的道德良知之要求，將純粹理性不能達到的、證明不出的、無法知道有無的，都靠實踐理性化轉為「應當有」，藉以穩固人生問題的形上基礎。是故，諸如「自由」、「神」、「靈魂不滅」等人類切身問題之解決不在純粹理性，而在實踐理性。實踐理性要求人之自由，透過悟性，而有「應該」及「願意」的概念，前者應乎良心而為「責任」的要求，後者應乎個人意志而為「盡責任」的要求。二者皆指向自己，命令自己，成為「道德絕對命令」。康德又在**判斷力批判**中，指出人有判斷「境界」的先天能力。純粹理性的作用是「認識」，純屬「理性」；實踐理性的作用是「要求」，純屬「意志」；判斷力的作用則是「境界」，純屬「領會」。領會內心深處最微妙的、難以言傳的、深獲我心的、至高無限的、悠然自得的、美感藝術的境界（鄔昆如，民 60，433-458）。

國內一位教育家祁致賢教授，從他的**人理學**一書的目錄

中，可讓讀者意會做為一個人，等於是要一個人的理性應在哪些方面有所當為。這本書分上、中、下三卷，代表全書的三大範疇。在上卷「天然的定理——慎思必然」中，討論到進化的動力、天人合一和自然的律則，而以相關變動來說明慎思必然的旨趣；在中卷「人生的事實——明辨實然」中，討論人的實在現象，從生理、心理、社會現象乃至歷史與文化，來說明人的現實面及創化擴生的新希望，及調和成長的可能性；在下卷「應行的大道——篤行應然」中，闡釋人理的至德，包括正路、善群、格物、厚生、良法、善果等等（祁致賢，民81，8-9）。

從上所陳，吾人當知人之理性須用於其所當用之範疇，範疇誤用乃為人際間誤解衝突，個人內在心理矛盾的一項原因。科學、道德、藝術之範疇，所適用的理性，各有不同。例如：當讀到孟子說：「愛人者，人恆愛之；敬人者，人恆敬之。」（**孟子・離婁**：二十八）若以事實並不盡然，而謂此言並非真理，以致怠忽愛敬。實際上，此句乃訴求於個人內在存心之道德良知，亦即康德所謂之實踐理性，而非是否為客觀事實；道德語言是用以期望於個人之自求與實現上的，而非用以探究實證。

現代心理治療學術，特別是認知治療（Cognitive Therapy）及理情治療（Rational-Emotive Therapy）等的進展，對於人類理性問題的解決，也有重大的貢獻。認知治療的倡導者貝克（A. T. Beck, 1921-）認為思考（thinking）的錯誤是心理問題的造因。貝克舉出六種常見的認知錯誤（施顯烷，民79，177-183）：

1. 隨意的推論：對某事件，在無可靠的支持證據下，遽下結論或斷言。
2. 斷章取義：摘取一小部分為例，誇大其詞，無視其他證據，以偏概全。
3. 過度誇張：言過其實地誇大某些人事物的功能、效果、德性、重要性等。
4. 擴大或縮小：判斷事件時，總是過分擴大或低估其重要性或是影響力。
5. 牽強附會：某些明明無關的事象，卻硬要將其說成密切關聯，或將其牽扯進來。
6. 極端的想法：認知的取向，總是非此即彼，偏向於兩個極不相容的極端之一。

貝克又認為這些認知的錯誤現象，係和三種主要思考傾向有關（陳仲庚，民79，81）：
1. 自我中心：對事件的解釋都是按自身的意見做為判斷依據，而不顧及他人看法。
2. 兩極化思維：思考傾向極端化、絕對化、片面化，過度概括、武斷。
3. 超規則化：不顧客觀條件的變化與否，一味僵化地按規則行事。

與認知治療並駕齊驅的理情治療，強調「無理性的信念」是心理問題的根源，這種信念必須連根拔除，才能達到心平氣和的目的（施顯烇，民79，177）。理情治療法的奠基人艾利

斯（Albert Ellis, 1913-）非常崇敬古希臘斯多葛派（Stoic）哲學家艾皮提特（Epictetus）的一句名言：「人們並非為某些事情本身，而是為他們自己對這些事情所持有的看法所困擾。」（陳仲庚，民 79，111-112）

艾利斯將會導致各式各樣心理症狀的「無理性信念」加以整理研究，發展這些信念是自己不斷用內化的語言加以增強，其中含著對自我及客體無法實現的「必須」、「應該」的意志。艾氏找出經常會導致情緒障礙的三種主要思維及其例子（陳仲庚，民 79，115-116）：

1. 糟糕透了：我沒有能夠做到像我必須做到的那樣好，這真是糟透了！

2. 我簡直無法忍受：我受不了這個，沒法忍受這種事發生在我頭上，這事根本就不應該發生的！

3. 一文不值：如果我沒能做到像我必須做到的那樣好，沒能贏得我必須贏得的讚賞，那我就是一個毫無價值的人！

認知治療法與理情治療法都發展出對治療「無理性信念」以重建「理性信念」的方法，非常值得教師了解及靈活學以致用。他們基本的方法，是發展一套揪出並批駁自己的無理性信念，設計管用的理性信念，練習運用使之成為自己自動思考的習慣。例如當我們受到委屈，遭到無理對待時，在此當兒，我們內心剎那間是如何內言的，然後情緒又是如何感受的，緊接著我們的行動是如何……對這些問題要逐一抽絲剝繭，深入發掘，徹底透析釐正的。

六、控制環境的途徑

　　人類的生存環境，按其所在，可粗分之為自然的生態環境、社會的人際環境、精神的心理環境等三大類。這三大環境相互關聯，相生相長，或互剋互滅。現代的人類文明，雖然帶來了前所未有的人類科技文明，及高水準的物質生活；但是同時人類也承受著自然界生態環境的嚴重惡化、人類日益趨向於非人格化及疏離化，人類精神充斥著焦慮、壓力、無意義感等等的環境問題。環境保護成為現今的顯學之一。不僅有對整個大自然界的環保，有社區的環保，而且尚有所謂心靈環保的倡導。

　　荀子說：「蓬生麻中，不扶自直。」佛家鼓勵人修行宜「遠離塵囂，雜念漸減，邪魔終泯」；孔子曾說：「里仁為美。擇不處仁，焉得知？」（**論語**・里仁：一）孟母三遷的故事等，這些都說明了環境對人格養成的重要性。

　　許多社會學者的研究，皆一再證實青少年的各種犯罪，與低劣的社區環境、低社經指數的家庭有關。民族文化學者的研究，發現不同族群社區之間，各式各樣的犯罪類別亦有差異。這類現象說明教育水準、所得經濟條件、文化價值觀念、人口擁擠程度等因素與青少年犯罪、不良適應行為有著高度相關。

　　尤其在社經水準低落或參差不齊的學區服務的教師，常會發現要徹底改善學生的行為問題，難免遇到來自學生家庭方面的難題，經常家長的教養觀念及子女的互動方式等情況，使得問題愈加複雜，而非單憑教師一人之力所能完全轉變。改善社

區生存環境是個涉及社會文化整體建設的大工程。隨著社會建設的進展，社區環境的改善，這些家庭環境的問題，方能獲得部分的緩和及改善。在學校方面，宜有效利用社會資源，結合校內人力物力，強化教、訓、輔統合功能，以發揮「境教」的效果，使學生耳濡目染，潛移默化。

學校教師在學生的人格教育上，一旦面臨學生的不良環境之問題時，究竟應持什麼對應的態度呢？當然，置若罔聞、視若無睹是絕對不當的態度。例如，一次某生寫作，作文題為「我的家」，該生誠惶誠恐地真實寫下他家裡父母爭吵不和，而內心裡充滿著焦慮不安，常獨自無助地哭泣等等的描述；該生的老師僅在作文簿上批了一個「丙」的評分而已，除此之外，就彷彿沒有這些事發生過。也許這位老師認為單從用字遣詞、內容表達、段落結構等方面，評量成績就夠了；但是教育工作不能僅止於此；宜對該生衷心地賦予關懷，並對其環境的改善作適當的幫助才是。

有時，有些學生的問題，主要來自於學校的師生關係，諸如學生內心裡憤恨老師偏心，以致常言語頂撞老師，並與其他行為偏差學生串聯，形成校園一股惡勢力。在校園環境的改善上，師生間的非正式溝通應盡量做到暢通無阻；有些學校設有「熊大姐信箱」，隨時協助學生解決疑難問題。學校輔導室扮演一些積極的角色，諸如提供教師輔導諮詢、舉辦教師輔導知能研習活動、安排學生自我成長活動等。由於學校本身輔導資源有限，學校應充分利用社會資源，促進學生正常健康成長，以致間接改善了學校師生的教學環境；諸如學校輔導室可盡量介紹有益身心的作品、作家、戲劇、週末講座；積極提供學生

於假期中參與有益身心的活動，諸如：靜坐禪修研習營、人際關係研習營、佛法研習營等社會公益團體舉辦的訓練營隊。

中小學校裡，學生大部分的時光在學校中度過，而教室課堂更像是學童們的另一個家庭，如果孩童在班上這個「家」，和放學後回到自己的家，都得不到愛的溫暖滋潤，又如何冀望這些孩童能夠有健康的身心發展呢！課堂經營與管理是用以建立及改善課堂學習環境的理論與實務。教師在設計自己班級的經營策略與技術時，宜時時想到自己是在營造一個能讓學生相互親愛，能享受到你給予他們那種如沐春風的溫馨摯愛。不要讓你的課堂經營成為僵硬的形式，束縛學童的工具，只圖個人便於管理，那樣是熱愛教育的教師最不願見到的。

孟母三遷的故事是一則很好的教材，來教導學生體會孟母的偉大、教育的重要、好的學習環境的重要等；除此之外，有必要進一步地討論，來激發學童相互學習身處逆境猶能奮發向上，砥礪志節，自強不息，能如蓮花出汙泥而不染等的知能；例如可讓學生討論如下的問題：(1)如果孟母迫於貧困不堪，而無法遷居，她是否還可以採用什麼其他方法？(2)假如孟母生在今天，社會裡處處都有不純淨的誘惑，如果你是她，你如何教導現代孟子呢？今日「處逆境的教育」具有控制環境，積極改善環境的意義；在人格教育上相當重要；是故，讓學生具有正確的危機意識。「諸惡莫作，眾善奉行」，「害人之心不可有，防人之心不可無」等正反兩面的教導方式，正是控制環境以促進人格教育的實例。

七、實現意義的途徑

在人類歷史上，每個時代常不乏有一些人士，少年即懷救人濟世大志，彷彿他們很早即已有一種使命（mission），在他們心靈裡發動著。他們經常是不求聞達，不慕名利，深入窮鄉僻壤，默默奉獻著自己的生命，直至凋零。在社會每個角落裡，可以見到有的人窮困志短，有的人愈挫愈奮，其分野的關鍵，至少可歸因於其意識到他自己的生存之意義為何。

二十世紀初葉，德國文化思想家斯普朗格即已認為人對於價值的接受和實現，有一種內在的體系和類型。這種精神構造具有固定及永續的傾向，它是由先天素質與後天環境互動逐漸形成。斯氏按人的精神構造和精神生活的活動方向，分為六種基本類型，每種類型都有一種價值傾向。如某一類型特別突出明顯，則該類型之價值為其中心價值，其他價值則歸屬其下。六種生活類型，依序是「理論型」、「經濟型」、「藝術型」、「社會型」、「政治型」、「宗教型」；而其價值傾向依序為「真」、「利」、「美」、「愛」、「權」、「聖」；每一類型都表現一種生活形態（鄭世興，民 60，18-19）。

就人格教育的立場而言，教師輔助學生個人認識其生活類型及價值趨向所具的人生意義，進而因材施教，同時亦啟發其對全體價值的受容能力，陶鑄其實現價值的能力，使其內在力量得到最大的發展；這樣的目標與歷程，固然有其一定的正確性及必要性；但是要將個人的價值傾向與其他價值取得和諧，則是甚為重要而且並非一蹴可幾的。人經常錯過真正有意義的

事，而因只看到眼前有利的事物：享樂、權力、名聲、金錢等。生命的弔詭經常是：一意追求享樂的人必然最後走上窮奢極欲，陷於虛無，以致無法自拔的絕路；貪求權力者將不斷爭奪更多的權力，騎虎難下，終為自己的陰謀詭計所陷、所摧毀（孫志文，民 72，91）。一些抽象價值若僅止於僵化的認同和實現，而忽略個人對現實的思維及感受，則有可能使人尋求的是一些虛幻的人生意義，另一方面也可能窄化了人生意義。

整個二十世紀雖然是個科技進步神速，人類享受極度物質文明的時代，但也是個意識形態對立、民族利益衝突、戰爭人禍不斷、屠殺生靈無數、生態環境嚴重破壞、大地反撲天災嚴重等恐怖、苦難、荒謬、弔詭的世紀。在政客激越的煽惑下，在強權堂皇宣傳的理由下，在精美包裝之現代魔咒的擾攘下，產生了無數的人間悲劇，付出了慘痛的人生代價。在強大的資本市場經濟帶動下，經濟掛帥，生產力決定價值，個人像是整個生產線上的作業員，每日過著機械式的生活。焦慮空虛、無意義感、無價值感、荒謬感、無助感、疏離感充斥著人們的心靈。

二十世紀中葉，新精神分析學派健將羅洛・梅（Rollo May）依據他的臨床診斷，發現人們主要的問題是空洞。很多人不僅不知道自己需要什麼，甚而對於自己的感覺也無清楚的概念。他們感覺到真空、虛無，覺得飄浮遊蕩，痛苦地感到無能（羅洛・梅，民 60，1-26）。意義治療（Logotherapy）學派創導人佛蘭克（Viktor E. Frankl）於二次世界大戰期間，由於在集中營裡黯淡悽愴生活的親身經歷，透過他身為精神醫師的敏銳觀察，他發現：一個人的精神狀態　　他是具有勇氣和

希望，抑或怯懦和絕望——和他能否免除可能遭到的厄運，是有著密切關聯的。一個人的希望和勇氣的突然喪失，可以導致他遭受致命的厄運（佛蘭克，民 56，92）。

佛蘭克寫道：在集中營裡要想重建一個人的內在力量，須在顯示給他若干未來目標的這件事上才能成功。尼采（Friedrich Wilhelm Nietzsche, 1844-1900）曾說：「參透『為何』，才能迎接「任何」」（He who has a why to live for can bear with almost any how.）。對俘虜而言，這是一句能左右思想、感情和行為的箴言。它能產生精神治療和心理衛生上的效果。一個人無論什麼時候，有的是機會，必須對他們的生活給予他們一個「為何」——一個目標，為的是去加強他們的力量，使他們去迎接生存過程中的「任何」苦難（佛蘭克，民 56，93）。

一個人之所以悲痛，正因為他缺乏生存意識、缺乏目標、缺乏目的，因此對繼續活下去這回事了無意願。就這樣他於人海中陷溺了。他用「我的一生再無指望了」這種典型的話來回應，來否決一切含有鼓勵性的言論（佛蘭克，民 56，93）。

我們確實需要對人生的態度作根本上的改變。我們應該自己去弄清楚，而且我們應該教絕望中的人弄清楚：我們該當認為自己是每日、每小時被生命所詢究的人。我們的生命意義，不一定在乎談論和沉思，主要是對的行動和對的作法。生命的究極意義是：對有關生命的各項問題，把尋求對的答案的責任肩負起來，同時，去完成生命陸續為我們每個人所排定了的工作（佛蘭克，民 56，93-94）。

諸如此類的工作，與乎生命的意義，每人都或不相同，每一光景片刻也不一樣。刻圖吞棗地給生命的意義下界說，是不

當的。牽連到生命意義的各項問題，永遠不能夠用總括的陳述去回答。生命不是什麼曖昧的事，而是極其真實和具體的事，恰似生命的工作也是極其真實具體的。生命的工作構成一個人的命運，命運是每個人不同的，獨特無雙的。人和人及其命運是不可能也不必相比的（佛蘭克，民 56，94）。

一個人一旦發覺受苦是他的命運，他便會去接受他的痛苦，宛如那是他的工作，他惟一的工作一般；他會理會這件事實：就算是受苦，他也是在世上單獨而惟一的一個人。人不能解除另一個人的痛苦或替代另一個人受苦。他獨一無二的機運，就在於由他自己親身承擔他的艱困（佛蘭克，民 56，94）。

佛蘭克提到二個自殺未遂的個案，頭一個是因他頂喜歡的小孩正在國外等待著他。另一位是個科學家，因他寫的一套書尚未脫稿。他們的工作是任何旁人都無法替代的。這種舉世無雙的東西及真誠，每個人有每個人的特色，它給予了個人存在的意義，它和個人的創造性工作有關，宛如人世間的愛情一樣。一個人不可能由另一個人接替，他有他自己生存的職責，這些職責在它的大小數量上，陸陸續續地出現。一個人對深情地等待著他的人，或者對一件未完成的作品，他有要去承擔他的職責和自覺。他永不能就此了卻殘生。他深深明瞭他「為何」生存，因此對「任何」逆境都能勇敢迎接面對（佛蘭克，民 56，95-96）。

佛蘭克認為個人須從具體而微的現實情況裡，覺察自己獨特的生命境遇與工作使命，從澈悟他人無可替代的工作、受苦、犧牲、求意義的意志等概念中，把握個人生存意義的實

現。下面列舉一些具體的方法，教師可以有計畫地靈活採行，藉以培養其覺察及實現生存意義的能力：

1. 參觀訪問療養院、養老院、孤兒院、中途之家等機構。意識到命運與生活境遇的不同。

2. 到慈善養護機構做義工，體驗對最需要的人無條件地付出，是一種豐富的成就。

3. 透過交流每個人境遇，或對假設的惡劣境遇，經由腦力激盪，討論：要是我也遭到相同境遇，我會如何及該如何。

4. 閱覽及討論有勵志奮發內涵的經書、散文、故事，小說、傳記、戲劇等。

5. 體驗身陷匱乏、苦難、瀕臨死亡邊緣等逆境，並探求個人不能放棄希望的原因。

6. 個別輔導學生接納自我，發現自己是有用之才，敲定有意義的工作目標，激勵其努力達成。

7. 輔導學生認識生命意義的尋覓，是事關自己的事；迴避和推諉是逃避責任的懦夫。

在一本日記的扉頁裡，有著感人深重的一段文字，記載一位學生對一位老師的回憶；他說：「我永遠記得施老師，他喜歡與我們為伍。有他在，我們就覺得自己非常重要。他信任我們，指導我們，引發我們的志向，他說：『世界需要你們的才幹，世上有痛苦、疾病和貧窮。你們能夠做你們同胞的救助者或兇手，你們能製造地獄，也能創造天堂。你們能使彼此痛苦，也能彼此慰藉。無論如何，你們若非參與解決問題，便是製造問題。』這些話影響了我的人生觀和世界觀；促使我抱持

利他主義，每當遇到生命裡的每一抉擇，總如暮鼓晨鐘般讓我找到活著的意義。」（教育部訓委會，民83）

八、佛教禪定修證的途徑

二十世紀中葉以降，跡象顯示：人格上較深層的心靈問題，已遠非實證哲學、經驗主義或行為主義心理學等所能窺其堂奧；是故，已有愈來愈多的思想家、心理學家走進東西方心靈學術整合會通的路，而且已經有了相當樂觀的成果。雖然從弗洛伊德創立精神分析學派以來，心理治療在西方社會儼然成為一門顯學，各種學派、理論、觀點不斷交疊湧現。然而西方的心理治療傾向於「實證式」的心理療法，佛教卻是值得期待的東方體證式的新興心理治療。不論是榮格、弗洛姆（Erich Fromm），或是康菲爾德（Jack Kornfield）、森田正馬，皆證實佛教禪修的心理治療是一套足以將人心回復正常狀態的方便法門（游乾桂，民87，181）。

西方的心理治療無法徹底地解除心理障礙，部分原因還牽涉到它基本上是一套「他助體系」，在他助的系統裡，自性未開發，一切仰賴他人的協助。而佛學不僅融涉了解惑紓困的生命哲學，同時具備了如何實踐這些知識的具體方法；它所關心的是日常生活的體驗與實踐，以及超脫生死的醒悟。在佛教這樣一個「自助體系」裡，佛法僧是教師，自己是主宰者，透過法師的傳道、解惑，自己的精進唸佛、讀經、靜坐、禪修等等，使人從根本處覺悟，進而改變生活的態度，恬淡、豁達，自然心開意解（游乾桂，民87）。

在會通東西方心靈上，弗洛姆為重要的影響人物之一。弗氏對佛教尤其是禪宗特別青睞，他認為佛的教義，正是他的人本思想的精髓，主張「眾生皆佛」，意味的正是「自我信任」、「自我依賴」、「自我實踐」，佛陀不是超人，而是一位覺醒的智者，這種角色，人人可得。他相信，只要不「悟」，就無能創出絕對妙境，壓力、不安、困惑、恐懼、焦慮，必然時時存在；雖然心理治療可以治好一些「症狀」，但無法治好一個人的「人格」（游乾桂，民 87，221-226）。

我國學者游乾桂，經過多年來臨床心理治療的體驗，和從事東西方心理與人格的研究，終於認同榮格的說法：當一個人的「自性」（亦即「佛性」），被欲望、貪念纏繞成無明、我執等等情況時，再多的心理改變技術都是枉然。真正的救援之道是「明心見性」後的「澈悟」，也就是究竟涅槃（游乾桂，民 87，12）。

至於佛教禪定修持證悟的理論與實務，包含甚多的內容，限於篇幅，無法臚述。大抵，做為一個禪門佛弟子，是要經過相當長的一段修證歲月，其中包括：洞悉六煩惱、八苦，皈依與發弘願，過規律生活，定時禪坐冥想、觀心、觀身定念，做到懺悔、寬恕、平常心、清淨心、無我、無著心、六度、四攝、四無量心、空、放下、無念、無相、無住的自在境地（游乾桂，民 87，191-192）。

輔導的方法

壹、輔導的意義

一、輔導的定義

「輔導」一詞，由於在輔導學術的發展過程上，涉及不同學者從各個不同的面向及層次來透視輔導的理念；因此，輔導的意理及其取向呈現著多樣的面貌。要找到一個為各家觀點所贊同的「輔導」定義，洵非易事。惟為便於入門了解，茲撮引以下輔導學家所下的「輔導」定義如後。

(一)宗亮東

「輔導是對於個人各種協助的一個教育過程，輔導人員須充分了解個體生理與心理的生長發展，及其所處環境的各種情況，在民主社會生活方式中，運用輔導的專業知識與技術，以一個有組織的工作計畫，為青少年或成人作熱忱的服務。輔導的最終目的，在使青少年或成人認識其自身的各種需要與特殊能量，在生活、學習與就業各方面，用自己的思考與判斷作睿智的抉擇，以最有效的活動方式，來圓滿達成其最終目標或志

願。」（宗亮東，民65，6-7）

(二)鄭心雄

「輔導是經由一個專業化的人際關係，由此關係中經由合格訓練的一方，幫助另一方的個人，使能發動、整理並綜合自己的思考能力，進而求得深度的自我了解，並依此能成立一較佳之自我選擇及決定，而解決難題，同時面對未來。這全部的歷程，不論使用理論、工具及方法的不同，統稱為輔導。」（鄭心雄，民65，1-3）

(三)張春興

「輔導是一種教育的歷程，在輔導歷程中，受過專業的輔導人員，運用其專業知能，協助受輔者了解自己，認識世界，根據其自身條件（如能力、興趣、經驗、需求等），建立其有益於個人與社會的生活目標，並使之在教育、職業及人際關係等各方面的發展上，能充分展現其性向，從而獲得最佳的生活適應。」（張春興，民78）

(四)林建平

「輔導的定義，大概包括下列要項：
1.輔導是一種專業的協助歷程。
2.輔導乃輔人自助，助人自助，不越俎代庖。
3.輔導以民主哲學為基礎，尊重人性尊嚴、個別差異，重視因材施教，是適才適所的教育。
4.輔導以普通學生及有行為問題的學生為對象。

5.輔導人員應具備專業知識、技術及倫理規範。

6.輔導的目的在自我了解、自我接納、自我充分發展，及自我實現人生的目標。

總之，輔導是以尊重個別差異、實現個人潛能的民主哲學為基礎，輔導人員具備輔導專業知識與技術，透過個別或團體的方式，協助個人自我了解、自我抉擇、自我充分發展的生活。」（林建平，民82，4）

(五)賴保禎

「輔導是輔導人員給予學生或受輔導者的協助，使其了解自己，適應環境與作明智的抉擇，並有計畫地安排自己將來所要前往的方向，以達到自我實現的境界。」並說：「無論是學校的輔導教師，或社會機構的輔導人員，必須秉持這個原則協助學生或受輔導者，才能達到輔導的任務。輔導不僅是學校教育的重要工作，亦是社會各機構必須執行的服務項目，所以凡是一所好的學校，必定重視輔導工作，凡是一個上軌道的機構必定推行輔導業務。」（賴保禎，民84，10）

(六)吳武典

「輔導乃是一種助人的歷程或方法，由輔導人員根據某種信念，提供某些經驗，以協助學生自我了解與充分發展。在教育體系中，它是一種思想（信念），是一種情操（精神），也是一種行動（服務）」（吳武典，民69，2）；在此定義裡的「信念」，係指正確的思想，亦即至少要肯定每個人都有其潛

能以及善性；「情操」是指摯愛、積極、奉獻、耐心等的情懷；「行動」則指對學生具體的服務或協助。

除定義之外，對於輔導內涵的基本要素，諸如：輔導的功能與重要性、目的、類別、原則等層面，再作進一步的了解，這樣將更能掌握「輔導」之意義。

二、輔導的功能與重要性

在學校教育體系裡，輔導不單單是一種教育思想，尚是教育歷程中於教學（teaching）、訓育（disciplines）外的另一類學生事務工作。此類一般謂之學生輔導（students guidance）的學生事務工作，側重學生的心理健康、人格發展與適應成長方面的服務工作，而與擔負學生實際生活上的服務及管理的學生事務工作有別。無論如何，學生輔導為學校教育至為重要的工作。輔導之所以重要，自然與其功能之能滿足需要有關。進言之，從以下四項輔導的功能，足可顯現輔導的重要性：

(一)符應個人需要，協助適應與發展成熟

每一個人，無論老幼智愚，都有生活及成長上的需要；這些需要往往無法單憑個人能力即能適當肆應滿足。成長中的兒童及青少年，尤其會遭遇甚多因成長的身心變化所衍生的心理衝擊與適應問題；對於這些變化，個人多半缺乏充分的心理準備，以致引發或多或少的適應不良，包括緊張、徬徨、焦慮、抑鬱、無助等的情緒狀態，及心身症候等。

另外，個人性格的認同、自我的了解與悅納、潛能的開

展、社會關係的擴大、兩性關係的學習、未來生涯的準備等的需求與問題，一如生理變化的適應問題一般，均須輔導以協助個人有效達成適應，順利臻於發展成熟之境。

(二)紓解生活中的個人、家庭與社會問題

西方自工業革命以來，工商業主導社會文化及經濟發展，都市化、科技化、資本集中化等的發展取向，造成人類有史以來最鉅幅的全面的社會文化的變遷與重構。整個世界已為科技旋風、資本主義市場經濟的新宗教（即無限生產、絕對自由、無限快樂）之信仰所籠罩（弗洛姆，民 78，5-18）。

雖然人類大多數已比過去的世世代代享受到現代的物質文明生活，但是，不可諱言，我們的生存情態更陷入人類前所未有的可怖夢魘之中。人類像是重新開始進入一個新蠻荒世界。社會裡的犯罪、貧窮、環境汙染、生態失衡、族群衝突等問題，家庭裡的夫妻離異、失和、外遇、再婚、子女教養、青少年的離家出走、早婚、未婚媽媽等問題，個人的生活壓力、情緒控制、生存意義等問題，均不斷地在侵蝕每個人的心靈。精神疾病、自殺、暴力、性犯罪等的發生率並未隨科技發達而相對消減。在此種生存情態的文化現象下，學校裡的輔導工作，自然能起一種紓解人心困頓及度人迷津的作用。

(三)實踐全人教育，奠立人格健全發展基礎

二十世紀中葉以降，美國教育界興起一股永恆主義的教育思潮；此派倡導者赫欽斯曾提出實施全民文雅教育（liberal education for all）的主張，期使已趨向商業化的教育，重新返

回到文雅教育上；從重視物質的教育，走向重視智慧發展的教育；從偏向知識、技術、實用的教育價值觀，改正為強調心智的發展、品德的涵泳，以及知識的內在價值觀的教育（徐宗林，民62，13-14）。

赫氏抨擊「經常所著重的教育目的，不是在促進人的了解，或是提高智慧的水準，或協助人，經由心靈之使用而成其為人，教育所著重的反而是經濟的成長」。他強調：「教育的目的，就是促進人」，他引用馬里旦（Jacques Maritaim）的話：「教育不是訓練動物。人的教育，是人的喚醒」，並引十七世紀教育思想家柯美紐斯的觀點：「所有的人，都應該充分地教育為充分的人」，他堅持：「教育的目的，並不是『人力』（manpower），而是『全人』（manhood）的發展」（徐宗林，民62，45-46）。

約在同一時期，心理學界第三勢力人本（人文）心理學（Humanistic Psychology）興起，羅傑士開創當事人中心治療法（Client-Centered Therapy）。羅氏指出人具有成長的衝力（growth impulse），把人安排到適當的環境中，就可以促進人努力達至成熟的行為，從而得享生活的滿足。他堅信人最基本的生存動機就是要全面地發展自己的潛能，要獲致成長和實現自己。在他的當事人中心理論中，輔導的目標主要是要與當事人建立一個適當的關係，來協助對方成為一個達致完全功能的人（fully functioning person）（林孟平，民77，86-89）。

至於一個全人或是一個完全功能的人，究其內涵則與發展成熟有關。美國發展心理學者黑斯（D. Heath）於一九六八年提出發展成熟理論。他以五個層次分別說明人在知能、價值、

自我概念及人際關係四方面的成熟情況，來闡述發展的意義。其中五個層次依序為：(1)更能描述呈現經驗；(2)更顧及別人；(3)更統整；(4)更穩定；(5)更自律。他所謂的成熟為在知能、價值、自我概念及人際關係上，分別由層次一逐漸進入到層次五。黑氏的發展成熟論大要內容如下頁簡表（張雪梅，民85，73-77）。

透過輔導的歷程，經由人格的健全發展，進達成熟，而得以將全人教育的理想落實，這是學校學生輔導工作的重要目標。

㈣達成適才適性，統合個人與社會需要

輔導除提升個人的適應能力，健全人格發展以進達成熟外，輔導尚能協助學生作出適當的選擇，例如：(1)協助學生了解自己的能力、興趣與性向，藉以考慮將來可能的發展；(2)協助學生按照其能力、興趣與性向，選擇到適合的學校就學，並指導其選讀適合的學科；(3)協助教師了解學生的個別差異，從而依據學生的事實資料，進行有效的輔導；(4)協助教師與學生了解學校及職業有關資料，作為學生畢業後升學與就業的計畫之用（賴保禎，民 84，14-16）。

另一方面，輔導也能：(1)協助學校或教育機構擬定各種教育計畫、開設各種課程與活動，以適應學生的需要；(2)協助學校或教育機構調整課程、變更教材教法，以滿足學生的學習需求；(3)進行學生個別事實資料的蒐集處理，或實施各種測驗，獲得學生行為發展的資料，以供教師設計課程、編擬教材之用；(4)調查畢業生升學與就業情形，訪問家庭、社區、職業機

	智能	價值	自我概念	人際關係
描述呈現經驗	能評價自己的思考	知覺自己的信念	了解自己，正確的自我分析	能對人有反應，能分別人的行為與感覺
顧及別人	能思考合理和切合社會現實	能考慮到他人，包容利他	能站在他人立場，具同理心	能關懷及愛別人，能和人有親密關係
統整	能系統地解決問題，具創造綜合協調能力	實用的世界觀，和諧的價值	一致的自我印象，真實的自我觀	更開放，能真誠待人，能互相合作互惠
穩定	能有組織的思考，並能發揮一致的功能	清楚地維持其所承諾的價值	穩定的自我觀，肯定其所肯定的	持續的友情，對特別的人有特別的承諾
自律	用資料時較少偏差	心思獨立，統整的信念和行為	視自己為能負責的人，不太過於依靠別人的知覺	和人的關係能自律，既不太支配也不太依從

構等，以供學校施教之參考；(5)建立完善的學生累積紀錄資料，作為實施教學與輔導之依據（賴保禎，民84，16-17）。

貳、輔導的目的

　　就輔導學的發展史看來，各時期所標榜「輔導」的目的，若就終點目的而言，卻不是始終一致的。早期的輔導目的，如派深思的職業輔導（vocational guidance），即旨在協助案主了解個人的能力、興趣、個性以及工作市場上的就業機會及條件等的相關性，俾個人找到適合的工作，社會上的機構同時找到

適合在該職位上工作及求發展的人。

隨後，有視輔導即教育，輔導目的即在達成教育目的；有視輔導旨在幫助學生增進「做決定」的能力；有主張輔導之目的在綜合各種輔導理論原則，運用各種不同方式，提供學生一系列所需要的服務；有謂輔導乃在運用心理測驗以診療學生問題。

漸至後期，有強調輔導乃是協助學生適應或解決其發展上的問題；有側重輔導目的在於有效激發學生目的性的行為，形成目標導向的行為；有謂輔導即心理的教育，目的在於直接透過心理方面的教育以促進自我成長；有主張輔導目的在改善、控制環境，以消減不利行為及形成有效適當的行為等（吳武典，民 84，75-119）。

惟就概括性的目的而論，各時期的「輔導」目的，仍有共同的或同質性的成分；可說幾乎所有的輔導都不外由輔導者與受輔者建立輔導關係，透過互動，輔導者發揮助人的功能，促成受輔者自我的功能復甦活化，終至能夠自助自立，自我調適地成長。

輔導的目的一旦要落實到學校的教育裡，首先即須明訂學校的輔導目標，俾資藉作各項輔導活動的依據。從國民中小學輔導活動課程標準所列的課程目標、活動綱要的內容，即可發現我國中小學輔導工作的目標如下：

一、協助學生自我了解、認識環境，以促進自我的成長與發展。

二、協助學生了解其能力、性向、興趣，並發現特殊學生，以達適性發展。

三、協助學生養成良好的學習態度、方法與習慣，以增進學習效率，達成學習目標。

　　四、培養學生正確的人生觀及促進群性的發展。

　　五、培養國小兒童正確的職業觀念與勤勞的生活習慣；增進國中青少年職業觀念的建立，職業興趣及性向的試探，透過就業安置與延續輔導，以發揮生計教育的功效。

　　總之，輔導的主要目的在促進個人的成長和發展（林建平，民82，5-6）。

參、輔導的類別

　　輔導工作涉及個人整個人生諸多層面。因此，輔導的分類方式，常隨研究者所依據作為分割界線的指標而轉移。茲按取向層次、協助方式、需要所在等三種分類指標，臚述如下：

一、按輔導的取向層次分類

　　此種分類方式，具有層次的及統整的特色，可擴大輔導的層面，且符合以「個人」為重心的策略設計（吳武典，民84，37）。

　　㈠初級預防：以一般正常的青少年為主要對象；目的在使青少年由自知而增進自我調適的能力，增進心理健康，防範問題於未然。

　　㈡次級預防：以較易有生活適應問題，或已有問題但尚屬輕微的青少年為主要對象；著重在早期發現徵候，及早予以處

治。

　　㈢診斷治療：以出了適應問題且相當嚴重的青少年為主要對象；著重在危機的調適。

二、按輔導的協助方式分類

　　㈠直接式：如提供個別及團體諮商、心理治療、心理測驗，舉辦心理健康座談。

　　㈡間接式：如透過諮詢、親職講座、改善教育環境，舉辦教師輔導知能研習，安排特殊環境接受特殊的課程之環境治療。

三、按輔導的需要所在分類

　　㈠身體健康：如生理現象、適當規律的生活。

　　㈡課業學習：如考試焦慮的克服、有效學習與記憶方法。

　　㈢家庭環境：如解決家庭變故所衍生的問題。

　　㈣性情人格：如輔助學生了解自己的性格。

　　㈤人際關係：如何處理親子及手足關係、學校同學關係。

　　㈥愛情婚姻：如輔助學生了解男女關係、相處之道。

　　㈦價值觀念：如輔助學生了解價值，個人價值的影響。

　　㈧行為習慣：如發現自己的不良行為習慣，建立良好的行為習慣。

　　㈨生活安排：如有效地規畫自己的生活作息。

　　㈩自我認同：如接納現在的我，發現自己的所長和所短、

確立要做到之理想的我。

㈡生涯準備：如有效地規畫自己未來的生涯。

肆、輔導的服務項目

儘管學校輔導服務的項目有地區性的差異，並且常隨學校領導人物的取向而有所偏重，一般所同意者有以下八項（吳武典，民 84，10-11）：

一、衡鑑服務

著重個別差異的了解。藉各種主觀與客觀的方法，如測驗、問卷、觀察、家庭訪視、社會計量等，蒐集學生個人、家庭及友伴的資料，並加以分析與應用。

二、資訊服務

重點在充實學生的學習經驗。配合學生所需，提供教育、生活與職業資料，以增進其對自身、客體、環境的了解，而利於選擇與決定。

三、諮商服務

諮商是輔導服務的核心部分，透過個別或小團體的關係，幫助學生自我了解和自我發展。在此關係中，輔導員須具專業

知能，並能獲得當事人的信賴。

四、諮詢服務

諮詢主要是提供資訊和建議給與當事人有關的重要他人，使其對當事人有充分的了解並獲得必要的助人知識與技能。它是一種間接的服務。

五、定向服務

對於新入學或轉學、復學的學生，幫助他們認識新環境、新課程和新關係，以便能在環境的轉換中盡快安定下來，把握住努力的方向。

六、安置服務

包括校內的學習安置，如編班、選課、校外的升學輔導及就業安置。目的在使學生於求學與求職上，各適其性，各得其所。

七、延續服務

對於離校的學生，無論是升學者或就業者，繼續保持聯繫並提供必要的服務，使其在新環境中，仍能獲得良好的適應與發展。

八、研究服務

對於輔導的需求與績效施以定期或不定期的評鑑，以便作為擬定新輔導計畫的參考。輔導是一種連續的歷程，因此須經常進行輔導的評鑑與研究，以保持輔導工作的朝氣與活力。

伍、輔導的原則

在輔導的活動歷程之中，輔導人員須秉於一些輔導的原則，作為輔導工作的行事憑據。這些輔導的原則，可說也就是輔導的基本特性；背離了這些原則，輔導的「特性」也就等於被磨滅掉，而不是輔導了。一般而言，輔導的原則可歸納出以下十項（吳武典，民 84，28-34）：

1. 以了解學生為前提。
2. 以人格發展為首務。
3. 以人性化的服務，促成助人自助。
4. 強調合作，不用強迫。
5. 尊重個人尊嚴、價值及權利。
6. 雙向平等的溝通。
7. 因應時代變遷。
8. 持續連貫於整個教育歷程。
9. 適應個別差異。
10. 預防重於治療。

陸、輔導人員的輔導素養

輔導人員能否有效發揮輔導功能，與輔導人員的輔導素養密切攸關；因此，輔導人員的養成教育、資格認定、實習督導、在職研習等極為重要。大抵，輔導人員的輔導素養須具備以下三方面的要素：

一、具備助人的人格特質

一般研究顯示，有關輔導人員的人格特質，包含：仁慈、溫和、主動、自我肯定、認真、熱忱、誠心、耐心、靈活、說話輕柔、能當機立斷等。

二、嫻熟善用輔導的策略和技術

對於助人關係與技術、團體輔導的實務、個人的衡鑑技術、個案的諮商技術、研究與評鑑等，能夠有相當程度的嫻熟及妥善應用的能力。

三、堅守輔導工作的專業倫理

能夠清楚認識在輔導的關係上，及輔導的歷程中，可能會面臨什麼特殊的情況，而自己能夠知道如何妥當處理，方能真正符合輔導倫理，確保當事人的人格尊嚴與權益。

參考書目

論語。

中庸。

孟子。

晉書。

朱熹編（民68，台七版）。**近思錄**。台北：商務印書館。

中華民國教育部訓委會（民83）。所編印的日記本中所附「學生回憶中的老師」。

弗洛姆（Erich Fromm）著，孟祥森譯（民78）。**生命的展現——人類生存情態的分析**。台北：遠流。

李咏吟（民74）。**教學原理**，引自 Gagne, R. M. *The Conditions of Learning*. 3rd. ed., New York: Holt, Rinehart and Winston, 1977.。台北：遠流。

佛蘭克（Viktor E. Frankl）原著，譚振球譯（民56）。**從集中營說到存在主義**（*Man's Search for Meaning-An Introduction to Logotherapy*）。台北：光啟。

宗亮東（民65）。**輔導概論**。台北：台灣書店。

吳武典（民69）。**學校輔導工作**。台北：張老師。

吳武典等（民84）。**輔導原理**。台北：心理。

林生傳（民79）。**新教學理論與策略**。台北：五南。

林清山（民78）。教學的心理學基礎，輯於中國教育學會主編，**有效教學研究**。台北：台灣書店。

林藜（民81）。**鄭成功傳——閩海揚波錄**。台北：稻田。

林建平（民 82）。**輔導原理與技術**。台北：五南。

林孟平（民 77）。**輔導與心理治療**。台北：五南。

沈清松（民 85）。**追尋人生的意義──自我、社會與價值**。台北：台灣書店。

星雲大師（Venerable Master Hsing Yun, 1998）. *A Discussion on Perception and Understanding*（佛教對知見的看法），Hacienda Heights, California, USA: Buddha's Light International Association.

施顯烃（民 79）。**認知與行為治療**。台北：幼獅文化。

高廣孚（民 76）。哲學分析與教學研究，引自 Bruce Joyce and Marsha Weil, *Models of Teaching*, 2nd. ed., Prentice-Hall, Inc., Englewood Cliffs, New Jersey, 1980, pp.25-427，載於**現代教育**，第二卷第二期。台北：現代教育雜誌社。

徐宗林（民 62）。**赫欽斯教育思想之研究**。台北：文景。

孫志文，Arnold Sprenger 著（民 72）。**現代人的焦慮和希望**。台北：聯經。

張春興（民 78）。**張氏心理學辭典**。台北：東華書局。

張雪梅（民 85）。**學生發展──學生事務工作的理論與實踐**。台北：張老師。

陳仲庚主編（民 79）。**心理治療與諮商**。台北：五南。

普汶（L. A. Pervin）（民 75），鄭慧玲編譯。**人格心理學**。台北：桂冠圖書。

祁致賢（民 81）。**人理學**。台北：遠流。

黃炳煌（民 76）。從教學的概念分析談教學設計，載於**現代教育**，第二卷第三期，頁 87-103。台北：現代教育雜誌

社。

單文經（民81）。**課程與教學研究**。台北：師大書苑。

雅斯培（Karl Jaspers）（民71）。人是什麼？（What is Man？），錄於孫志文主編，**人與哲學**。台北：聯經。

游乾桂（民87）。**用佛療心**。台北：遠流。

赫曼齊歐克（Hermann Ziock）（民71）。我們這一時代的人（Man in Our Day），錄於孫志文主編，**人與哲學**。台北：聯經。

賴保禎等（民84）。**輔導原理與實務**。台北：國立空中大學。

歐陽教（民60）。現代教育的倫理基礎，錄於**現代教育理論基礎**。台北：台灣教育輔導月刊社。

歐陽教（民76）。教學的哲學分析，載於**現代教育**，第二卷第二期。台北：現代教育雜誌社。

錢穆（民87）。**國史新論**。台北：東大圖書。

鄔昆如（民60）。**西洋哲學史**。台北：正中書局。

鄭世興（民60）。現代教育的哲學基礎，載於**現代教育理論基礎**。台北：台灣教育輔導月刊社。

鄭心雄（民65）**輔導學研究在中國**。台北：幼獅文化。

羅洛・梅（Rollo May）著，葉頌姿譯（民60）。**愛的序言**（*Man's Search for Himself*）。台北：晨鐘。

Seligman, Martin E. P.（民78）。**無力感**。台北：久大文化。

第六章

教育的行政

何福田

辦理教育事業的行政就是教育的行政。與教育事業有關的行政非常多，甚難條舉清楚，如：文化行政、財務行政、金融行政、新聞行政等等，故不贅述。茲僅就與教育本身的行政關係最為密切者，如教育行政與學校行政，分節介紹如後。

第一節

教育行政的意義與範圍

壹、教育行政的意義

　　何謂教育行政？教育行政學者各就不同角度發表不同的看法；而且教育行政的定義也受不同時、空因素的改變而改變。因此，所謂教育行政，係指政府各級教育行政「機關」之教育行政「人員」行使其教育行政「職權」而言（何福田，民83a，183）。而現在的教育行政乃「教育工作」與「行政工作」的結合，亦即教育與行政的「科際整合」。茲就國內教育行政學者對教育行政的看法引介數則如下：

　　「簡單地解釋：教育行政就是國家對教育事業的行政。詳細地說：教育行政是政府對於教育負起計畫、執行、考核的責任，採用最經濟有效的方法，實現教育宗旨與政策，以達到建國的理想和目的。」（朱匯森，民57，17）

　　「教育行政是在教育情境及問題限定之下，透過計畫、組織、領導及評鑑等活動以完成教育目的的連續歷程。」（林文

達，民 69，33）

「教育行政是對教育事務的管理，以求有效而經濟地達成教育的目標。」（謝文全，民 74，2）

「教育行政即是教育人員在上級－部屬的階層組織中，透過計畫、組織、溝通、協調及評鑑等歷程，貢獻智慧，群策群力，為圖教育的進步所表現的種種行為。」（黃昆輝，民 77，20）

「教育行政乃是一利用有限資源，在教育參與者的互動下，經由計畫、協調、執行、評鑑等步驟，以管理教育事業，並達成有效解決教育問題為目標的連續過程。」（秦夢群，民 86，12）

瞿立鶴把各家對教育行政的說法，歸納為以下三類（瞿立鶴，民 81，7-9）：

一、教育行政是達成教育目標的制度

此派學者認為教育行政是一種社會制度。學校行政為教育行政之一元，教育行政為普通行政之一環。彼此階層有序，體系完整，成為一種有機的組織結構。藉此一制度，推展行政業務，以達成社會制度中所預期的目標（Getzels et al., 1968, 52-56；Wilson, 1966, 9；Knezevich, 1969, 302-309）。

二、教育行政是實現建國理想的歷程

此派學者認為教育行政為普通行政的一環，是繼續不斷、

循環不已的社會歷程。其中任何一種步驟之發生，既是前者的延續；又是後者的預備；更為社會的縮影（常導之，民 19，2；劉真，民 49，4；朱匯森，民 57，17；林文達，民 67，29；閻振瀛，民 59，5；王廣亞，民 53，7）。

三、教育行政是完成教育任務的行為

此派學者認為教育行政制度與行政歷程固然是實現教育宗旨與建國理想的要素；但是完成此一任務須以行政運作中種種行政行為為核心（雷國鼎，民 57，1；黃昆輝，民 77，20）。

從以上的介紹可知，教育行政的意義眾說紛云，整合不易。何況教育行政機關、教育行政人員、教育行政職權等等，常受學術思潮、政府體制、社會需求，甚至民意趨向、人員素質、時空因素等等之影響而因應更動，致使教育行政之定義言人人殊。故除「教育行政乃處理教育事業之行政」一語簡單易記外，以下幾個觀點有助讀者對教育行政的了解。

　　它是國家整體行政的一環；
　　它是達成教育目標的制度；
　　它是實現建國理想的歷程；
　　它是完成教育任務的行為；
　　它設置各級教育行政機關；
　　它設置各級教育行政人員；
　　它付使各項教育行政職權；

它逐漸重視相關學術理論；

它是一門比較實用的學科；

它是依法行事的教育工作；

它是人際互動的行政工作；

……（何福田，民83a，186）

貳、教育行政的範圍

　　學者對教育行政所涉範圍或該討論之內容，並無一致的看法。讀者宜盡可能多看幾本教科書，同時，對於有關教育行政的學術性刊物亦應多加參閱，即使一般報章雜誌亦常討論教育行政的新議題，讀者不可不知。

　　茲就國內與美國所用教科書中各舉一本，簡介其內容，藉供參考。

一、秦夢群著教育行政

　　本書分理論部分與實務部分兩巨冊，共兩篇二十一章，內容如下：

　　理論篇含：(1)導論；(2)理性系統模式；(3)自然系統模式；(4)開放系統模式；(5)非均衡系統模式；(6)組織權力與衝突；(7)組織氣候與文化；(8)動機理論；(9)領導理論；(10)溝通理論；(11)組織決策理論；(12)興革理論。

　　實務篇含：(13)教育行政組織與制度；(14)學校制度(一)：分流

設計；⒂學校制度㈡：學校選擇權之爭議；⒃教育人員㈠：培育與任用；⒄教育人員㈡：權利與義務；⒅教育經費與財政；⒆教育視導；⒇教育評鑑；(21)公關與危機處理（秦夢群，民86，目錄 1-9）。

二、Lunenburg 與 Ornstein 合著教育行政

本書分四篇十六章，內容如下：

基本原理與概念篇含：⑴行政理論的發展；⑵組織結構；⑶組織文化。

行政歷程篇含：⑷動機；⑸領導；⑹決策；⑺溝通；⑻組織變遷。

教育的結構體制篇含：⑼聯邦、州政府與教育；⑽地方學區；⑾學校財政與生產力；⑿法令與教育。

專案與服務的行政篇含：⒀課程發展與實施；⒁分析與改進教學；⒂人事行政；⒃教育行政專業（Lunenburg & Ornstein, 1996, Contents, v-xii）。

筆者歸納當前各家討論教育行政的範圍，雖然頗多出入，但以下四個重點似為各家所強調；且此四者常常相互影響，並非各自獨立、互不相屬。

第一、人員：教育行政的推動者與接受者，或是主體與客體都是人。沒有人，則徒法不能自行。人是教育行政的樞紐，在理論部分討論「人」的理論很多；在實務部分更需要「人」去執行。因此，人的素質、工作意願等等，乃教育行政推動教

育事業成敗的關鍵，非常重要。

第二、制度：中央政府的教育部與地方政府的教育局，這些教育行政機關，依其法定工作職掌行使其職權，此即教育行政學者所稱的「組織結構」部分，屬於靜態的「設官分職」。行政人員雖可藉「制度」行使其職權，同樣也受其限制而無法濫權。因此，制度的類型與好壞，亦為教育行政的重要內涵。

第三、推動方式：人員依照制度推動教育事業，其績效如何？能否達成目標？牽涉到推動的方式。上級單位或機關領導人用「倡導」的方式（偏重績效，達成工作目標）或「關懷」的方式（偏重和諧，講求人際關係）來推動工作，在不同的情境或條件，各有不同的效果。這些動態、心態、生態的「組織歷程」問題，近來受到重視的程度遠超過「組織結構」靜態面的制度問題。本來「推動方式」實作成分很高，現在卻有非常濃厚的理論味道，而且成為教育行政研究的熱門議題。

第四、經費：「巧婦難為無米之炊」。雖說「無錢莫辦事」並非定理，但經費拮据與經費充裕，卻可導致不同的工作績效。教育對個人、國家乃至人類，都是最重要的工作；教育投資也是人類各種事業中獲利最大、穩賺不賠的投資。因此，教育人員與教育經費同為教育事業成敗的中心課題。如何爭取、編製、執行、核銷教育經費，以創造良好的業績，達成教育目標，成為教育行政的核心問題（何福田，民 83a，188-189）。

教育行政的理論與實務

　　教育行政的目的在辦好教育事業，達成教育目標。其指導行動的理論多來自於行政學、政治學、心理學與教育學。而教育行政學是行政學的一種應用科學，發展於二十世紀初，至二十世紀中葉始漸趨成熟（謝文全，民74，23；張潤書，民65，1；Richey, 1964, 73-94）。

壹、教育行政的理論

一、一般行政理論的演進

　　學者常將行政學的發展分為三個時期，惟其中又有兩種分法。第一種分為：(1)傳統理論時期；(2)行為科學時期；(3)系統理論時期（謝文全，民74，25；吳清山，民82，25-33；Kimbrough & Nunnery, 1988, 251-335；Hanson, 1991, 5-10）。第二種分為：(1)科學管理時期；(2)人際關係時期；(3)行為科學時期（Hoy & Miskel, 1987, 8；黃昆輝，民77，63-87；Lunenburg & Ornstein, 1996, 5-14）。

　　茲簡介第一種分法的演進過程如下：

(一)傳統理論時期的行政學

　　傳統理論時期（Traditional Theory, 1900-1930）係自美國人泰勒以科學方法來研究行政肇其端。他的學派被稱為「科學管理學派」，他也被尊為科學管理之父。他的行政理論係由六個原則所構成，即：科學化工作法原則、時間研究原則、按件計酬原則、計畫與執行分離原則、功能管理原則、管理人員專業化原則。

　　法國人費堯將行政界定為計畫、組織、指揮、協調及控制的歷程（To Plan、To Organize、To Command、To Coordinate、To Control, POCCC），而創「行政管理學派」，他被尊為行政歷程之父。他的理論與泰勒相近，旨在提高企業效能，惟其研究以管理人員為重點，而泰勒則重基層工人之研究。

　　德國人韋伯建立「科層體制學派」，對於組織理論的建立厥功甚偉，影響尤其深遠。科層體制的特徵如下：(1)依法行事；(2)專業分工；(3)用人惟才；(4)保障任期；(5)依年資或貢獻升遷；(6)公正無私；(7)層級節制；(8)建立書面檔案。

　　後來的學者對傳統理論有許多的批判，如(1)偏重組織結構的探討而忽視組織成員行為的研究；(2)偏重正式組織的研究而忽視非正式組織的探討；(3)偏重物質性而忽略精神性的獎懲；(4)視人性偏惡故主張採嚴格監督的行政管理方式；(5)偏重組織目標之達成而忽略成員需要的滿足；(6)視組織為封閉系統故不注重整體性及革新適應（謝文全，民 74，25-46）。

(二)行為科學時期的行政學

　　行為科學時期（Behavioral Science, 1930-1960）是在一九二三至一九三二年因美國芝加哥西方電器公司霍桑廠（Hawthorne Plant）的實驗而受重視。以科學的方法來研究人類的行為，乃傳統行政理論之反動。梅堯（Elton Mayo）所領導的「霍桑實驗學派」經過系列研究，發現：榮譽感的滿足與激勵、人格受到尊重、團隊精神的敦促與激勵、個人潛能與專長的發揮等等，均可增加生產量。傳統理論時期所強調的休息時間、工作天的長度等等，並非影響生產力的重要因素，「人」的因素最重要。而且非正式組織、心理需求、人際關係至為重要。

　　巴納德（Chester Barnard, 1886-1961）創立「動態平衡學派」，他認為組織是成員為達成共同目標所建立的互動系統，有正式組織就有非正式組織，行政應兼重效能與效率，精神誘因比物質有效，組織要有良好的溝通系統，命令是否具有權力決定於受命者的接受程度，責任感係求之於成員的內心而非由外在制裁形成（謝文全，民74，48-56）。

　　馬斯洛認為人類的需求是相互關聯的，較低層次的需要滿足後，就會要求滿足更高層次的需求。已經滿足的需求不再成為行為的動機。他提出有名的五個需求層級，由低到高為：生理的需求、安全感的需求、社會的需求、尊榮感的需求、自我實現的需求。人就是為了滿足各種需求才會努力工作。他的理論被稱為「需求層次論學派」。

　　另外，麥格雷哥（D. McGregor）提出「XY理論」，他將

傳統時期對人性的假設與管理稱為 X 理論，代表嚴格控制管理，對人性常持性惡或偏惡的假設；他自己的理論稱為 Y 理論，對人性持較樂觀的看法。因此主張：(1)實施分權和授權制度；(2)實施工作擴展計畫（分工不要太過精細）；(3)實施參與和諮詢管理；(4)實施自我評核制度（謝文全，民 74，57-68）。

學者對行為科學時期各個學派的主張也有許多的批判。由於行為科學的興起是傳統理論的反動，故其主張似有矯枉過正之嫌，正與學者對傳統理論之批判相反。

(三)系統理論時期的行政學

系統理論時期（Systems Approach, 1960 以後）的行政學者，試圖以系統觀念與權變理論來研究組織與管理的問題。蓋色爾司（J. W. Getzels）的「社會系統理論」要點如下：(1)組織包含制度及個人兩部分；(2)組織是與環境發生交互作用的；(3)組織要同時兼顧組織目標及成員個人目標的達成；(4)法定職權與其他職權應並重；(5)最佳的領導方式是隨情境而異的權變型領導；(6)組織中是有衝突存在的而且要設法解決；(7)人有生理的需求亦有心理的需求（謝文全，民 74，91-98）。

昧葛雷（J. E. Megley）針對 X 理論與 Y 理論的過與不及之偏失，提出「Z 理論」。主張：(1)制度與人要兼顧；(2)激勵與懲罰要兼用；(3)生理與心理需要宜並重；(4)靜態與心態組織要兼顧；(5)靜態、動態及生態組織宜並重（謝文全，民 74，100-101）。

近來有些學者認為組織的管理並無萬靈丹，宜視組織的實際狀況與環境條件而定（吳清山，民 82，33），這就是「權

變理論」（Contingency Theory）的主要觀點。此派學者以費德勒（F. E. Fiedler）、賀塞（P. Hersey）、布蘭恰德（K. H. Blanchard）較為知名。費德勒認為領導是否有效，領導者的領導形式與情境是否配合為關鍵所在。領導形式可分工作導向（重績效）與關係導向（重人際和諧）兩種；領導情境的控制程度決定於三個變項：領導者與成員的關係（分好、壞）、工作結構（分高、低）及職權（分強、弱）。因此，不同的情境宜有不同的領導形式，故無最佳領導方式可言（羅虞村，民76，245；陳慶瑞，民78，33）。

關於系統理論各項主張的批判較少，因其調和傳統理論與行為科學理論之味道甚濃。許多學者的主張都是既重甲又重乙，尤其權變理論問世之後，主張依情境而異的權變式行政領導，視組織為開放系統，故重視整體性及革新適應，目前正受重視。

二、常見的教育行政理論

教育行政理論受到行政學發達的影響，又受到「美國全國教育行政教授會議」（National Conference of Professors of Educational Administration, 簡稱 NCPEA）、「美國教育行政合作計畫」（Cooperative Program in Educational Administration, 簡稱 CPEA）、「美國大學教育行政委員會」（University Council for Educational Administration, 簡稱 UCEA）等三大組織的推波助瀾，大力推動教育行政理論化運動，遂使教育行政由實作學科而逐漸加重理論的探討（Hoy & Miskel, 1987, 21-23；黃

昆輝，民 77，95-96）。

　　茲將一般教科書中常見的教育行政理論簡介如下，讀者如有深入研究的興趣，可另閱各種理論的專書。

　　㈠組織：組織是分配權力掌理職務的結構、是行政運作交互行為的歷程、是行政結構與行政歷程構成之有機體制。

　　㈡政策：政策是達成目標的計畫或規則、是完成任務的條件或歷程。

　　㈢法令：「教育法令」是由立法機關制定，經國家元首公布之教育「法律」和由行政機關依教育「法律」所發布之教育「命令」，合稱「教育法令」。行政法是規範行政機關之組織及其作用之法規、是規範行政組織權限及保障人民權利和履行義務的法規。

　　㈣計畫：教育計畫是實施教育目標的決策歷程、是實現教育理想的手段或策略。

　　㈤領導：領導是影響他人行為的活動、是建立共識的互動作用。

　　㈥權力：權力是影響他人行為的能力、是完成任務的力量。

　　㈦衝突：衝突是無法達成目標所引起的挫折行為、是爭權奪利的一種方法。

　　㈧溝通：溝通是傳遞資訊的歷程、是建立共識的方法（瞿立鶴，民 81，89、123、171、215、263、287、315、351）。

　　其他如動機理論、系統理論、興革理論等等，也常在教科書中出現。

貳、教育行政的實務

　　教育行政的實務千頭萬緒，許多大大小小的工作，既無理論可資導引，又無「實戰手冊」可以參閱，常須運用智慧，依靠「靈機一動」來解決。有的更要借助經驗，俗話說：「有法依法、無法援例、無例請示」。不過，教育行政人員在處理行政業務時，亦不能完全抱定「蕭規曹隨」的態度，「適度的創意」常是再創績效高峰的關鍵。

一、人事業務

　　教育行政是教育人員藉由制度（法令規章）所賦予的職權或任務，推動教育政策的行為。因此，教育人員是教育行政的主角。此處所謂教育人員係含各級教育行政機關與各級各類學校中，在法定編制內所有人員而言，上自部長、校長、下至工友。辦理這些人的考試、任用、考績、陞遷、調動、服務、獎懲、俸給、保險、資遣、退休、撫恤等等的業務就是人事業務。

　　辦理人事業務的機關分為本部機關與派出機關。本部機關有：考試院（掌理考試、任用、銓敘、考績、級俸、陞遷、保障、褒獎、退休及養老等事項）、監察院（行使同意、彈劾、糾舉及審計權）、司法院公務人員懲戒委員會（掌理撤職、休職、降級、減俸、記過和申誡等懲戒處分）。派出機關則有：行政院人事行政局、教育部人事處、直轄市教育局人事室、縣

市政府人事室、公立學校人事室（私立學校人事室並非政府派出單位，但亦辦理人事業務）。

人事業務係人事單位的職掌，但關係所有教育人員的權利與義務，教育行政人員並非人人需要擔任人事工作，但不能不特別留意人事業務。

二、財務管理

俗話說：有人無錢，猶如巧婦難為無米之炊。又說：有錢能使鬼推磨。可見教育行政機關學校，除了有優秀的教育人員之外，還要有充裕的教育經費，才能辦好教育事業。辦理機關學校之預算編製、支付審核、會計統計、年度決算等業務就是財務管理。

辦理財務管理的機關有：行政機關（行政院財政部、直轄市與縣市政府財政局）、收支機關（國庫、直轄市庫、縣市庫）、主計機關則分本部機關（行政院主計處）與派出機關（教育部的會計處與統計處、直轄市教育局主計室、縣市政府主計室、公立學校會計室）、審計機關亦有本部機關（監察院審計部）與派出機關（直轄市審計處、縣市政府審計室）。

財務管理係政府經理財務的制度與程序。教育行政人員與學校行政人員支用任何經費都必須依法處理，否則必牽涉貪瀆或無法核銷的困擾。教育人員不可不慎。

三、事務管理

　　教育人員與學校行政人員在推動教育政策與從事教育事業時，他們到辦公處所辦公，用到的工具如桌椅、紙筆、電腦、電話；用到的房舍空間大小與環境之清潔美化，甚至於個人薪資與業務必須支出之經費取用等等，都是總務部門的職掌，這就是事務管理。

　　事務管理的範圍很廣，任何行政機關都有事務管理業務，就教育行政機關與學校而言，其主要業務有：文書管理（公文種類、製作撰擬、處理程序）、檔案管理（點收、分類、編目）、出納管理（收入、保管、支付）、財產管理（登記、增置、保管、養護、減損）、物品管理（採購、收發及保管、廢品處理）、工程營繕（規畫、發包、監工、驗收）。

　　教育行政機關與學校的事務管理或總務部門，類似軍隊的後勤支援單位。俗話說：「工欲善其事，必先利其器。」其重要性可知。辦理事務管理的機關在教育部為總務司，直轄市教育局為（總務）科，縣市政府為行政室，各級各類學校為總務處。

四、評鑑視導

　　教育行政與學校行政必須重視績效，以往「只問耕耘，不問收穫」的不切實際想法與「十年樹木，百年樹人」的慢工出細活心態，已經不能符合高度競爭時代的需求。所以「做不好

就下台，做不好就換人」成為民意機關的口頭禪。要知道某人某事做得好不好，就得派人出去視導與實施評鑑。

教育行政機關對其轄下機關與學校都有視導的職權，如教育部對直轄市、各縣市政府教育局與部屬學校，都有視導與評鑑的權力。執行視導業務的人員在教育部與教育局，皆以督學為代表，事實上各業務主管單位對下屬的視察具有相同的功效。各級各類學校除接受督學的視導外，校內亦都有實施定期自我評鑑。

今日能評鑑教育行政機關與學校的機關計有：行政機關、民意機關、政黨組織、專業組織（瞿立鶴，民81）。

五、公共關係

在多元化、多樣化、自由化、民主化與國際化的社會裡，與以往最大不同的是，教育行政機關與學校都必須加強公共關係才能生存。公共關係是與公眾建立關係的意思，現在已成為教育人員的必備課題。一般人對公共關係常有誤解，以為只要規規矩矩辦教育，不需要來「這一套」。其實公共關係是一種管理上的職能，它具有長期計畫的特性，公私機構以此贏得並保持有關群眾之了解、同情及支持（王德馨、俞成業，民79，6-7；謝文全，民82，391）。

公共關係是為公家做關係不是為私人做關係，也不是吃飯送禮（何福田，民83a，199）。今日教育行政承受社會許多壓力，例如課程與教學上的問題，人性化組織的要求，大眾對民權的要求提升，以及教育機會均等的要求等，促使教育者不

但要做好學校和教室經理者角色，更要擔負起社區領導者的責任，因此，學校與社區關係的活動，應有計畫的、系統的實施（李義男，民 84，4）。

六、研究發展

所謂研究發展就是針對本單位之一切人、事、財、物等現況，不斷地進行評估、檢討，以便革故鼎新，借用研究之手段，達成發展之目的。換言之，不抱殘守缺，更不以現在的績效為滿足。只有研究發展才能創新，才能再創高峰經驗。

現代化的企業組織無不重視研究發展，正因如此，它們每每能夠提出漂亮的成績單。這也是在高度競爭時代存活的必要條件。教育界常常被認為保守有餘，開創不足，如不急起直追，重視研究發展以求趕上時代，必致成為社會的累贅，屆時，教育人員有何面目侈言以教育引導社會發展？

七、其他

教育行政之實務工作很多，上舉各項僅其犖犖大者。依照筆者從事教育行政與學校行政之初步體驗，尚有兩項「實務」佔用教育人員許多時間，讀者不可不知，有志於行政工作者尤宜先有心理準備。其一為處理公文：行政人員的職責就是辦公，而辦公的大部分時間是在辦公文。雖然公文業經簡化，但其要求，在時效上愈來愈快；在品質上愈來愈高。故在學之學生不能等閒視之。其二是參加會議：教育行政人員因其職位與

業務之不同，而有不同的機會參加各種不同的會議。由於民主社會的特徵之一是「參與」，故會議特多。許多重要會議常在機關內部先行舉辦多次，獲得初步共識後，再到外面舉辦聽證會若干次，最後再回到機關內部綜合檢討。因此，有關會議資料的準備、會議程序的安排、議事規則的了解、參加或主持會議的發言、綜結的藝術、會議紀錄的整理等等，至為繁瑣而重要，讀者不宜抱持「兵來將擋，水來土掩」的不在乎態度，宜有「凡事豫則立，不豫則廢」的認識（何福田，民 83a，199-200）。

參、教育行政的制度

一、我國教育行政制度

中華民國自創建以來，各級教育行政制度迭有變更，至民國三十八年政府播遷台灣之後改易較少，惟民國八十七年實施「精省」之後，原為比照政府體制分為中央、省（直轄市）及縣（市）三級的教育行政制度亦改為中央、直轄市與縣（市）二級。我國現行教育行政制度，中央為教育部，主管全國學術、文化及教育行政事務；直轄市與縣（市）為教育局，掌理各該直轄市、縣、市教育行政事務。茲簡介如下：

(一)中央政府教育部

依「教育部組織法」規定，教育部置部長一人、政務次長

一人、常務次長二人、參事三至五人、主任秘書一人，並設有
相關司、處、室、中心及各種委員會。每一司處各置司（處）
長及副司（處）長一人，室、中心各置主任一人（參事室、督
學室不置主管），委員會置主任委員一人。

　　茲將教育部組織系統以圖 6-1 表示之。

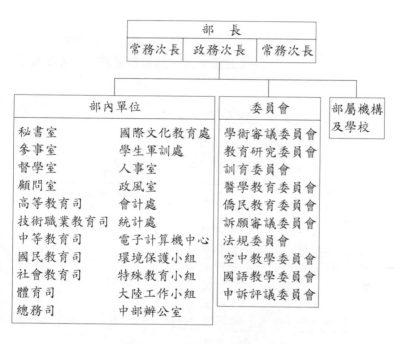

圖 6-1　教育部組織系統圖

資料來源：教育部（民 88），**中華民國教育統計提要**，頁 54。

(二)直轄市教育局與縣市政府教育局

　　「精省」政策實施後，台灣省政府教育廳已於民國八十八
年七月一日改名為「教育部中部辦公室」，而省立學校與文教

機構也於民國八十九年二月一日改名為國立學校與文教機構。至此，省教育行政機關已不復存在。至於原與「省級」地位相似之直轄市政府教育局目前則有台北市與高雄市兩個，因其轄下並無縣市級教育行政機關，故維持現狀。直轄市教育局的編制與組織與原台灣省政府教育廳相似。茲以台北市教育局組織系統為例，簡介如下：

　　直轄市教育局置局長一人，副局長二人，主任秘書一人，各科置科長一人，各室置主任一人。其組織系統以圖 6-2 表示之。

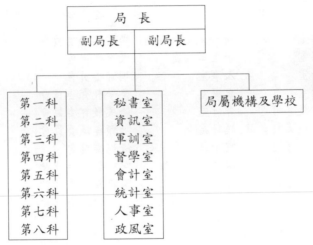

圖 6-2　台北市政府教育局組織系統圖

資料來源：台北市教育簡介（民 87），頁 7。

　　縣市政府教育局，置局長一人，督學室置主任督學一人，另分四課，各置課長一人。茲將其組織系統以圖 6-3 表示之。

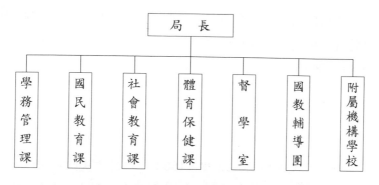

圖 6-3　各縣市政府教育局組織系統圖

二、教育行政制度的類型

當前世界各國的教育行政制度，大致可歸納為中央集權、地方分權與均權制等三大類型。茲簡介如下：

㈠中央集權的教育行政制度

所謂「中央集權制」就是由中央政府直接管理全國各級教育行政（孫邦正，民 78，166）。亦即一切教育行政權力集中於中央政府的教育部，地方政府的教育行政單位僅為奉行中央政策與命令，於授權範圍內處理教育行政事務，少有因地制宜及自主的權力（瞿立鶴，民 81，49）。

實行中央集權教育行政制度的國家中，最典型的代表就是法國。法國中央政府的教育部（Ministry of National Education）除主管中等、初等、學前、繼續及特殊教育外，並有管理全國教育行政事務、編製預算、課程製頒、法令法規之全

權，更可任用所轄範圍內之一切教育人員。高等教育雖歸大學區管理，但大學區亦直轄教育部（雷國鼎，民64，390；孫邦正，民78，167-169）。

(二)地方分權的教育行政制度

所謂「地方分權」就是由地方政府各自管理所屬區域以內的教育行政（孫邦正，民78，166）。亦即中央政府居於督導協助之地位，將教育行政權力依地方需求分與地方政府，使其在法定範圍內享有自主的權力（瞿立鶴，民81，60）。

教育行政制度採行分權的國家很多，可以美國為代表。美國教育行政組織層級分為聯邦、州及地方三級，美國真正的教育行政權屬於各州，且各州又大量地委授給地方，由地方教育行政機關——地方教育董事會（Local Board of Education）負責決策，地方教育局（Office of Superintendent）執行。至於一九七九年成立的聯邦教育部（Department of Education）職權則僅在於經費補助、教育研究及教育統計等等（謝文全，民73，69-144）。

(三)均權的教育行政制度

均權制的教育行政，乃是國家將教育行政權力依據教育功能、特性和等級，藉分工合作、協調等歷程分配給中央和地方政府，以便於行政運作（瞿立鶴，民81，73）。

我國教育行政制度即屬於均權制，這是依據**國父遺教**的精神所設計：凡事務有全國一致之性質者劃歸中央，有因地制宜者劃歸地方，不偏中央集權或地方分權。我國憲法一百零七至

一百一十一條詳定其事務權責，而「教育制度」為中央立法並執行或交由省縣執行之事項；「省教育」係由省立法與執行或交由縣執行之事項；「縣教育」係由縣立法並執行之事項，充分展現此種均權精神（何福田，民 83a，209）。

四各類型教育行政制度的比較

某國採用何種教育行政制度與其國家政治體制有關，如民主國家多半採用地方分權制，而集權國家多半採用中央集權制；且與一國幅員大小亦有關聯，如民主國家的法國是典型的中央集權制，因其全國面積約等於四川一省而已。美國平均一個州就有五點五個台灣大，所以我國台灣地區的教育行政制度雖然號稱實施均權制，但實際上偏於中央集權制，此乃極為自然之事。

一般而言，實施中央集權的教育行政制度顯得事權統一，目標一致，水準齊一，容易貫徹國家教育政策，應變快速，資源分配較有調節作用等等。而實施地方分權的教育行政制度則較符合地方需求，地方人士較願意參與教育事務，教育較具多元特色等等。至於均權制的教育行政制度則可兼採兩者之長。然而天下並無十全十美的教育行政制度，通常利弊互見。中央集權免不了比較僵化不符合各地需要的缺點，而地方分權則有各地差異懸殊的難題，均權制雖可兼採兩者之長，但其弊亦在於彈性不如地方分權，意見統一不如中央集權。

學校行政的理論與實務

壹、學校行政的基本概念

一、學校行政的意義與範圍

㈠學校行政的意義

　　最廣義的學校行政即學校所處理的一切事務，舉凡人、事、財、物等各方面都包括在內（吳清山，民82，5）。這種廣義的定義，雖為事實，但無助於初學者對學校行政的精確了解，故有必要再作進一步的探討。因此，什麼是學校行政呢？學校行政即是學校教育人員透過學校制度與組織，依循教育原理原則，運用科學的、系統的管理方式，對於學校的人、事、財、物等相關業務，作有效而經濟的處理，以求達成教育目標的行為與歷程。

　　可見不論學校行政運用何種手段，其目的皆在達成教育目標。然而學校教育的目標是什麼呢？簡單地說，就是「把學生教到各級各類學校所預定的標準」。這個標準可以是由學校與家長，甚至學者專家與學生共同商定。因此，學校行政中的任何人、事、財、物之行為與運作，皆不得背離學校所要達成的

目標。例如，有的學校把福利搞得很好，雖然校內人人非常高興，但學生的品行、學識、技能並無進步，更達不到預定標準，使人感覺學校只辦行政，不辦教育；甚至有的學校專搞福利，放棄對學生的期望，那更是大錯特錯。學校之所以設置各單位，也全是為了達成「把學生教到預定的標準」這個目的：有的單位如教、訓、輔，直接負起教育學生的任務；其他如人事、會計等等，雖然沒有直接面對學生，也應該發揮後勤支援把學生教好的功能，不能連間接關係都沒有。

(二)學校行政的範圍

學校行政的範圍可分兩部分說明：一是學科討論的主題；一是學校實際情境中的工作內涵、方法、概念、技術、知識等等。後者的範圍很大，常有偶發事件發生，無法明確了解其疆界，故不介紹。所幸，吾人自學科討論主題的研究，亦可滿足學者將來到學校去從事行政工作的基本需求。至於學校行政工作的品質能否有較高的水準，則有待持續不斷的研究與體驗。

一般學校行政教科書所探討的主題，大抵包含兩大部分：一為理論部分；一為實務部分。「理論」主題常包括：「學校行政的基本概念」，如學校行政的意義、功能及原則；「學校行政的理論基礎」，如從哲學、社會學、心理學、法學、管理學等相關領域的探討，冀望能以理論引導實務；「學校行政的理論發展」，主要是參考行政學行政理論各階段的發展及其消長情形，俾能提高學校行政工作績效（吳清山，民82，11）。

至於「實務」的探討主題，則不外：教務工作、訓導工作或學生事務工作、總務工作、輔導工作、人事工作、會計工

作、學校公關與研發工作等等。

二、學校行政的功能與原則

㈠學校行政的功能

學校行政之設置目的，一如教育行政，皆在達成教育目標，離此即無存在的必要。欲達到學校行政的目的，學校行政可以發揮以下的功能。由於學校的性格逐漸趨於開放，故其功能可分對內與對外加以說明。

1.對校內方面的功能

⑴提供學生學習，適性發展

學校行政存在的理由既然是為了達成教育目標，則一切學校行政措施，諸如課程設計、生活管理、體育設施、學校建築，乃至於教師聘用、學風營造等等，都是為了學生的學習。

學生學習的成功才是教師教學的成功，教師教學的成功才是學校行政的成功。然而學生是「人之不同各如其面」的分立個體，學校欲提供學生最佳的學習場所、方式、條件……就得注意「個別差異」的事實，提供「因材施教」的措施，庶幾可使學生人人依其性向得到最好的發展，學校行政才算達成任務。

⑵支援教師教學，傾囊相授

學生來到學校，並非個個都會努力向學。教師必須發揮專業素養、諄諄教誨、循循善誘，大部分的學生才會樂於學習。

因此，學校行政措施必須做為教師的後勤單位，提供任何必要的支援，讓教師可以盡情發揮，傾囊相授，達成教育目標。

2.對校外方面的功能

學校不再是遺世獨立的封閉城堡，它已經是開放社會（open society）裡的一個開放系統（open system），所以學校不能再有「關起門來辦教育」的心態，它必須積極走入社會。何況，學校行政本來就與校外許多方面發生關聯，如上級直屬與非直屬機關團體、平行的機關團體，還有學校所在的社區等等。學校行政都得面對而無法逃避。

學校行政既然無法避免與校外發生關係，且「國民教育法」第十五條明文規定：「國民小學及國民中學應配合地方需要，協助辦理社會教育，促進社區發展。」所以，學校行政措施就有協助社區發展，兼負社會教育的職責與功能。

(二)學校行政的原則

學校行政業務的推動，必須能行、有效，才能達成教育目標。各項業務在推動的過程中宜參照以下原則：

1.專業化原則（人員素質）。

2.科學化原則（工作方法）。

3.學術化原則（問題處理）。

4.民主化原則（政策推動）。

5.整體化原則（辦事心態）。

6.彈性化原則（行政決策）。

7.績效化原則（行政目的）（吳清山，民82，8-10）。

貳、學校行政與教育行政

　　學校行政與教育行政在本質上是非常相似而不互斥的。許多教育行政方面的教科書所討論的主題，既可以用之於教育行政機關，亦可以用之於各級各類學校。甚至教育行政教科書中直接討論「學校行政」的內涵（參閱謝文全，民 74；王如哲等，民 88 之著作）。可見兩者在理論與實務部分有很多互通之處。然則，兩者畢竟不是同一事體，故有其相異之處。茲簡單列舉三方面的異同比較如下：

一、在教育目標的達成方面

　　政府設置各級教育行政機關，其目的在提升人民教育水準，增進人民生活幸福。中央政府的教育部欲達成的教育目標，以全國人民為對象；地方政府的直轄市、各縣市之教育局欲達成的教育目標，以其轄區人民為對象。各級教育行政機關的目標都是一致的，只是因為層級不同而有不同的範圍。當然，不同層級之間的教育行政機關，各有不同的職權與功能，茲不討論。

　　至於各級各類學校，由於層級不同與類別不同，雖然都有各自的教育目標，但都必須秉承教育行政機關所頒教育政策，教育本校學生，以達成「把學生教到學校所預定的標準」為目標，這是各校的近程目標，其最終目的也是在提升「學生」教育水準，增進「學生」生活幸福。

二、在教育理論的應用方面

　　教育理論通常包含教育行政理論與教學理論。就教育行政理論如組織理論、領導理論、衝突理論、系統理論、興革理論等等而言，既適用於教育行政各機關，亦適用於各級各類學校。因此，在行政理論方面，教育行政與學校行政幾乎相同。但在教學理論如有教無類、因材施教之類，則行政與教學皆有關聯，至於各科教學獨有的理論（如語文科在背誦效果方面的分段學習論與集中學習論、兒童心理學的認知發展階段論等）則在學校行政方面接觸與應用較多。

三、在行政實務的操作方面

　　各級教育行政機關面對行政人員、學校教師、社會各界，乃至非教育行政機關的機會較多，較少直接面對各級各類學校的學生；而各級各類學校行政所面對的反而以學生為最多，次為校內教職員工，再為教育行政機關、社會各界，以非教育行政機關接觸最少。這是以接觸的對象來比較，其實務操作當然因人而異。

　　另以工作內容來比較，教育行政機關的工作重在政策的制訂與頒發、工作進程的督導與年終業務的評鑑；而學校行政除要承上啟下外，也有校內自己的計畫、執行、考核工作，不過，最吃重的工作在「執行」的層面，教育行政機關主要以其所督導的學校層級或性質（如高教司、國教課……）來設置單

位與人員；學校行政則主要以教學內容（如教務處負責學校教學、訓導處負責生活教育……）來設置單位與人員。工作內容不同，其實務操作當然有異。

至於更為實務性的操作問題，如工作態度與事務機器的使用，則教育行政與學校行政並無差異。

參、學校行政實務

各級各類學校的行政實務有其共同的業務與作法，也有因為不同層級與類別而有不同的業務與作法。茲以數量最大、與初學學校行政者關係最密切的中小學學校行政為例，舉其共同者簡介如下：

一、學校教務行政

學校教務行政係指推動教師的正式課程教學與學生的學習有關的所有業務之行為與歷程而言。教務行政由教務處主政，其他單位協辦。中小學的教務處通常下轄教學（或稱課務）、註冊、設備（或稱圖書設備）三組。教務處置主任一人，組長三人。

㈠教學（課務）組的主要職掌

1.全校校務發展長、短程目標之擬定。

2.學校年度行事曆之編定。

3.全校正式課程的設計與發展。

4.全校教師授課課表之編排。

5.教師教學章則之擬定。

6.教師研究進修計畫之擬定。

7.辦理學生各項定期或不定期成績考查。

(二)註冊組的主要職掌

1.學生學級編製與學籍管理。

2.學生各項成績之登錄、管理、證明書及畢業證書之核發。

3.辦理學生轉、休、復、退學等異動事項。

(三)設備組的主要職掌

1.全校教學設備計畫之擬定。

2.選編、請購、分發各科教材、補充資料、課外讀物。

3.規畫自製教具。

4.圖書儀器設備之保管、借閱。

5.出版全校性刊物。

(四)教務主管的職責

教務處主管的名稱在大學與獨立學院稱教務長，專科以下學校稱教務主任。 在中小學校內各一級單位主管中，教務主任扮演的角色最多。其主要職責如下：

1.秉承校長指示，策畫學校教務工作事宜。

2.綜理教務處工作事宜。

3.主持教務會議，出席校務會議和行政會議。

4.巡查各班教學情況。

5.策畫及督導教學環境布置。

6.協調各處室共同推展校務。

7.協助教師從事研究與進修工作事宜。

8.召集教、職員考績委員會議。

9.其他交辦事項。

二、學校訓導行政

　　學校訓導行政係指推動學生正式課程以外（含小部分正式課程）有關學生學習的所有業務之行為與歷程而言。訓導行政由訓導處主政，其他單位協辦。「大學法」（八十三年一月五日修正公布）已將大學及獨立學院的訓導處改為「學生事務處」，其主管稱「學生事務長」，一般簡稱為「學務長」，專科以下之學校則仍然維持「訓導處」與「訓導主任」。中小學的訓導處通常下轄訓育、生活教育（課外活動指導）、體育、衛生等四組。訓導處置主任一人，組長四人。

㈠訓育組的主要職掌

1.擬訂訓導工作計畫及行事曆。

2.推行民族精神教育與復興中華文化。

3.辦理新、舊生始業訓練。

4.策畫康樂活動及校外教學。

5.策畫及訓練幼童軍活動。

6.指導學生自治活動。

㈡生活教育（課外活動指導）組的主要職掌

1. 擬定生活教育計畫及各種章則。
2. 辦理交通安全教育、導護工作。
3. 處理學生請假、曠課及缺課情形。
4. 辦理學生品德考查及獎懲。
5. 辦理家庭聯絡及推行社區活動。

㈢體育組的主要職掌

1. 辦理校內外運動會及各項體育競賽。
2. 主持早操及課間活動。
3. 各項體育競賽選拔及訓練。
4. 學生體育成績考查統計與報告。

㈣衛生組的主要職掌

1. 擬訂各項衛生教育章則。
2. 學校環境衛生工作之實施與評鑑。
3. 衛生保健器材及藥品之使用、保管與整修。
4. 辦理學生團體保險。

㈤訓導主管的職責

1. 秉承校長指示，策畫學校訓導工作事宜。
2. 綜理訓導工作事宜。
3. 出席校務會議和行政會議。
4. 策畫親職教育及推行社區活動事項。

5.其他交辦事項。

三、學校總務行政

　　學校總務行政係指推動支援教師教學活動、學生學習活動暨全校校務運作的所有業務之行為與歷程而言。總務行政由總務處主政，其他單位協辦。大學及獨立學院總務主管稱總務長，專科以下學校稱總務主任。中小學總務處置總務主任一人，下轄文書、事務、出納三組，亦有設置營繕保管組者，各組置組長一人。

(一)文書組的主要職掌

1.典守學校印信。
2.文書處理、稽催。
3.檔案管理。
4.會議紀錄。

(二)事務組的主要職掌

1.財產管理。
2.物品管理。
3.工友管理。
4.營繕工程。

(三)出納組的主要職掌

1.收入與支出。

2.薪資保管與支付。

3.簿籍與報表。

㈣總務主管的職責

1.秉承校長指示，策畫學校總務工作事宜。

2.綜理總務工作事宜。

3.出席校務會議和行政會議。

4.其他交辦事項。

四、學校輔導行政

學校輔導行政係指推動培養學生健全人格之所有業務的行為與歷程而言。輔導行政由輔導室主政，其他單位協辦。中小學輔導室置主任一人，下轄資料、輔導二組，設有特殊教育班三班以上者得增設特殊教育組，各組置組長一人。

㈠資料組的主要職掌

1.學生資料的蒐集與運用。

2.實施學生各種測驗與調查。

3.出版輔導刊物。

4.畢業生追蹤調查。

㈡輔導組的主要職掌

1.擬訂輔導計畫及章則。

2.實施學生輔導與諮商。

3.進行學生個案研究與輔導。

(三)特殊教育組的主要職掌

1.擬訂特殊教育計畫及章則。

2.特殊教育班級教師教學及輔導工作。

3.辦理特殊教育學生之甄選鑑別、個案研究與輔導。

4.特殊教育畢業生之追蹤輔導。

(四)輔導主管的職掌

1.秉承校長之指示,策畫學校輔導工作事宜。

2.綜理輔導室工作事宜。

3.主持輔導室會議,出席校務會議和行政會議。

4.協助教師推動輔導工作,並解決其困難。

5.配合學校及社區特殊需要,從事各種輔導工作。

6.其他交辦事項。

五、學校人事行政

學校人事行政係推動學校教育人員（教職員工）有關之所有人事業務的行為與歷程而言。人事行政由人事室主政,其他單位協辦。中學以上學校人事業務由上級教育行政機關派員到校處理,小學人事業務多由教師兼任。中學以上設人事室,置主任一人,組員或辦事員若干人,小學則置人事佐理員。人事業務幾乎都與教職員工的權利、義務有關,故其依法行政的意味甚濃。因此,從事人事行政,宜先熟稔許多相關的法令規

章，除專業人事人員外，教師兼任本項業務者，常以此為苦。

　　學校人事業務主要包括：學校人員的任、免、遷、調；教職員工的敘薪、差假、勤惰、考核、獎懲、保險、退休、資遣、撫恤、福利與教職員工的士氣激勵等等。

六、學校會計行政

　　學校會計行政係指推動學校經費合法與合理取得、運用、核銷，以配合學校行政，促進學校發展之所有業務的行為與歷程而言。會計行政由會計室主政，其他單位協辦。各級學校會計業務原則上都由上級教育行政機關派員到校處理，但有許多規模較小的小學，其會計業務多由教師兼單位主管（尤其是教務主任或教導主任）兼任。會計室置會計主任一人，會計組員若干人。

　　筆者曾親自訪問高雄縣與屏東縣三百一十一所國小，得知教師兼學校會計業務為教育人員最感困擾的問題之一，因為教師在師範院校求學時，多無修習學校會計課程，而且會計業務乃專業工作，牽涉法規甚多，稍有疏忽，即有刑責，教師苦不堪言（何福田，民83b，11）。曾任台灣省政府教育廳長的陳倬民博士說：「過去傳統的讀書人認為錢財乃銅臭、俗氣的代名詞，所以一般都會『敬而遠之』，以致預算之籌編往往僅由會計及總務等少數人參與。正因為參與人數過少，所以在執行時多不甚關心而造成績效不彰。」（陳倬民，民83，2）

七、學校公關與研發

　　學校公關與研發業務在中小學並無專責單位主政，但其重要性依然與高等教育機構相同。這兩項業務受到各級各類學校與教育行政機關的重視與接受，乃最近之事。

　　學校公關的興起，具有時代的意義。在民意高漲的時代與民主社會裡，學校是由大眾支持，在法定範圍內委託教育人員來經營，其結果必須符合大眾的需要與社會發展的需求，否則就難以生存。學校公關的含義是促進學校、學校人事和社區三者間的了解和有效的溝通。學校是學校公關的基本執行單位，學校的活動是公關的最好題材，而教師則是學校公關的執行者。因此，吾人欲推展學校公關，必須先由校內溝通做起，亦即先實施校內公關，再進而從事校外公關，爭取社會大眾的了解、支持、增進對學校的關心，俾能共同合作以改善學校教育（李義男，民 84，1）。以往讀書人因怕言過其實，恥於吹噓，多抱持「多做少說」的心態辦教育。然而時代在變，潮流在變，此種保守心態已經無法生存於當今社會。民主社會的主要特徵有五：民意至上、言論自由、要求嚴苛、機會均等與自我推銷（何福田，民 81，169-176）。今天的學校，其所作所為，不僅不能還跟以往「關起門來辦教育」一樣，而且必須改變觀念，勇於趕上「自我推銷」的行列，學校教育才有發展的可能。

　　至於學校研究發展業務也具有時代的意義，尤其受到企業與科技迅速發展的影響。當前流行一句話：「只要你想得到

的，都有實現的可能。」實現理想（乃至只是夢想）的訣竅就是不斷地研究發展。學校行政如果只是「蕭規曹隨」一成不變，必成抱殘守缺，終致為時代與社會所淘汰。不斷地研究發展，才能擁有「自我推銷（學校公關）」的內涵。

學校行政的新面貌

自從民國八十三年一月五日修正公布「大學法」，把「師範教育法」改為「師資培育法」，民間有「四一〇教改」，接著李登輝總統宣布：民國八十三年為「教育改革年」，並相繼舉行第七次全國教育會議，成立「行政院教育改革審議委員會」，八十四年二月出版**中華民國教育報告書**，八十四年八月九日公布「教師法」，八十五年提出**教育改革總諮議報告書**，八十六年有**教育改革總體計畫綱要**，八十七年訂出**教育改革行動方案**，八十八年通過「國民教育法」修正案、「教育基本法」，一時教改之聲響徹雲霄，杏壇風起雲湧。

「教育改革」就是在改革教育行政、學校行政，甚至教師教學。一波接一波地公布法令規章，促使學校行政不得不有適度的調整，俾便因應教改的要求。其中在學校行政方面較為顯著的改變，計有鬆綁與自主、分權與分責、學校與社區結合等項，茲分述如下：

壹、自主意識勃興

由於教育普及、科技發達，資訊流通快速，造成社會開放、國民素質提升，政治更趨民主，因而人們自主意識勃興。這種發展趨勢直接影響於各類行政者，即為「鬆綁」的呼聲。

一、教育行政機關鬆綁

人民素質普遍提升，識見大為開闊，解決問題的能力增強，上下關係逐漸淡薄，以往層層節制的科層或稱官僚體制（bureaucratical system）權威不再，人們相信能力，不信頭銜。

就教育行政機關與學校關係言，以往上級下級的位階逐漸拉近。學校爭取自主權，教育行政機關也賦予轄下各級學校愈來愈多的自主空間，而且立法給予保障。尤其「行政院教育改革審議委員會」更是大聲疾呼「教育鬆綁」，第一件措施就是教育部對各級學校教育的鬆綁。學校行政遂因而擁有較大的自主權，相對地也必須自行負起更多的責任。以前各級學校在處理校務時，經常抱持「有法依法，無法援例，無例請示」的心態，現在由於社會變遷快速，常常遭遇「無例可援」的窘境，學校想「請示上級」，也會常獲「依照權責自行處理」的回應。既是授權就不再替你背責任。

二、校內自主聲浪高漲

教育行政機關「下放」許多「權責」給學校，各級學校因而擁有許多自主的空間。同樣的，校內也有不同的層級，下級也要求上級（其實是指校長）權力下放，要求校長「鬆綁」。行政院教改會也大力支持校內權力下放，特別是不兼行政純任教學工作的教師，瞬間成為學校權力的主角。權力應該力求平衡，不能一直下放，否則後果堪虞。權（力與利）義（務）必須同時概括承受，有權無責與無權有責，皆非所宜。

貳、分權觀念普遍

權責相對，理所當然。教育行政機關實施「教育鬆綁」之後，有的學校便「過度自我膨脹」；學校跟著「教育鬆綁」之後，有的教育人員也跟著「過度自我膨脹」。鬆綁前後，猶如「鐘擺原理」的過與不及，此種「過與不及」的改革於事無補，故宜立即設法導正，方不負朝野對教改的殷殷之望。目前各級學校內部的行政權力分配略感紛亂，急待調適。本文僅就中小學方面略加分析如下：

一、實施校長任期制，任滿得回任教師

「國民教育法」（六十八年五月二十三日公布）原本就在第九條規定：「國民小學及國民中學各置校長　人，綜理校

務，應為專任，並採任期制。」而「國民教育法施行細則」（七十八年十二月十八日公布）第十四條規定：「國民小學及國民中學校長之任期定為四年，主管教育行政機關得視其辦學成績及實際需要准予連任，連任以二次為限。」意即國民中小學校長可在同一學校服務最長三任十二年，期滿調到另一學校，從頭算起，這就是俗稱的「萬年校長」。然而民國八十八年二月三日公布的「國民教育法」修正第九條改為：「國民小學及國民中學各置校長一人，綜理校務，應為專任，並採任期制，在同一學校得連任一次。國民中、小學校長任期屆滿時得回任教師。」這是很大的變革。至此，國民中、小學校長只能在同一學校最長服務八年，而且屆滿時「得回任教師」，校長的職權顯然不同於往昔，而且責任亦有所調整。

二、學校成立教師會與教師評審委員會

「為明定教師權利義務，保障教師工作與生活，以提升教師專業地位。」政府於民國八十四年八月九日公布「教師法」，並於該法第二十六條規定各校得有「教師會」的組織，其任務在「維護教師專業尊嚴與專業自主權；與各級機關協議教師聘約及聘約準則；研究並協助解決各項教育問題……派出代表參與教師聘任、申訴及其他與教師有關之法定組織；制定教師自律公約」等等。該法第二十八條更規定：「學校不得以不參加教師組織或不擔任教師組織職務為教師聘任條件。學校不得因教師擔任教師組織職務或參與活動，拒絕聘用或解聘及為其他不利之待遇。」且教師會分三級：在學校為學校教師

會；在直轄市及縣（市）為地方教師會；在中央為全國教師會。

　　學校教師會成立後，除保障其應有的權益外，最明顯的動作就是積極參與學校行政事務，使以往學校行政由校長與學校行政主管主導的局面有了很大的轉變。

　　尤其「教師法」第十一條載明：「高級中等以下學校教師之聘任，分初聘、續聘及長期聘任，經教師評審委員會審查通過後由校長聘任之。前項教師評審委員會之組成，應包含教師代表、學校行政人員代表及家長代表一人。其中未兼行政或董事之教師代表不得少於總額二分之一。」從此可見，未兼行政的教師成為教師初聘、續聘及長期聘任的決定者，以往校長的最重要職責之一就是「為學校選聘好老師」，「教師法」已將此神聖之權力從校長手中轉到以「未兼行政」的教師代表為主的「教評會」與「教師會」。

　　教師會與教評會的成立及其運作方式，顯示學校教師的參與及其影響勢必大幅提升，教師對於學校行政的實質參與、制衡和監督力量均將提高（伍振鷟、高強華，民 88，142）。這種改變對傳統學校科層體制的色彩有極為明顯的衝擊。原有學校行政主管（包括校長、主任等）宜充分體認這是一個普遍參與、自由民主、多元多樣的時代，盡快調適理念，重新出發。

三、學校家長會擴大功能

　　在「精省」之後，現在只剩下直轄市與縣（市）立學校暨私立學校仍有「家長會」。早期「家長會設置辦法」中明文規

定家長會會長不得干預學校行政，只允許家長會成為經費贊助與近似無條件的「學校後援會」。許多學校預算外的額外支出，其來源常是家長會費。近年來由於民間教改的訴求和社會民主化的影響，家長會的功能已有大幅度的擴充，茲從民國八十四年台北市「家長會設置辦法」的修正重點為例可得明證：

1. 取消家長會不得干預學校行政、不得對外行文、不得籌辦校際組織的限制。

2. 確立家長會由家長會長召集並擔任主席。

3. 家長會費由家長會長和家長會秘書共同具名專戶儲存，並取消家長會會費之用途指定。

4. 規定家長會參與學校行政的具體項目包括：(1)協助學校處理重大偶發事件及有關學校教師、學生、家長間之爭議；(2)協助學校辦理親職教育及親師活動，促進家長之成長及親師合作關係；(3)選派家長委員列席學校校務、教務、訓導、輔導等會議；執行現行教育法令所明訂家長會之職責（伍振鷟、高強華，民88，142-143）。

學校家長會的功能，明顯地已由被動的輔助角色轉為積極的參與角色。「學校教評會」在討論教師的初聘、續聘與長期聘任等問題時，已規定必須有家長會代表一人出席，顯示家長會繼教師會主動參與學校行政事務之後，亦有不落人後的急起直追之勢，此亦時代變遷、社會開放之故使然也。

四、三足鼎立的學校行政

家長會擴大功能，教師掌控教師會與教評會，再加上以校長為首的學校行政系統，共同依其法定職權，積極參與學校行政事務，形成嶄新的三足鼎立態勢。這種學校行政的新面貌是否能為當前與未來的教育，帶來更好的績效，更易達成提升人民教育水準，增進人民生活幸福，有待各方捐棄成見，共同以能夠讓學生獲得最佳的學習為目的，來推動學校行政。目前學校行政已呈三足鼎立局面，不求「眾星拱月」，但應避免「一國三公，吾誰適從?」的現象，並應盡早落實分權分責，俾便各安其位，各盡本分。

參、兩難處境待解

眾所周知，學校不再是歐洲中古世紀形同遁世的封閉城堡，也不再是我國以往供人清修的叢林佛寺或道觀，它是世俗的一員。學校一面極力掙脫教育行政機關法令的綑綁，而欲開闢一塊可以自由揮灑的自主空間；另方面又甩不掉來自四面八方不分青紅皂白的干預。一方面向教育行政機關要求專業尊嚴；另方面受廣大社會（非專業）「牽著鼻子走」。學校宜速調整生存哲學，否則必致精神崩潰。

其實，當前學校行政的種種遭遇，一如民主社會的領導者：既要提出高人一等的真知灼見，表示自己不是泛泛之輩（以免被選民或對手譏為抄襲、了無新意），並保證每一政見

都能夠輕易落實（以免被譏為只是為了騙選票）；又要處理各方無止境的芝麻小事（每件都是候選人的大事），只能大才小用，還要表現甘之如飴（稍有怠慢，就要換人做做看）。這種難堪的處境，就是民主社會中有資格為民服務者的處境。學校就是服務性組織的一種，它與社會是生命的共同體。因此，學校行政人員（特別是校長）處在當下的民主社會中，既要展現專業理想，發揮功能，領導社會；又要符合大眾胃口，委曲求全，服務社區。

　　抑有進者，學校還會遭遇更多難堪的處境，那就是家長不但可以干預學校行政（現在已經如此），而且可以引導教師教學（外行領導內行）。專業自主與專業尊嚴才露一線曙光，不旋踵就又烏雲遮天。面臨如斯窘境，教育人員不可悲觀洩氣，反而要向民主社會的領導者學習：發揮說服力，實現自己的理想。

參考書目

一、中文部分

王廣亞（民 53）。**教育行政**。台北：中華書局。

王德馨、俞成業（民 79）。**公共關係**。台北：三民書局。

伍振鷟、高強華（民 88）。**新教育概論**。台北：五南。

行政院教育改革審議委員會（民 85）。**教育改革總諮議報告書**。台北：行政院。

朱匯森（民 57）。**教育行政新論**。台北：台灣書店。

李義男（民 84）。**學校公共關係的理論與實務 —— 以美國為例**。台北：五南。

何福田（民 81）。民主社會的教育行政，國立政治大學教育研究所主編，**教育研究與發展 —— 紀念蔡保田教授逝世一週年論文集**。台北：台灣書店。

何福田（民 83a）。教育行政。葉學志主編，**教育概論**。台北：正中書局。

何福田（民 83b）。**為國教而知，為國教而行！ —— 親訪高屏三一一所國小的聞見思**。屏東：屏東師院。

吳清山（民 82）。**學校行政**。台北：心理。

林文達（民 67）。**教育行政學**。台北：三民書局。

孫邦正（民 78）。**教育概論**。台北：商務印書館。

秦夢群（民 86）。**教育行政**。台北：五南。

陳倬民（民 83）。**校務行政的自律與他律**。台北：台灣書店。

陳慶瑞（民 78）。**費德勒權變領導理論研究**。台北：五南。

張潤書（民 65）。**行政學**。台北：三民書局。

常導之（民 19）。**增訂教育行政大綱**。上海：中華書局。

黃昆輝（民 77）。**教育行政學**。台北：東華書局。

雷國鼎（民 57）。**教育行政**。台北：正中書局。

雷國鼎（民 64）。**教育概論**。台北：教育文物。

劉真（民 49）。**教育行政**。台北：正中書局。

閻振瀛（民 59）。**教育行政**。台北：聯合圖書。

謝文全（民 73）。美國教育行政制度，中華文化復興運

動推行委員會主編，**中外教育行政制度**。台北：中央文物供應社。

謝文全（民 74）。**教育行政──理論與實務**。台北：文景。

謝文全（民 82）。**學校行政**。台北：五南。

瞿立鶴（民 81）。**教育行政**。台北：國立編譯館。

羅虞村（民 76）。**領導理論研究**。台北：文景。

二、英文部分

Getzels, Jacob W. et al., （1968）. *Educational Administration, as a Social Process*. New York: Harper & Row.

Hanson, E. Mark（1991）. *Educational Administration and Organizational Behavior*. Needham Heights, Massachusetts: Allyn and Bacon.

Hoy, Wayne K. & Miskel, Cecil G.（1987）. *Educational Administration: Theory Research and Practice*. New York: Random House.

Kimbrough, R. B. & Nunnery, M. Y.（1988）. *Educational Administration*. New York: Macmillan.

Knezevich, Stephen J.（1969）. *Administration of Public Education*. New York: Harper & Row.

Lunenburg, F. C. & Ornstein, A. C.（1996）. *Educational Administration, Concepts and Practices*. 2nd ed. Belmont, California: Wadsworth Publishing Company.

Richey, H. G.（1964）. *Behavioral Science and Educational Administration*. Chicago, Illinois: The National Society For the Study of Education.

Wilson, Robert E.（1966）. *Educational Administration*. Columbus, Ohio: Charles E. Merrill Books, Inc.

第七章

教育的革新

何福田

在教育事業中，制度方面的改變較少，而活動方面的革新較多。事實上，古今中外，教育事業無日不在改革，只是有時腳步加快，有時放慢而已。

第一節

歷次教育改革

壹、教育改革的成因

為什麼要改革？是否純粹為了喜新厭舊？改革是因為有改革的必要，不必要改革而改革，可能造成傷害，尤其大幅度的改革是要付出代價的風險性行為：成功了固然可以享受快速躍升的喜悅；失敗了只好承受「早知如此，何必當初」的悔恨。不過，「時代在變，潮流在變」，只要審慎規畫，多方觀察比較，然後順勢改革，成功的機率就會加大。

一、改革的共同原因

(一)對現狀不滿

某事或某一制度呈現不如人意的現象，經過一段相當長久的時間，人們對它失去容忍的耐性，逐漸產生厭惡之感，繼而有揚棄之意念，一旦有人挺身而出，改革行動因之而起。

(二)好還要更好

對現狀雖然未達不滿之程度，像俗話所說「勉強可以接受」，但總覺得還可以做得更好，或發現別人比自己更好，人們便思加以改革。就像小富翁想變成大富翁一樣。因此，改革的對象，不一定是因為犯錯，也不一定是因為不好，而是雖然還好，但不夠好，所以要革新。這就是古人「苟日新，日日新，又日新」的訓示發揮功能的緣故。

(三)階段性任務完成

某一策略或作為，當其任務完成之後，通常主事者都會改弦易轍，另起爐灶。例如大規模的戰爭爆發時，一定擴充兵源，實施大量徵兵或募兵；大戰結束後，一定跟著裁軍復員，實施精兵政策。

(四)新思潮輸入或產生

譬如民主思潮興起，不論其來自國外，或是本土產生，專制帝國就受到質疑，自由民主的鬥士便與專制獨裁的守衛激發慘烈的鬥爭，結果不是專制帝國被推翻，就是民主思潮受到更為無情的摧殘。

二、教育改革的背景

教育改革乃幅度大小之問題而非有無之問題，此在本節開頭已有論述。然而時至民國八十年代以後，民間教育改革團體

風起雲湧，呼籲改革在先，各電子、印刷等傳播媒體風助火勢在後，即使教育界與教育行政機關也感到我國教育已經遭遇瓶頸，已經走到必須改革的地步。於是李登輝總統宣布：民國八十三年為「教育改革年」，教育部旋即於民國八十三年六月召開第七次全國教育會議，而「行政院教育改革審議委員會」亦於同年九月掛牌運作，以兩年為期，推動教改的規畫工作。是時教改之聲響徹雲霄，其故安在？

(一)郭為藩部長的分析

當時教育部部長郭為藩博士曾在**當前國內教育改革的課題**報告的前言中，提到「教育改革何以成為社會大眾關注的焦點？」時，作如下之分析：

1. 客觀環境的大幅變遷，使得僵硬的固有體制難以跟上時代的脈動；
2. 教育消費者的權利意識萌蘗，大眾對教育品質的要求由要「有」到求「好」；
3. 在經濟自由化、政治民主化與社會多元化之後，教育自由化已是大勢所趨；
4. 泛政治化的時勢浸染教育園地，凸顯出資源分配現狀的不盡合理性；
5. 青少年問題惡化，家長對學校教育滿意度下降，教育改革被視為挽救社會危機的必要手段（郭為藩，民 83，2）。

(二)行政院教育改革審議委員會的分析

由中央研究院院長李遠哲博士領軍的「行政院教育改革審

議委員會」，也在民國八十五年十二月二日向當時行政院連戰院長提報的**教育改革總諮議報告書**中，提到目前（民國八十五年前後）亟待積極從事改革的事項八點，此亦為教育改革的背景或原因。

1. 教育僵化惰性必須祛除；
2. 學校教育與社會需求脫節；
3. 終身學習社會尚待建立；
4. 教育機會均等亟需增進；
5. 偏重智育的考試文化仍待導正；
6. 課程、教材與評量方式亟待改進；
7. 多元師資培育體系猶待改進；
8. 教育資源運用效率有待提高（行政院教育改革審議委員會，民85，3-5）。

(三)陳迺臣教授的分析

陳迺臣教授在**初等教育——理論與實務**一書第十章「初等教育的展望」一文中，論及初等教育的改革時，提到其改革理由如下：

1. 改革是正常人類和正常社會的心理需求；
2. 國民生活水準提升，對教育水準的要求也提升；
3. 民主時代來臨，人民自主意識提高，對教育的形式、內容及氣氛要求改變；
4. 國外教育新思想、新方法、新技術引進，以及教育實驗等的影響（陳迺臣，民86，496-498）。

總之，我國教育改革的成因係受以下三大因素的影響：一是人類求好心理的驅使；二是國內各種條件（包括好的、壞的）改變的要求；三是國際思潮與成就的影響。

貳、歷次全國性教育會議的改革重點

民國成立，政府奠都南京以至播遷來台，對教育事業一直極為用心。中華民國今天的教育，雖然仍有許多問題留待改善，可是較之以往，已有明顯的進步；較之其他國家，也有令人稱羨的績效。雖然我國當前的教育成就，比上不足，比下有餘，但已值得珍惜。吾人若自民國教育發展史來看，當能發現歷次全國性的教育會議，就是促進我國教育改革與進步的關鍵，其他的因素都只是輔助的角色。因此，有必要簡介歷次全國性教育會議的重要成就。

中華民國政府自創建以來，已舉行過七次的全國教育會議，四次臨時性的教育會議，每次的會議都是針對當時的需要，研擬對策，或徹底執行，績效卓著；或因故只能部分執行，留下遺憾。惟證諸歷次會議結果均有卓越貢獻，令人敬佩。茲依第七次全國教育會議實錄一書附錄資料，簡介歷次會議成就如下：

一、第一次全國教育會議

民國十七年五月在南京市召開，出席七十八人，由大學院長（相當於現在的教育部長）蔡元培主持。當時國民政府奠都

南京未久，全國統一在望，有關教育的發展，亟須釐訂正確方向，俾有所遵循。遂以「三民主義的實施，教育行政的統一，學術系統的整理，教育經費的保障，教育效率的增進」為主題。決議案計分：三民主義教育、教育行政、教育經費、普通教育、社會教育、高等教育、體育及軍事教育、職業教育、科學教育、藝術教育、出版物及圖書館，以及改進私立學校等十二類，一一七件。確立了我國的教育宗旨應以三民主義為根據的基本原則。

二、第二次全國教育會議

民國十九年四月在南京市召開，出席一〇六人，由教育部長蔣夢麟主持。當時已邁向「訓政時期」，政府正積極規畫各部門建設之際，遂以「遵照第三屆中央執行委員會第二次全體會議之決議案，討論教育方案編製委員會所製成『實行整理並發展全國教育之方案』」為主題，以研訂整套的教育方案。該方案預定實施二十年，全案計分十章：實施義務教育計畫、實施成年補習教育計畫、籌設各級各種師資訓練機關計畫、改進初等教育計畫、改進中等教育計畫、改進高等教育計畫、改進社會教育計畫、改進並發展華僑教育計畫、實施蒙藏教育計畫、確定教育經費計畫。

三、第三次全國教育會議

民國二十八年三月在重慶市召開，出席二三一人，由教育

部長陳立夫主持。當時已進入對日抗戰時期，多數學校停頓或內移，青年奔赴後方復學。為因應戰時情況，乃以「抗戰建國時期教育實施方案」為主題，決議案計分：教育行政、初等教育、中等教育、高等教育、師範教育、職業教育、女子教育、社會教育、戰時特殊教育、邊疆教育、僑民教育、訓育、體育軍訓、教材教具等十四類，二〇七案。由大會通過「戰時各級教育實施綱要」，為這一時期教育方面最重要的文獻，也奠立了抗戰勝利的基礎。

四、全國教育善後復員會議

民國三十四年九月在重慶市召開，出席一九一人，由教育部長朱家驊主持。時值抗戰勝利，全國教育之善後復員，亟待統盤籌畫，諸如戰時遷移後方教育機關復員、收復區和光復區教育整合、留在西北西南各級教育機關繼續發展、參加抗戰工作青年及失學青年就學復學問題等，尤須群策群力，集思廣益，策定妥善措施，乃召開「全國教育善後復員會議」。通過戰時內遷教育機關的復員案件二一、收復區教育復員與整理案四七，共六八案。

五、全國教育行政檢討會議

民國三十八年九月在廣州市召開，出席一二五人，由教育部長杭立武主持。教育部為「安定學校現狀，整飭學校風氣，配合戡亂建國國策，適應戰時軍政需要，對各級各類教育之措

施，予以全面檢討，藉求改進」，特召開此項會議。通過有關地方教育、高等教育、戰區學生救濟、整肅學風等三三案。

六、第四次全國教育會議

民國五十一年二月在台北市召開，出席三二六人，由教育部長黃季陸主持。當時中央政府已播遷台灣，政府期使以農業為主導的經濟結構轉化成以工業作為主導，有關人力的培育自須預加規畫，乃以「檢討現行學制與當前教育問題，研討配合經濟建設教育方案，規畫大陸教育重建事項，發展華僑教育，及加強國際文教之聯繫」為主題。共提一八二案，計分：教育行政、國民教育、中等教育、師範教育、職業教育、高等教育、社會教育、僑民教育、訓育、體育、科學教育、國際文教、光復大陸教育重建等十三類一〇九案，均經會議通過。對政府遷台以後的教育措施，作全面的研討，並訂定了各種具體可行的方案，分別實施，奠立了當前教育發展的基礎。

七、第五次全國教育會議

民國五十九年八月在台北市召開，出席四二八人，由教育部長鍾皎光主持。當時經建計畫推行已見成效，社會繁榮、民生日裕，隨之衍生若干不良現象，亟須通過教育措施予以導正，乃以「遵行總統革新教育指示，檢討當前教育問題，擬訂復國建國教育綱領及教育革新方案，研討加強科學教育及文化建設，並規畫大陸教育重建事項」為主題。共提一九七案，計

分：教育政策、學制、教育行政、師資培訓、課程教材、科學教育、高等教育、專科職業教育、中等及國民教育、文化建設及社會教育、民族精神教育、訓育、體育、國際文教、僑民教育、臨時動議等十六類一六〇案，均經會議通過。

八、行政院教育會議

行政院長蔣經國任內戮力國家各項建設，著重各部門整體策畫配合推行；乃於六十四年舉行經濟會議之後，復召開教育會議，邀集行政院所屬各機關首長及教育文化界碩彥共一一九人參加，自十一月三日起歷時三天，討論通過六項中心議題：如何發揮教育功能加強心理建設、如何提高學術研究水準、如何培養經濟發展所需技術人力、如何改進師範教育、如何策勵教育人員專業精神、如何籌措與分配教育經費。

會議由教育部長蔣彥士籌辦，會議結束後，教育部即將六項中心議題研討結論一〇六項及其他意見二十項，各依其所需完成期間，予以分類分項，擬訂執行計畫，自六十五年一月起依據所擬計畫分別執行；計為期一年之近程計畫四十二項，三年之中程計畫九十三項，及需時六年之遠程計畫二十項；並成立執行工作會報，指定研究人員，負責實際推動執行。

九、全國國民教育會議

民國七十年三月在台北市召開，出席一五〇人，由教育部長朱匯森主持。時值九年國民教育實施有年，各項國教有關問

題亟待進一步研討改進，乃以「改進國民教育行政措施及經費、提高國民教育人員素質、改進國民教育課程教材及教法、加強公民教育並推展青少年輔導工作，以及執行發展與改進國民教育六年計畫」等五項作為中心議題，其中前四項議題的決議案，共有一五一項；而第五項議題則經教育部報請行政院提經院會通過核定實施。

十、第六次全國教育會議

民國七十七年二月在台北市召開，出席四九一人，由教育部長毛高文主持。當時我國社會結構、國民生活形態、青年心理與潮流趨向，均在急速變遷之中。為使教育制度及行政措施更富彈性，以因應多元化的社會需要，並為把握質量並重，人文與科技兼顧的發展原則，以全面提升教育素質，乃以「為我國邁向二十一世紀高度開發國家的文化基礎與人力資源預作準備，策訂教育長程發展計畫」為主題。議案分兩類，一為各級教育發展計畫，二為各級學校課程架構研究發展計畫。會議達成三項重要任務：(1)分析國內外教育、文化、經濟及社會發展情勢，檢討我國當前教育政策及問題，並據以規畫未來教育發展的取向；(2)制訂各級教育發展計畫，以配合未來教育發展的取向。計畫內容包括幼兒教育、國民教育、高級中學教育、技術及職業教育、高等教育、社會教育以及體育等七大類，每類分別確定基本方針、計畫項目及實施辦法；(3)制訂各級學校課程架構研究發展計畫，以促進各級教育發展。對於各級學校課程架構作總體規畫，俾強化課程內容，提高教育成效（以上摘

自第七次全國教育會議實錄編輯小組，民 83，583-589）。

十一、第七次全國教育會議

民國八十三年六月在台北市召開，出席四五八人，由教育部長郭為藩主持。當時我國無論在政治生態、社會結構、經濟發展或國民知識、思想等方面均有很大的變化。遂以「推動多元教育，提升教育品質，開創美好教育遠景」為主題。討論：教育資源分配、建立彈性學制、革新課程發展、改進師資培育、提升大專品質、推展終身教育、推展全民體育、兩岸學術交流等十個議題。本次會議的特色是分兩階段進行。教育部為廣徵眾議、凝聚共識，於八十三年三月七日起，於全國北、中、南、東召開四十二場次分區座談會。

大會經過四天的研討，獲致四五四項結論，其較重要者計有：合理分配教育資源，縮短城鄉差距，促進公私立學校均衡發展；建立彈性學制，促進國民適性發展，導正教育正常化，邁向十年國教目標；加強通識教育，提升技職水準，符合國際與本土需要；建立師資培育多元化制度，實施教師資格證照制度，強化教師實習與進修；調整公立大專學校經費預算、人事制度，調整科系，改進評鑑制度，提升水準；調適社教機構組織結構，推動全民終身教育；落實國民體育全面發展，培育體育人才；促進兩岸文教資訊交流，規畫兩岸學歷檢覈認證，學術合作，人員互訪等等。

綜觀以上十一次全國性教育會議的討論議題，都是當時社

會所面臨的重要課題，每次會議都獲得解決的對策，發交各單位執行，我國教育才能呈現出今天的面貌。

第二節
近期行政院的教育改革

壹、持續推動教育改革

　　我國為改革教育，首次成立「教育改革審議委員會」，而且直隸於行政院，位階與教育部相同，窺其用意，乃為宣示改革之決心。該會自民國八十三年九月二十一日正式成立，聘請三十一位委員，討論我國教育應興應革事項。經過兩年審慎研議，召開三十四次委員大會，各分組委員會議與座談會近兩百次。總計向行政院長連戰提出四期諮議報告書，並於民國八十五年十二月二日提出**教育改革總諮議報告書**而結束該會的運作。嗣後將該會建議案轉由行政院副院長劉兆玄召集的「教育改革推動小組」追蹤列管。茲將**教育改革總諮議報告書**要點摘錄簡介如下：

貳、行政院教育改革審議委員會的研究報告要點

一、四期諮議報告書的重點與出版時間

(一)第一期諮議報告書（民國八十四年四月二十二日出版）

在進入二十一世紀前，從事根本性的教育改革，滿足個人及社會的教育需求，協助個人有尊嚴的成長，社會有秩序的進步。

(二)第二期諮議報告書（民國八十四年十一月四日出版）

推動終身教育，建立學習社會，落實學校教育改革。

(三)第三期諮議報告書（民國八十五年六月十一日出版）

追求高品質的幼兒教育，強化身心障礙教育及落實兩性平等教育。

(四)第四期諮議報告書（民國八十五年十二月二日出版）

推動教育法制改革，改進教育經費之籌措與運用，重視原住民教育及高等教育卓越化。

二、教育改革總諮議報告書要目（民國八十五年十二月二日出版）

(一)教育改革的理念與目標

1. 教育現代化的方向：

   人本化、民主化、多元化、科技化、國際化。

2. 教育改革的理念：

   (1)教育鬆綁。

   (2)學習權的保障。

   (3)父母教育權的維護。

   (4)教師專業自主權的維護。

3. 教育改革的目標：

   (1)達成現代化教育的目標。

   (2)滿足個人與社會的需求。

   (3)邁向終身學習的社會。

   (4)促成教育體系的改造。

4. 教育改革的社會動員。

(二)綜合建議

1. 教育鬆綁：

   (1)調整中央教育行政體系。

   (2)重整中小學學校教育行政和教學。

   (3)保障教師專業自主權。

⑷促進中小學教育的鬆綁。

⑸促進高等教育的鬆綁。

⑹促進民間興學和辦學的鬆綁。

⑺促進社會觀念的鬆綁。

2.發展適才適性的教育，帶好每位學生：

⑴改革課程與教學。

⑵縮小學校規模，落實小班教學。

⑶落實學校自主經營。

⑷激發學校內在自生力量。

⑸協助每位學生具有基本學力。

⑹建立補救教學系統。

⑺加強生涯輔導，提供多元進路。

⑻重建學生行為輔導的新體制。

⑼加強身心障礙者教育。

⑽重視原住民教育。

⑾落實兩性平等教育。

⑿保障幼兒教育的基本品質。

3.打開新的「試」窗，暢通升學管道：

⑴朝綜合高中發展 。

⑵發展各具特色的高等教育學府。

⑶推動多元入學制度。

4.好還要更好，提升教育品質 ：

⑴提升教師專業素質。

⑵強化教育研究與評鑑。

⑶合理分配教育資源。

(4)提升高等教育品質。

(5)促進技職教育多元化、精緻化。

5.活到老學到老，建立終身學習社會：

(1)終身學習理念的推廣。

(2)終身教育體系的統整。

(3)學校教育改革的配合。

(4)回流教育制度的建立。

(5)行政措施的配合。

(三)改革之優先次序與目標

1.優先次序與目標。

2.修訂教育法令與檢討教育行政體制。

3.改革中小學教育。

4.普及幼兒教育與發展身心障礙教育。

5.促進技職教育的多元化與精緻化。

6.改革高等教育。

7.實施多元入學方案。

8.推動民間興學。

9.建立終身學習社會。

(四)永續教改機制之建立（行政院教育改革審議委員會，民 85，摘要 1-22）

從歷次全國性教育會議的研討結論與行政院教育改革審議委員會的報告，吾人可以了解，我國教育政策，不論在大陸時

期，或是政府播遷來台之後，都與之息息相關，足見我國教育之政策方針與改革方向，都是集合教育專家或社會各界人士的意見訂定的，表現民主自由的精神。

第三節
教育部的因應措施

壹、教育部才是教育改革的主力

我國教育行政制度的類型雖屬均權制，但因台灣幅員不大，為求事權統一，自然形成均權而略偏中央集權的形態。因此，中央政府教育部的決策才是推動與實現我國教育改革的主力。

自民國八十三年舉行第七次全國教育會議之後，教育部就積極參照會議結論，研擬各項改革措施，並於民國八十四年二月出版**中華民國教育報告書：邁向二十一世紀的教育遠景**，作為教育部的施政白皮書。

民國八十五年十二月二日，行政院教育改革審議委員會提出歷經兩年研議的總結報告**教育改革總諮議報告書**後，教育部於民國八十六年七月整合**中華民國教育報告書**與**教育改革總諮議報告書**，另外參酌**中華民國身心障礙教育報告書**及**中華民國原住民教育報告書**提出**教育改革總體計畫綱要**乙份。嗣後，為落實教改工作的推動，依據行政院教改推動小組第六次會議的

395

決議，綜合**教育改革總諮議報告書**與**教育改革總體計畫綱要**訂定**教育改革行動方案乙種**（教育部，民87，1；王如哲等，民88，270）。

　　就當前有關我國教育改革最具影響力的文件言，當以**教育改革行動方案**為第一，**中華民國教育報告書**與**教育改革總諮議報告書**次之。後者已經介紹如上述，茲再簡介教育部兩份最具影響力的官方文書如下：

貳、兩部推動教改的官文書

一、民國八十四年版中華民國教育報告書

　　在本項官文書中對中華民國在台灣的教育現況有清楚的報告，因其具有施政白皮書的性質，故亦描述邁向二十一世紀的美好遠景。書中提到台灣社會變遷的趨勢：經濟更富裕、政治更民主、社會更開放、文化更多元、思想更自由，及科技更發達。為因應以上六種變遷的趨勢，教育必須：強調前瞻發展、促進機會均等、重視人文精神、提升專業素養、追求民主開放、邁向自由多元、推動自主自律、採行分權分責、鼓勵全民參與、力求精益求精等十項新理念。希望未來國內教育能呈現以下的願景：

　　1.升學競爭趨於緩和，彈性學制次等建立；
　　2.城鄉差距逐漸縮短，教學機會更為均等；
　　3.課程教材全面更新，教學科技普遍應用；

4. 師資培育多元開展，教學實習完全落實；

5. 大學自主充分實現，公私院校各具特色；

6. 終身教育體制完成，學習社會應運而生；

7. 全民體育積極開展，國民體能顯著增進；

8. 國際合作益臻密切，兩岸交流穩步拓展；

9. 教師權益更多保障，教育資源多面開發；

10. 人文精神宏揚校園，師生倫理有效重整（教育部，民84，209；王如哲等，民88，271）。

二、民國八十七年版教育改革行動方案

　　行政院於民國八十七年五月通過「教育改革推動小組」所提出的**教育改革行動方案**，預計從八十八年度起至九十二年度，斥資一千五百億元推動教育改革。茲簡介其具體執行內容與項目如下：

(一)健全國民教育

1. 釐清中央與地方權責，協助地方政府更加自主。

2. 落實小班教學效果。

3. 革新課程與教材。

4. 辦理補救教學。

(二)普及幼稚教育

1. 提高五歲幼兒入學比率。

2. 修改相關法規健全發展。

3.強化師資專業知能水準。

4.充實課程、活動及設備。

5.提升行政功能及輔導績效。

(三)健全師資培育與教師進修制度

1.加強師資培育多元化。

2.健全培育機構組織與功能。

3.落實實習制度與功能。

4.建立教師終身進修制度。

(四)促進技職教育多元化與精緻化

1.建立技職教育一貫體系及彈性學制。

2.擴大辦理綜合高中。

3.提升技職教育品質。

4.落實職業證照制度。

(五)追求高等教育卓越發展

1.修改大學法。

2.設置高等教育審議委員會。

3.發展各具特色的高等學府。

4.辦理私立大學院校獎補助。

5.技專院校整體之經費發展獎補助。

(六)推動終身教育及資訊網路教育

1.健全終身教育法制。

2.培養終身教育理念。

3.統整終身教育體系。

4.配合終身教育改革。

5.建立回流教育制度。

6.增加終身學習機會。

7.健全終身教育師資，改進課程教材教法。

8.強化社教機構功能。

9.加強資訊網路教育。

㈦推展家庭教育

1.確立家庭教育法制。

2.宣導家庭教育理念。

3.建立家庭教育體系。

4.提升家庭教育知能。

5.研發課程教材教法。

㈧加強身心障礙學生教育

1.建立特教學生多元安置設施。

2.強化特教輔導功能。

3.加強發現設施，提升發現率。

4.加強提供身心障礙兒童就學之特教輔助支援。

㈨強化原住民學生教育

1.建立原住民教育體系。

2.改進師資培育、任用及進修。

3.建立原住民學生生活與教育輔導體系。

4.強化原住民教育課程與教學。

5.提升原住民學校教育設施水準。

6.推展原住民親職教育與社會教育。

(十)暢通升學管道

1.擴大大學就學機會，建立大學多元彈性入學制度。

2.實施高職免試入學方案。

3.適度增加招生容量，推動五專、二技、四技二專多元入學方案。

4.實施高中多元入學方案。

(土)建立學生輔導新體制

1.建立教學、訓導、輔導整合的輔導新體制。

2.結合社會義工與退休教師推動訓輔工作。

3.加強輔導國民中小學中途輟學生。

4.建立訓輔工作諮詢服務網站。

(三)充實教育經費與加強教育研究

1.研訂教育經費比率。

2.籌設國立教育研究院（教育部，民 87，4-81；王如哲等，民 88，274-286）。

讀者從**教育改革行動方案**所列內容中，可以了解現在與未來我國教育發展的走向。

第四節
教育革新的展望

　　教育革新直接影響教育的水準，間接影響各行各業的榮枯，因為教育是一切建設的基礎。因此，教育改革的成敗並非教育本身一己之事，而是牽涉到全國人民整體的福祉。以是之故，不論是施教者或是受教者都應該關心教育事業。

壹、當前我國教育革新的指向

　　中外教育都在不斷改革之中，每個國家的教育改革都是教育行政的重點工作，也都有各自的改革內容與特色。其實，改革什麼呢？有時候是對「過與不及」的調整；有時候是對「發展特色」的強調。但一般認為：現在資訊發達，世界已成為「地球村」，大家很容易獲得別人改革教育的作法，由於互相觀摩，以致形成教育的共同發展趨勢，此亦成為各國教育改革的共同歸趨。林清江教授分析我國教育發展的動向歸納如下：

1. 教育已從依循特定的社會目標發展，轉移到個人尊嚴、價值及學習需求的充分尊重。健全進步的個人，而非嚴格遵守傳統規範的個人，成為開放社會的真正主導者。
2. 建立學習社會，成為必然的趨勢。學校教育改革配

合此種趨勢進行。公眾對於其透過所有學習形態的成就，都要求承認。這將引起整個教育體系的重組。

3. 市場機制取代部分政府的教育責任。市場機制與政府責任之間的調節，成為急迫的要務。

4. 政府對於教育體系所扮演的角色，由管理者改變為監督者；教育機構在獲得自主權後，則須學習負起責任、善盡責任的新途徑。

5. 在教育機構中，經營的理念普遍為人接受，經營的成敗成為發揮機構教育功能的重要因素。新教育資訊的寬籌也成為各教育機構的要事（林清江，民85b，22）。

行政院教育改革審議委員會在其**教育改革總諮議報告書**中指出教育現代化的方向說：

目前社會各階層、各領域都在逐步加強自主能力，主體性的追求成為現代社會的明顯趨勢，這種趨勢使指導式的教育愈來愈不能充分符合需求。家長、社區對教育要求有更多、更廣泛的參與，公民也要求更多終身學習的機會。為因應二十一世紀社會的特點與變遷方向，教育現代化更應配合主體性的追求，反映出人本化、民主化、多元化、科技化、國際化的方向。

人本化的教育是全人的教育，強調培育學習者的

健全思想、情操及知能，使其能充分發展潛能、實現自我。

民主化能建立教育的自主性，創造更多自由選擇機會。但國民的社會責任感、守法精神及基本選擇能力，仍應透過教育歷程加以提升。

多元化要尊重社會上的少數或弱勢群體，而提供適才適性的教育。多元化後，人人從自己的基礎上追求卓越。

科技化要普及科技知識，推廣科學精神，並要培養各種關鍵能力與解決問題的能力。

國際化既促使國民理解、欣賞、尊重各種文化與族群的傳統，也要發揮本土文化的優點，建立對本土的熱愛與珍惜（行政院教育改革審議委員會，民85，摘2）。

我國大文豪唐宋八大家之一的蘇軾（東坡）曾在「前赤壁賦」一文中，對大自然與社會的變動不居感慨系之說：「自其變者而觀之，則天地曾不能以一瞬；自其不變者而觀之，則物與我皆無盡也。」可見自然的變化與社會的變遷，不曾有過「一瞬間」的停頓，其不變者只是「變個不停」這個道理而已。我國社會亦復如此。惟我國自中央政府播遷來台後，台灣社會變遷的速度之快可謂空前未有，世上罕見。

貳、教育工作者宜有的心理調適

教育是大社會的一環，自然也受到社會變遷的強力衝擊。因此，教育人員對未來教育的發展趨勢宜有充分的認識暨做好心理調適的準備：

一、教育多元化性格的世紀已經來臨

從最近的發展趨勢來看，已足夠讓我們了解，今後各級各類的教育所呈現的風貌必然是多樣化、多元化。不僅一般學校教育如此，即一向比較具有統整性、單一性的師範教育也會被推入流速湍急的時潮大河中，經過一陣掙扎後，大家的面相與性格就會顯現極大的差異。因此，大家應敞開心胸，勇敢地接受各種前所未見的挑戰。如果抱持以不變應萬變的態度來面對當前的教育形勢，可能就有抱殘守缺的危險。

二、新師道的觀念亟待重新建立

我們是非常重視師道的國家，師範院校更視師道重於一切。以往「天地君親師」足讓教師自我陶醉的高高在上想法，由於科技發達、資訊普及、民風丕變，已使師道式微，難復舊觀。不僅學生、社會沒有「一日為師終身為父」的想法，教師們本身似乎也不宜再有這種觀念。然而師生之間的倫理依然需要存在，只是也要與時俱進，重新規範。好比社會不論怎麼

變，遊戲規則總要有，不能變得沒有遊戲規則。師道也是一樣：把舊的修訂成新的就可以；想要一成不變，甚而發揚光大，已無可能。不過，不管「師道」的內容怎麼修改，「新師道」中，教師必須像個教師，教師必須負責盡職依然需要。

三、學校必須主動展開雙臂擁抱社會

從前不論古今中外的各級學校都是築起高牆，狀如城堡，大有與世隔絕之感。因為辦學者認為學生沒有免疫力，害怕學生受到牆外不良社會風氣的感染；同時，多少也有自鳴清高的觀念。如此，遂使學校有如供人清修的道觀，並與遠在深山的叢林佛寺無異。其實，學校教育的目的在引導社會發展，刻意「躲避社會」如何實現理想？以前的學校象徵真理、正義，好像遠離社會，站在高遠的地方企圖影響社會、引導社會；現在的學校也企圖影響社會、也希望引導社會，但是卻在滾滾紅塵中的隊伍裡來實現理想。不要說學校與社會間的關係有很大的變化，即使學校內部的小社會也起了很大的變化。總而言之，學校不再是海市蜃樓，它是社會中的一個實體，它想影響社會，為社會做事，就得主動展開雙臂擁抱社會。

四、學校必須吸收社會資源才能生存發展

學校與社會，基本上是互惠的。因此，就學校來說，它要為社會服務，進而影響社會，引導社會發展，這叫「用之於社會」，但如不「取之於社會」，如何能源源不斷地用之於社

會？豈不兩三下就「斷炊」「吊鼎」嗎？也許大家會有這樣的疑問：「以往學校不也是在為社會服務，為什麼不必吸取社會營養就可生存，而時至今日就得擁抱社會、投身紅塵，甚而『沿門托缽』呢？」大家仔細想想，睜大眼睛看看，多少東西變了，多少事情變了，所謂「時代在變，潮流在變」呀！

五、教育專業再度受到挑戰

教育事業是否為「專業」？能否為「專業」？教育界本身努力很久了，專業形象也有模有樣了；但社會雖然一直重視教育，卻也一再干擾教育，直視教育為人人可談、人人能談的普通行業。教育學上出了問題不問教育學家，反而說教育學家太主觀，一定要請教「非」教育學家才客觀。同時，許多事業要取決於民意，而民意當然是「非專業」的。一般人都懂、都能做決定的事當然不算專業。但是，現在人人可以表達意見，民意有影響力，甚至有決定權，教育要成為專業就更形困難。然而，教育終須成為專業，教育工作人員只有努力不懈，盡早促其成為專業之一途。

參、結語

教育改革雖然時在進行中，但像民國八十三年到八十五年所進行的教育改革，由行政院教育改革審議委員會主導，其改革的幅度之大與進度之快，都是前所未有的。改革之意雖美，但徒「法」不足以自行，即使已有良好的配套措施，也要有

「人」去實踐。

　　「教育改革永遠面臨兩項問題：一是如何了解與掌握非教育的外在因素，二是如何診斷與改變教育的內在因素。」（林清江，民85a，236）診斷與改變教育的內在因素並不容易，了解與掌握非教育的外在因素更加困難。所以筆者一再指出：教育改革或革新不是教育界本身一己之事，它是攸關全民的大工程。陳倬民教授在「教育改革與政策釐定的前提」一文中，斬釘截鐵地說：「教育的成敗是全民的責任。」（陳倬民，民84，2）然而，改革成敗的關鍵在教師，因而必須讓全國教師對教改的理念、內容、作法等等有充分的了解，教改才有奏效的希望。其次，廣泛的社會必須對教改具有相當的認識，支持教育行政機關與各級學校教育人員，促使家庭、學校、社會獲得共識，配合進行。同時，大家都了解：教育改革沒有完成的一天，它是無止境向前推進的工作。因為問題獲得解決，新問題必然因時、空的進步與遷移接踵而生。

　　最後，列印於二○○○年一月三日從 http://teach.eje.edu.tw/data/21edu.htm 網上所得資料與大家分享，並盼望理想早日實現。

二十一世紀教育願景
「全人教育，溫馨校園，終身學習」

1. 幼托普及設，家長不掛心；幼教品質高，幼苗苗苗壯。
2. 校校皆小班，人人樂學習；課程連一貫，全人教育達。

3. 高中社區化，國教延三年；進修管道多，升學壓力減。

4. 技職多元化，全民有希望；建教齊攜手，企業大利多。

5. 職業無貴賤，惟有專業高；大學無圍牆，學術有高峰。

6. 處處可讀書，人人有書讀；終身教育好，學習永不老。

7. 教育零拒絕，弱勢有願景；學生不中輟，生涯可發展。

8. 個個好視力，社會有活力；人人強體力，國家有效率。

9. 校校有電腦，班班可上網；網路不打烊，知識瞬間得。

10. 經師亦人師，教師責任重；進修再進修，生師共成長。

11. 教育設智庫，教改不中輟；經費寬寬籌，績效日日高。

12. 健康又安全，溫馨新校園；環保新學校，永續新教育。

參考書目

王如哲等（民88）。**教育行政**。高雄：麗文。

行政院教育改革審議委員會（民 85）。**教育改革總諮議報告書**。台北：行政院。

林清江（民 85a）。**教育理念與教育發展**。台北：五南。

林清江（民 85b）。我國教育發展動向之評析，收於中華民國比較教育學會、國立暨南國際大學比較教育研究所、國立台灣師範大學教育學系主編**教育改革 —— 從傳統到後現代**。台北：師大書苑。頁 15-23。

陳迺臣（民 86）。初等教育的展望，收於蔡義雄、林萬義、呂祖琛、陳迺臣著：**初等教育 —— 理論與實務**。台北：心理。

陳倬民（民 84）。**輕輕鬆鬆談教育**。台北：台灣書店。

教育部（民 84）。**中華民國教育報告書：邁向二十一世紀教育遠景**。台北：教育部。

教育部（民 87）。**教育改革行動方案**。台北：教育部。

郭為藩（民 83）。**當前國內教育改革的課題**。台北：教育部。

第七次全國教育會議實錄編輯小組（民 83）。**第七次全國教育會議實錄**。台北：教育部。

國家圖書館出版品預行編目資料

教育導論／蔡義雄等合著--初版.--
臺北市：心理，　2000（民89）
面；　公分.--（一般教育；36）
含參考書目

ISBN　978-957-702-391-9（平裝）

1.教育

520　　　　　　　　　　　　89011632

一般教育 36 **教育導論**

策畫主編：陳迺臣
作　　者：蔡義雄、林萬義、陳迺臣、呂祖琛、何福田
總 編 輯：林敬堯
發 行 人：洪有義
出 版 者：心理出版社股份有限公司
社　　址：台北市和平東路一段 180 號 7 樓
總　　機：(02) 23671490　　傳　　真：(02) 23671457
郵　　撥：19293172　心理出版社股份有限公司
電子信箱：psychoco@ms15.hinet.net
網　　址：www.psy.com.tw
駐美代表：Lisa Wu　　tel: 973 546-5845　　fax: 973 546-7651
登 記 證：局版北市業字第 1372 號
電腦排版：辰皓國際出版製作有限公司
印 刷 者：東縉彩色印刷有限公司
初版一刷：2000 年 9 月
初版五刷：2007 年 10 月

定價：新台幣 450 元　　■有著作權‧侵害必究■
ISBN 978-957-702-391-9

讀者意見回函卡

No. _____   填寫日期： 年   月   日

感謝您購買本公司出版品。為提升我們的服務品質，請惠填以下資料寄回本社【或傳真(02)2367-1457】提供我們出書、修訂及辦活動之參考。您將不定期收到本公司最新出版及活動訊息。謝謝您！

姓名：_____   性別：1□男   2□女

職業：1□教師 2□學生 3□上班族 4□家庭主婦 5□自由業 6□其他____

學歷：1□博士 2□碩士 3□大學 4□專科 5□高中 6□國中 7□國中以下

服務單位：_____   部門：_____ 職稱：_____

服務地址：_____   電話：_____ 傳真：_____

住家地址：_____   電話：_____ 傳真：_____

電子郵件地址：_____

書名：_____

一、您認為本書的優點：（可複選）

　　❶□內容 ❷□文筆 ❸□校對 ❹□編排 ❺□封面 ❻□其他____

二、您認為本書需再加強的地方：（可複選）

　　❶□內容 ❷□文筆 ❸□校對 ❹□編排 ❺□封面 ❻□其他____

三、您購買本書的消息來源：（請單選）

　　❶□本公司 ❷□逛書局⇨_____書局 ❸□老師或親友介紹

　　❹□書展⇨____書展 ❺□心理心雜誌 ❻□書評 ❼其他_____

四、您希望我們舉辦何種活動：（可複選）

　　❶□作者演講 ❷□研習會 ❸□研討會 ❹□書展 ❺□其他____

五、您購買本書的原因：（可複選）

　　❶□對主題感興趣 ❷□上課教材⇨課程名稱_____

　　❸□舉辦活動 ❹□其他_____   （請翻頁繼續）

廣 告 回 信
台 北 郵 局 登 記 證
台 北 廣 字 第 940 號

（免貼郵票）

 心理出版社 股份有限公司

台北市 106 和平東路一段 180 號 7 樓

TEL: (02) 2367-1490
FAX: (02) 2367-1457
EMAIL:psychoco@ms15.hinet.net

沿線對折訂好後寄回

六、您希望我們多出版何種類型的書籍

❶□心理 ❷□輔導 ❸□教育 ❹□社工 ❺□測驗 ❻□其他

七、如果您是老師，是否有撰寫教科書的計劃：□有□無

書名／課程：＿＿＿＿＿＿＿＿＿＿＿＿＿＿＿＿＿

八、您教授／修習的課程：

上學期：＿＿＿＿＿＿＿＿＿＿＿＿＿＿＿＿＿

下學期：＿＿＿＿＿＿＿＿＿＿＿＿＿＿＿＿＿

進修班：＿＿＿＿＿＿＿＿＿＿＿＿＿＿＿＿＿

暑　假：＿＿＿＿＿＿＿＿＿＿＿＿＿＿＿＿＿

寒　假：＿＿＿＿＿＿＿＿＿＿＿＿＿＿＿＿＿

學分班：＿＿＿＿＿＿＿＿＿＿＿＿＿＿＿＿＿

九、您的其他意見

謝謝您的指教！　　　　　　　　　　41036